Aprendizagem
baseada em
PROJETOS

B458a Bender, William N.

Aprendizagem baseada em projetos: educação diferenciada para o século XXI / William N. Bender ; tradução: Fernando de Siqueira Rodrigues ; revisão técnica: Maria da Graça Souza Horn. - Porto Alegre : Penso, 2014.

159 p. ; 25 cm.

ISBN 978-85-8429-001-7

1. Pedagogia. 2. Projeto pedagógico. I. Título.

CDU 37.026

Catalogação na publicação: Poliana Sanchez de Araujo - CRB 10/2094

William N. BENDER

Aprendizagem baseada em PROJETOS

EDUCAÇÃO DIFERENCIADA PARA O SÉCULO XXI

Tradução
Fernando de Siqueira Rodrigues

Revisão técnica
Maria da Graça Souza Horn
Doutora em Educação pela Universidade Federal do Rio Grande do Sul (UFRGS)

Reimpressão 2015

2014

Obra originalmente publicada sob o título
Project-Based Learning: Differentiating Instruction for the 21st Century, 1st Edition
ISBN 9781412997904

Gerente editorial: *Letícia Bispo de Lima*

Colaboraram nesta edição

Editora: *Priscila Zigunovas*

Capa: *Márcio Monticelli*

Imagens da capa: *©thinkstockphotos.com/dan4, Future city*
©thinkstockphotos.com/Ljupco, Four happy students posing with books
©thinkstockphotos.com/Fuse, Row of elementary students

Preparação de original: *Paola Araújo de Oliveira*

Leitura final: *Cristine Henderson Severo*

Editoração eletrônica: *Formato Artes Gráficas*

Av. Jerônimo de Ornelas, 670 - Santana
90040-340 - Porto Alegre - RS
Fone: (51) 3027-7000 Fax: (51) 3027-7070

Unidade São Paulo
Av. Embaixador Macedo Soares, 10.735 - Pavilhão 5 - Cond. Espace Center
Vila Anastácio - 05095-035 - São Paulo - SP
Fone: (11) 3665-1100 Fax: (11) 3667-1333

SAC 0800 703-3444 - www.grupoa.com.br

IMPRESSO NO BRASIL
PRINTED IN BRAZIL

Sobre o autor

●●●●●●

William N. Bender é um líder internacional focado em estratégias de ensino práticas, com ênfase na resposta à intervenção (RTI, do inglês *response to intervention*) e no ensino diferenciado em salas de aula de educação geral em todos os anos. Já escreveu mais livros sobre RTI do que qualquer outro autor no mundo, sendo que dois deles são *best-sellers.*

Publicou sete livros sobre vários aspectos da resposta à intervenção e produziu um vídeo de desenvolvimento profissional sobre o assunto. Realiza cerca de 50 oficinas por ano nos Estados Unidos, no Canadá e no Caribe. No outono de 2010, foi selecionado para trabalhar com o Ministério da Educação de Bermuda para estabelecer o *framework* de RTI em âmbito nacional. Um de seus livros recentes, *Beyond the RTI Pyramid* (em tradução livre, *Além da pirâmide da RTI,* sem edição no Brasil), foi um dos finalistas, em 2010, do *Distinguished Achievement Award for Excellence in Educational Publishing.*

Utiliza estratégias práticas e humor leve para tornar suas oficinas experiências agradáveis para todos, sendo frequentemente solicitado a retornar à mesma escola ou cidade para realizar oficinas adicionais. Recebe críticas positivas, de forma consistente, por suas oficinas de desenvolvimento profissional para educadores de todos os anos escolares. O Dr. Bender acredita que seu trabalho é informar os educadores sobre as mais recentes e inovadoras táticas para a sala de aula, apoiado em pesquisas atuais, em uma agradável experiência de oficina. Consegue passar essas informações de maneira bem-humorada e motivadora.

O Dr. Bender começou sua carreira de educador lecionando em uma sala de aula de reforço do ensino fundamental, trabalhando com adolescentes com transtornos de comportamento e deficiência de aprendizagem. Recebeu o título de doutor em educação especial pela Universidade da Carolina do Norte e lecionou em algumas das melhores universidades dos Estados Unidos, incluindo a Universidade Rutgers e a Universidade da Geórgia. Atualmente trabalha como consultor e escritor em tempo integral e já publicou mais de 60 artigos e 23 livros na área de educação.

Siga William Bender no Twitter.
Twitter.com/williambender1

Sumário

Introdução

A aprendizagem baseada em projetos (ABP) é um modelo de ensino que consiste em permitir que os alunos confrontem as questões e os problemas do mundo real que consideram significativos, determinando como abordá-los e, então, agindo cooperativamente em busca de soluções (BARELL, 2010; BARON, 2010; BELLAND; FRENCH; ERTMER, 2009; LARMER; MERGENDOLLER, 2010). Como as escolas de todo o mundo enfrentam desafios para desenvolver modelos de ensino mais eficazes em um período de orçamentos reduzidos, muitos defensores da educação têm recomendado a ABP como abordagem de ensino eficaz, que resulta em altos níveis de envolvimento e desempenho dos alunos (BARELL, 2007; DAVID, 2008; GHOSH, 2008; LABOY-RUSH, 2010; MERGENDOLLER; MAXWELL; BELLISIMO, 2007).

A ABP tornou-se um tópico de interesse à medida que a ênfase na educação eficaz foi aumentando nos últimos anos. De fato, muitos educadores preveem alterações bastante drásticas no processo de ensino-aprendizagem, ocasionadas por tecnologias em constante modificação, pela demanda crescente vinda de estudantes em dificuldades e por várias mudanças que já estão em andamento, como a ênfase aumentada no ensino diferenciado e na iniciativa da resposta à intervenção (BARELL, 2010; BENDER; WALLER, 2011; BONK, 2010; LABOY-RUSH, 2010; PARTNERSHIP FOR 21ST CENTURY SKILLS, 2009). Nesse contexto, a ABP parece muito bem posicionada para se tornar o principal modelo de ensino neste século, e é recomendável que os educadores sigam essa abordagem de ensino inovadora.

A aprendizagem baseada em projetos é um modelo de ensino que consiste em permitir que os alunos confrontem as questões e os problemas do mundo real que consideram significativos, determinando como abordá-los e, então, agindo de forma cooperativa em busca de soluções.

Embora a ABP não seja nova (BRANSFORD et al., 1986), ela tem sido cada vez mais enfatizada, à medida que os educadores e os líderes empresariais procuram maneiras de permitir que os educadores avancem e desenvolvam as habilidades dos alunos em tecnologias, resolução de problemas e cooperação (PARTNERSHIP FOR 21ST CENTURY SKILLS, 2007, 2009). A ABP surgiu nas primeiras décadas do século XX (DEWEY, 1933) e foi originalmente aplicada no ensino de medicina, e não nas escolas públicas (COTE, 2007). Hoje, as aplicações do conceito de ABP parecem ser muito diferentes daquelas iniciais, já que as tecnologias de ensino modernas amadureceram e hoje desempenham um papel decisivo na ABP (BENDER; WALLER, 2011; COTE, 2007).

A ABP parece muito bem posicionada para se tornar o principal modelo de ensino neste século, e é recomendável que os educadores sigam essa abordagem de ensino inovadora.

SOBRE ESTE LIVRO

Hoje, a ABP é um caminho para o ensino diferenciado, altamente recomendável para as salas de aula do século XXI (BARELL, 2010; BENDER; WALLER, 2011; GHOSH, 2008; LABOY-RUSH, 2010; PARTNERSHIP FOR 21ST CENTURY SKILLS, 2009). Os professores estão aplicando cada vez mais a ABP em todos os anos escolares e explorando as formas como essa abordagem de ensino funciona em uma sala de aula real. Este livro abordará essa questão e apresentará as diretrizes práticas sobre como usar a ABP em todo o currículo.

Porém, esta obra vai muito além dos esforços realizados anteriormente. Este é um dos primeiros livros a explorar a ABP como abordagem de ensino diferenciado, baseando essa discussão em aplicações da tecnologia na sala de aula. Visto que muitos livros anteriores sobre a ABP não levaram em consideração o conceito de ensino diferenciado ou as tecnologias em constante evolução que hoje estão disponíveis para aplicação no ensino, este livro é realmente único no que se refere a essa abordagem. É claro, a maior parte das salas de aula não oferece todas as tecnologias modernas que podem ser utilizadas na educação; por isso, diretrizes práticas de implementação são fornecidas ao longo dos capítulos para as salas de aula com recursos tecnológicos limitados.

Este é um dos primeiros livros a explorar a ABP como abordagem de ensino diferenciado, baseando essa discussão em aplicações da tecnologia na sala de aula.

Assim, esta obra apresenta uma interface entre as diversas técnicas de ensino cruciais para as salas de aula do século XXI – ABP, ensino diferenciado e letramento em habilidades tecnológicas. *Aprendizagem baseada em projetos* não apenas será um dos primeiros livros modernos sobre a ABP, também será o primeiro a explorar completamente essa fertilização cruzada de práticas de ensino e de conceitos. Embora algumas pesquisas sejam apresentadas e discutidas, a ênfase principal estará nas estratégias de ensino práticas e modernas para os ensinos fundamental e médio.

Quem deve ler este livro

Este livro pretende ser um recurso de desenvolvimento profissional para muitas pessoas que atuam na área de educação, incluindo:

- Professores
- Administradores
- Funcionários da comunidade escolar
- Líderes educacionais
- Professores universitários
- Gestores de escola

Especificamente, pretende ajudar o professor a adotar a ABP dentro da sala de aula. No entanto, apesar de o foco estar no esforço individual do professor, a ABP é, muitas vezes, um esforço realizado pela escola inteira (BARELL, 2007). Por isso, os gestores educacionais da escola devem se sentir livres para realizar esse esforço de desenvolvimento profissional de forma conjunta.

Conteúdos e organização do livro

Cada capítulo deste livro inclui uma grande quantidade de informações sobre como a ABP funciona em sala de aula e apresenta vários exemplos de projetos reais em escolas. Além disso, muitas informações são colocadas em destaque em quadros ao longo dos capítulos, tais como diretrizes para tarefas específicas, passos no processo de ensino e de aprendizagem, evidências de pesquisa, opções de avaliação e outras informações importantes relacionadas à ABP. Estratégias específicas são discutidas em profundidade, assim como questões teóricas subjacentes, mas a ênfase maior está em como a ABP realmente funciona. Assim, as sugestões de implementação consistem nos componentes-chave deste livro.

O Capítulo 1 descreve a ABP como ensino de melhores práticas, já que ela estimula os alunos em suas tarefas de aprendizado de maneira completa. O capítulo apresenta uma visão geral da ABP, além de diversos exemplos de projetos, que vão da educação infantil até o ensino médio. Uma discussão inicial sobre o que é a ABP será seguida por um debate sobre diversos projetos de amostra de ABP. Dois exemplos de projetos, um de uma escola de anos finais do ensino fundamental e outro de uma escola de anos iniciais, são discutidos em profundidade, e um deles traz uma *webquest*[*] e uma rubrica que é frequentemente usada na avaliação de projetos de ABP. O capítulo também apresenta descrições breves de projetos de ABP em todos os anos escolares.

O Capítulo 2 traz uma discussão da ABP no contexto das salas de aula. Inicialmente, os professores precisam considerar como ela se adequa ao ensino: como um suplemento de ensino baseado em unidades ou como um substituto para o planejamento de ensino baseado em unidades. A seguir, é apresentada uma pequena seção que resume a pesquisa em ABP, incluindo um estudo que mostra não apenas a eficácia dessa técnica em relação aos modelos de ensino tradicionais, mas também sua eficácia para

[*] N. de R. T.: Uma *webquest* (do inglês, pesquisa, jornada na *web*) é uma metodologia que direciona o trabalho de pesquisa utilizando os recursos da internet. Em geral, a *webquest* é elaborada por um professor com questões a serem solucionadas pelos alunos. Ela parte de um tema para propor tarefas, que envolvem consultar fontes de informação na própria *web*, aproveitando a riqueza de informações da internet para gerar novos conhecimentos. O conceito foi criado em 1995 por Bernie Dodge, professor da Universidade de San Diego, na Califórnia (Estados Unidos).

a melhoria da ABP para a melhoria do desempenho acadêmico dos estudantes em avaliações baseadas em padrões. Por fim, são incluídas seções sobre tecnologia dentro da ABP e sobre os desafios que os professores enfrentam ao adotá-la.

O Capítulo 3 aborda as etapas de implementação específicas para o planejamento e para o ensino utilizando um modelo de ABP. Os projetos de ABP incluem vários elementos que compõem a tarefa de projeto e, apesar de alguns proponentes da ABP divergirem sobre quais são esses elementos, a maior parte concorda sobre sua estrutura geral básica. O capítulo apresenta os componentes cruciais da ABP e, a seguir, descreve um procedimento de planejamento passo a passo. Outro exemplo de projeto de ABP é incluído para servir de base para essa discussão.

O Capítulo 4 concentra-se nas tecnologias de ensino e nas estratégias que facilitam a ABP na sala de aula, além de descrever as ferramentas de ensino mais atuais, como jogos de realidade alternativa ou a plataforma *on-line Ning*, que permite a criação de redes sociais individualizadas. Enquanto muitos professores usam *blogs* de turmas e *webquests*, as aplicações das tecnologias de redes sociais e das emergentes tecnologias móveis, que são mais recentes, serão discutidas em termos de como podem ser aplicadas no contexto da ABP. Há muito tempo a ABP enfatiza o uso de jogos e simuladores como opção para o ensino. Ao final do capítulo, outro exemplo de projeto, sobre estudos da Guerra Civil dos Estados Unidos nos ensinos fundamental e médio, é apresentado, enfatizando as aplicações de tecnologia na ABP.

O Capítulo 5 descreve várias estratégias de ensino não tecnológicas que se enquadram muito bem ao *framework* da ABP. Por exemplo, as estratégias que os estudantes podem usar repetidamente em unidades de ABP, como *brainstorming*, planejamento de linhas do tempo ou de apoio metacognitivo, assim como as minilições sobre conteúdos específicos que os alunos considerarão essenciais para a conclusão da unidade de ABP. Estratégias de ensino como a aprendizagem cooperativa e o ensino estruturado são descritas no contexto do ensino na ABP, que está fundamentada na resolução cooperativa de problemas. Dessa forma, os professores devem maximizar o uso dessas estratégias a fim de enfatizar as tarefas cooperativas dentro do currículo geral baseado na ABP.

O Capítulo 6 discute as opções de avaliação. Uma das questões que os professores enfrentam ao adotar a metodologia envolve uma incompatibilidade perceptível entre a aprendizagem baseada em padrões, a do ensino direto e a baseada em projetos; apesar de pesquisas terem demonstrado que, em nível estadual, os alunos em abordagens de ensino na ABP saem-se melhor em avaliações padronizadas do que aqueles que recebem instrução mais tradicional (GEIER et al., 2008; GIJBELS et al., 2005; MERGENDOLLER, MAXWELL; BELLISIMO, 2007). Além disso, a avaliação do progresso dos alunos é crucial em sala de aula, assim, esse capítulo foca no uso e na aplicação de diversas ferramentas de avaliação para a ABP, incluindo avaliação baseada em rubricas, autoavaliação, avaliação de colegas, atribuições de notas em grupo e avaliação de portfólio. Embora não haja práticas de avaliação específicas que devam ser incorporadas à ABP, a maior parte das pesquisas e das diretrizes profissionais destaca essas opções de avaliação mais inovadoras, tanto individualmente como em conjunto com opções de avaliação mais tradicionais, e as vantagens e os problemas de cada abordagem serão ressaltados. Um exemplo de projeto é descrito para servir de base para a discussão das práticas de avaliação na ABP.

Por fim, enquanto a relação entre a ABP e os Padrões Estaduais Comuns dos Estados Unidos (*Common Core State Standards*, www.corestandards.org/the-standards) é descrita ao longo do texto, o Apêndice apresenta uma discussão sobre como os padrões educacionais em outros estados americanos se correlacionam da mesma forma com a ABP. O Apêndice utiliza os padrões educacionais da *Texas Educational Agency* (Agência Educacional do Texas), mais especificamente, os *Texas Essential Knowledge and Skills Standards* (Padrões de Habilidades e Conhecimentos Essenciais do Texas; TEKS, na sigla em inglês), como exemplo de um estado que não adotou os Padrões Estaduais Comuns (TEXAS, 2010).

CONCLUSÃO

Como as escolas enfrentam dificuldades para ensinar todos os alunos em um mundo de motivação restrita, baixo nível de habilidades de resolução de problemas, orçamentos extremamente limitados e tecnologias de ensino em constante modificação, a ABP surgiu como uma opção para as salas de aula do século XXI (BARON, 2010; BELLAND; FRENCH; ERTMER, 2009; LARMER; MERGENDOLLER, 2010; PARTNERSHIP FOR 21ST CENTURY SKILLS, 2009). Os proponentes da ABP estão dispondo recursos em um esforço para reformar as escolas de acordo com essas linhas, e as evidências indicam que os alunos respondem muito bem a essa forma de instrução.

Além disso, a ABP já é vista por muitos como a melhor abordagem para enfatizar as habilidades de resolução de problemas em um mundo onde o conhecimento se torna obsoleto no momento em que é impresso (BARELL, 2010; BELLAND; FRENCH; ERTMER, 2009; LARMER; MERGENDOLLER, 2010; PARTNERSHIP FOR 21ST CENTURY SKILLS, 2009). Assim, os professores tomam uma atitude sensata ao adotar essa abordagem de ensino e explorar as possibilidades que ela traz aos alunos em suas salas de aula. Devemos proporcionar aos nossos alunos a melhor educação possível, e muitas pesquisas indicam que a ABP representa a melhor prática de ensino da atualidade. Isso é, em todos os sentidos, ensinar para o século XXI!

1

Envolvendo os alunos por meio da aprendizagem baseada em projetos

●●●●●●

O QUE É APRENDIZAGEM BASEADA EM PROJETOS?

A aprendizagem baseada em projetos (ABP) é uma das mais eficazes formas disponíveis de envolver os alunos com o conteúdo de aprendizagem e, por essa razão, é recomendada por muitos líderes educacionais como uma das melhores práticas educacionais na atualidade (BARELL, 2010; BARON, 2011; COLE; WASBURN-MOSES, 2010; LARMER; MERGENDOLLER, 2010). A ABP é um formato de ensino empolgante e inovador, no qual os alunos selecionam muitos aspectos de sua tarefa e são motivados por problemas do mundo real que podem, e em muitos casos irão, contribuir para a sua comunidade.

A ABP pode ser definida pela utilização de projetos autênticos e realistas, baseados em uma questão, tarefa ou problema altamente motivador e envolvente, para ensinar conteúdos acadêmicos aos alunos no contexto do trabalho cooperativo para a resolução de problemas (BARELL, 2007, 2010; BARON, 2010; GRANT, 2002). A investigação dos alunos é profundamente integrada à aprendizagem baseada em projetos, e como eles têm, em geral, algum poder de escolha em relação ao projeto do seu grupo e aos métodos a serem usados para desenvolvê-lo, eles tendem a ter uma motivação muito maior para trabalhar de forma diligente na solução dos problemas (DRAKE; LONG, 2009; MALONEY, 2010). De fato, isso resulta em altos níveis de envolvimento com o conteúdo acadêmico relacionado à resolução do problema ou à conclusão do projeto, assim como em níveis mais altos de desempenho acadêmico (GRANT, 2000; LARMER; MERGENDOLLER, 2010; MARZANO, 2007).

A ABP tem sido utilizada em praticamente todas as disciplinas e anos escolares, até mesmo em situações de aprendizagem de adultos (LEVSTIK; BARTON, 2001; MARX et al., 1997; SCOTT, 1994). Entretanto, no geral, a ABP tem sido implementada com mais frequência no ensino de ciências e matemática, e muitos dos exemplos de ensino encontrados envol-

A ABP pode ser definida pela utilização de projetos autênticos e realistas, baseados em uma questão, tarefa ou problema altamente motivador e envolvente, para ensinar conteúdos acadêmicos aos alunos no contexto do trabalho cooperativo para a resolução de problemas.

vem uma ou ambas dessas áreas curriculares (KOLODNER et al., 2005; SATCHWELL; LOEPP, 2003).

Visto que a ABP aumenta a motivação para aprender, trabalhar em equipe e desenvolver habilidades colaborativas, hoje ela é recomendada como uma técnica de ensino do século XXI (COLE; WASBURN-MOSES, 2010; PARTNERSHIP FOR 21ST CENTURY SKILLS, 2004, 2009). De fato, alguns proponentes da aprendizagem baseada em projetos veem as modernas tecnologias de ensino e as tecnologias de comunicação e de redes sociais como sendo fundamentais para a aprendizagem baseada em projetos (BOSS; KRAUSS, 2007). Dois excelentes vídeos de introdução à ABP estão disponíveis no *website* www.edutopia.org/project-based-learning*, sendo o primeiro deles altamente recomendado para uma rápida introdução à ABP.

Ao longo dos anos, muitos outros termos foram usados para essa abordagem de ensino, incluindo aprendizagem baseada em problemas, aprendizagem investigativa, aprendizagem autêntica e aprendizagem por descoberta. Contudo, a abordagem de ensino geral permanece a mesma: os alunos identificam e buscam resolver problemas do mundo real que consideram importantes, além de desenvolver vários projetos (às vezes chamados de "artefatos") que podem ser usados para demonstrar seus conhecimentos e comunicar sua resolução de problemas aos demais (BENDER; CRANE, 2011; FLEISCHNER; MANHEIMER, 1997; KNOWLTON, 2003; MARZANO, 2007).

Como vários proponentes da ABP têm descrito diferentes tipos de projetos para séries variadas, uma linguagem da ABP vem surgindo dentro da literatura educacional. Embora os diferentes proponentes da ABP usem esses termos de maneiras distintas, a compreensão dessa terminologia ajudará os professores a entender o fundamento da ABP como uma abordagem de ensino. O Quadro 1.1 apresenta diversos termos comumente usados e suas definições. Conforme os professores adotem as aplicações de ABP, terão a necessidade de entender esses termos.

Quadro 1.1 Termos da ABP

Âncora. Essa é a base para perguntar. Uma âncora serve para fundamentar o ensino em um cenário do mundo real. Ela pode ser um artigo de jornal, um vídeo interessante, um problema colocado por um político ou grupo de defesa, ou uma apresentação multimídia projetada para "preparar o cenário" para o projeto (*Cognition and Technology Group at Vanderbilt*, 1992a, 1992b; GRANT, 2002).

Artefatos. São itens criados ao longo da execução de um projeto e que representam possíveis soluções, ou aspectos da solução, para o problema. O termo *artefato* é usado para enfatizar que nem todos os projetos resultam em um relato escrito ou em uma apresentação. Os artefatos podem incluí-los, mas também podem abranger vídeos digitais, portfólios, *podcasts*, *websites*, poemas, músicas ou cantos que ilustrem o conteúdo, projetos de arte que resultem do projeto, interpretação de papéis ou peças de um único ato que representem soluções de problemas, artigos para o jornal da escola ou para jornais locais, relatórios apresentados oralmente para vários órgãos governamentais ou

continua

* N. de T.: Todos os *sites* citados neste livro têm conteúdo em inglês.

Quadro 1.1 *Continuação*

para outras organizações e recomendações ou diretrizes para ações com relação a certas questões. Em resumo, um artefato pode ser praticamente qualquer coisa de que o projeto necessite, dada a expectativa de que os artefatos representem coisas necessárias ou usadas no mundo real (GRANT, 2002). Além disso, na maior parte das instruções de ABP, há ênfase nas habilidades do século XXI, de modo que muitos artefatos envolvem o desenvolvimento ou a criação com o uso das tecnologias digitais.

Desempenho autêntico. Representa a ênfase de que a aprendizagem resultante desses projetos deveria se originar de cenários do mundo real e representar os tipos de coisas que se espera que os adultos façam no mundo real (BARELL, 2007).

Brainstorming. O processo de *brainstorming* pelo qual os alunos passam para formular um plano para tarefas de projeto é semelhante a outras atividades de *brainstorming*, em que a meta é produzir o máximo possível de ideias para a resolução de tarefas sem descartar, inicialmente, nenhuma delas. Em muitos casos, esse processo precisa ser ensinado diretamente aos alunos, já que alguns encontrarão problemas nas ideias de outros imediatamente, a menos que sejam devidamente instruídos sobre o processo de *brainstorming* (GRANT, 2002).

Questão motriz. É a questão principal, que fornece a tarefa geral ou a meta declarada para o projeto de ABP. Ela deve ser explicitada de maneira clara e ser altamente motivadora; deve ser algo que os alunos considerem significativo e que desperte sua paixão (GRANT, 2002; LARMER; MERGENDOLLER, 2010).

Aprendizagem expedicionária. É uma forma de aprendizagem baseada em projetos que envolve a realização de viagens ou expedições reais para várias localizações na comunidade relacionadas ao projeto em si. No projeto de amostra apresentado no final deste capítulo, pode-se realizar uma expedição até a fazenda real, o cenário do corte de cedros, para obter uma contagem verdadeira de cedros, que permitirá a conclusão do projeto. De forma alternativa, esse projeto de amostra pode ser realizado sem que se faça tal expedição, o que representaria uma experiência de ABP mais típica. Na verdade, os professores devem notar que a maioria dos exemplos de ABP não são projetos de aprendizagem expedicionária.

Voz e escolha do aluno. Essa expressão é usada para representar o fato de que os alunos devem ter algum poder de decisão (alguns proponentes da ABP diriam que eles devem ter o poder exclusivo de decisão) sobre a escolha do projeto e a especificação da questão fundamental (LARMER; MERGENDOLLER, 2010).

Web 2.0. Recentemente, o termo *web 2.0* passou a ser usado para mostrar que a instrução baseada nas tecnologias já foi muito além do mero acesso às informações pela internet (FERRITER; GARRY, 2010). Mais do que isso, as ferramentas *web* 2.0 salientam o fato de que os alunos, ao trabalharem de forma colaborativa em modernos ambientes de tecnologia instrucional, na verdade estão criando conhecimento em vez de simplesmente usar a tecnologia de forma passiva para adquiri-lo. Dessa forma, a *web 2.0* não é uma coleção de novas aplicações tecnológicas, mas uma forma de utilizar os aplicativos atuais para ajudar os alunos a resolverem problemas e a se tornarem contribuintes do conhecimento.

Conforme sugere essa linguagem da ABP, há muitos elementos em comum entre os projetos. Primeiro, enquanto as próprias tarefas de projeto variam consideravelmente, quase todos os projetos de ABP estão focados nas questões ou problemas autênticos do mundo real (LARMER; MERGENDOLLER, 2010). Esse foco nas experiências de aprendizagem autênticas, em tarefas que os estudantes podem ser solicitados a realizar no mundo real, é uma característica de praticamente todas as experiências de ABP e, em geral, aumenta a motivação dos alunos para participarem ativamente dos projetos.

Segundo, a maioria das tarefas de ABP exige um amplo trabalho cooperativo (GRANT, 2002). Os estudantes precisam planejar cooperativamente as ações de sua equipe à medida que avançam na solução do problema, desenvolvendo um plano de ação e começando a elaborar uma descrição ou diretrizes para o desenvolvimento de seus produtos ou artefatos (LARMER; MERGENDOLLER, 2010). A pesquisa e o desenvolvimento desses produtos e artefatos podem levar muitos dias e, tipicamente, envolvem a criação de apresentações multimídia, demonstrações práticas, talvez um modelo funcional, um portfólio, um *podcast*, vídeos digitais ou um modelo de testes para o projeto ou problema (COTE, 2007; LAND; GREEN, 2000; PARTNERSHIP FOR 21ST CENTURY SKILLS, 2004, 2009). Os projetos de ABP podem ser focados em apenas um sujeito ou podem ser interdisciplinares. O projeto exemplificado a seguir ilustra esses aspectos da ABP.

Os projetos de ABP podem ser focados em apenas um sujeito ou podem ser interdisciplinares.

EXEMPLO DE UM PROJETO DE ABP

Um projeto de ABP que lida com o corte de um tipo específico de madeira para a produção de móveis é apresentado no Quadro 1.2. Esse projeto é relativamente simples e seria apropriado para uma variedade de disciplinas do ensino fundamental, incluindo ciências, ecologia e, talvez, matemática, ou em uma combinação delas, constituindo-se em um projeto interdisciplinar proposto por diversos professores. Trata-se de um exemplo bastante básico, no sentido de que muito mais tecnologia pode ser, e de fato é, incorporada na maior parte dos projetos de ABP. Além disso, a maioria dos projetos exige prazos mais longos do que o exemplo. Porém, ele mostra muitos aspectos que podem estar envolvidos em qualquer projeto simples de ABP, e serve para ilustrar que, mesmo em ambientes educacionais que não possuem muita tecnologia à disposição, a ABP proporciona uma opção de ensino viável e dinâmica.

Quadro 1.2 Exemplo de Projeto de ABP: corte de cedros

Âncora: Quantos cedros podem ser cortados?

Uma fazenda na Virgínia, chamada Plantação de Cedros, tem como donos os descendentes dos primeiros proprietários, mas é administrada em conjunto com o governo do Estado da Virgínia, já que é considerada patrimônio histórico estadual. A família quer permitir que uma empresa familiar do setor moveleiro corte um lote selecionado de cedros brancos e vermelhos anualmente, com o intuito de fabricar móveis. Nesta fazenda, os cedros ocupam todos os 49 acres* da sua reserva legal, mas a família não tem certeza sobre a quantidade de árvores existentes na propriedade e quer estar segura de que o corte seletivo não esgotará seu estoque de cedros. Desses 49 acres, aproximadamente 12 acres são visíveis a partir da casa da fazenda. Além disso, acredita-se que aproximadamente 21 acres correspondam a áreas pantanosas, mas todas as terras baixas se encontram do outro lado da reserva legal da propriedade e não são visíveis a partir da casa.

A família convidou uma turma de 5º ano de uma escola de anos finais do ensino fundamental para realizar um projeto a fim de determinar quantas árvores poderiam ser cortadas de forma seletiva, anualmente, em cada acre de terra. A família não quer cortar mais do que 50% dos cedros em um determinado ano e fornece instruções para que a turma use em seu projeto os dados a seguir, baseados nas normas de crescimento.

O professor e os alunos discutem esse projeto e decidem realizá-lo utilizando três grupos que atuam de modo independente na sala de aula. Juntos, o professor e os alunos decidem que cada um dos três grupos dedicará um mínimo de 20 horas a este projeto, empregando nele um mínimo de 30 minutos diários, tanto nas aulas de ciências quanto nas de matemática. É claro, em alguns dias, a turma usará até 1 hora neste trabalho.

Informações sobre cultivo de cedros e diretrizes da família

Da muda à maturação	Aproximadamente 45 anos
Número médio de cedros vermelhos maduros por acre	53 (baseado na contagem de cedros em apenas 1 acre da área mais elevada da propriedade)
Número médio de cedros brancos maduros por acre	48 (baseado na contagem de cedros em apenas 1 acre da área mais baixa e pantanosa da propriedade)

continua

* N. de R.T.: Um acre equivale a, aproximadamente, 0,4047 hectare.

Quadro 1.2 *Continuação*

Tarefas a serem cumpridas

Os alunos irão trabalhar em grupos para cumprir diversas tarefas:

1. Classificar os tipos de cedros na fazenda. Na maior parte dos casos, os cedros brancos crescem nos pântanos localizados nas áreas mais baixas da fazenda, enquanto os cedros vermelhos crescem nas mais altas. Verificar o número médio de árvores em cada acre e a quantidade total que a propriedade possui. Será realizada uma *webquest** para orientar a pesquisa sobre o crescimento de cedros em vários terrenos e espera-se que todos os alunos a completem, seja individualmente ou em duplas. A família solicitou, se possível, uma contagem real das árvores em pelo menos 4 acres adicionais, dispersos pela propriedade, para extrapolar com precisão o número de cedros (completar essa tarefa mudará este exemplo de ABP para um exemplo de ABP de aprendizagem expedicionária). Esses dados para a extrapolação da contagem de cedros devem ser resumidos em uma planilha.
2. Estabelecer o tempo de vida para os cedros no norte do estado de Virgínia para verificar quantas árvores morrem em um determinado ano. Se possível, fornecer orientação sobre "os piores" cenários (por exemplo, uma seca de dois anos, neve tardia que mata mudas recentes em um determinando ano) que possam limitar o número de árvores que deveriam ser cortadas anualmente. Determinar o número de árvores disponíveis para corte a cada ano, baseando-se na contagem média de árvores nos 4 acres e em outras diretrizes.
3. Determinar um plano razoável para o corte seletivo de cedros que não esgotará nenhuma seção das florestas e não impactará negativamente a visão das florestas de cedro a partir da fazenda.
4. Criar uma apresentação multimídia que irá persuadir todos os membros da família da viabilidade do corte de cedros e do impacto insignificante que tais cortes terão na visão da plantação a partir da fazenda.

Os alunos precisarão obter acesso ao seguinte:

1. Uma oportunidade de saída de campo para visitar a fazenda e contar as árvores para o projeto.
2. Computadores com Microsoft Office, PowerPoint, Excel ou outra planilha eletrônica, vídeos e câmeras.
3. *Websites* com informações sobre cedros, condições de seca previstas em Virgínia, etc.
4. Mapa topológico da Virgínia Ocidental para determinar precisamente como muitos acres de áreas pantanosas podem existir na fazenda.

Artefatos previstos

1. Quatro relatórios curtos que abordem questões internas ao projeto.
2. Apresentação(ões) de PowerPoint ou em vídeo que resumam as informações relatadas, tanto para cada questão individual como para as questões em conjunto. Elas devem incluir detalhes suficientes para que sejam convincentes.
3. Diretrizes específicas para recomendações do corte de árvores.

Ao realizarem o projeto de ABP, os alunos da turma podem ser divididos em duas ou três equipes, com cada uma sendo responsável pela abordagem do problema geral, assim como pela geração dos artefatos necessários para completar o projeto. Neste e na maioria dos projetos de ABP, pode haver uma variedade de soluções aceitáveis para o problema, e deve-se esperar que vários grupos de alunos apresentem soluções diferentes. Por exemplo, visto que alguns membros da família desse exemplo estão claramente preocupados com a visão da área da reserva legal a partir da fazenda, um grupo de alunos poderia recomendar que uma certa quantidade de acres da reserva legal que pode ser vista diretamente da fazenda seja eliminada do corte de cedros, e essa seria uma solução perfeitamente aceitável. Contudo, outro grupo poderia consentir no corte de cedros grandes dentro de um raio de até 30 metros do campo de visão, ao mesmo tempo em que restringe o corte de árvores menores. Essa seria outra solução aceitável que resultaria em um número diferente de

* Ver nota na página 11 deste livro.

árvores disponíveis para o corte, bem como em diretrizes distintas sobre o número de árvores que poderiam ser cortadas anualmente. Além disso, a contagem média de cedros vermelhos e brancos existentes na fazenda poderia variar, dependendo da interpretação do que é uma área pantanosa e da interpretação de mapas topológicos da área. Mais uma vez, múltiplas respostas para esse projeto não são apenas possíveis, mas também bastantes prováveis.

Por essa razão, as rubricas são frequentemente usadas para proporcionar alguma estrutura para a experiência de ensino na ABP, assim como para avaliar vários artefatos em sala de aula. As rubricas devem ser suficientemente abrangentes para sugerir o nível de detalhe desejado em qualquer solução de problema possível, bem como para identificar os tipos específicos de questões que os grupos devem considerar. Além disso, essas rubricas devem ser compartilhadas com os alunos, e seu uso deve ser enfatizado como sendo a base para o que foi previsto (BOSS; KRAUSS, 2007). Um exemplo de rubrica para uso com esse projeto específico é apresentado no Quadro 1.3.

As rubricas são frequentemente usadas para proporcionar alguma estrutura para a experiência de ensino na ABP, assim como para avaliar vários artefatos em sala de aula.

Nesta rubrica, os professores estabeleceram de forma clara algumas indicações sobre o nível de detalhamento para a solução. Na própria rubrica, os indicadores sugerem que os estudantes devem considerar os tempos médios de vida dos diferentes tipos de cedros e documentar suas deliberações relativas a essa questão. As diversas suposições apresentadas pelos diferentes grupos de alunos irão impactar as recomendações finais

Quadro 1.3 Rubrica para avaliação de projeto de corte de cedros

Objetivo declarado	1	2	3	4
O grupo compilou os dados sobre a quantidade de cedros vermelhos e brancos por acre, utilizando uma planilha.	O grupo obteve uma contagem média para cada tipo de árvore, mas não conseguiu compilar os dados em uma planilha adequada.	O grupo reuniu e compilou os dados para cada tipo de cedro. O grupo compilou os dados em uma planilha com pouca organização e sem recomendações sobre os diversos tipos de cedros nos diferentes tipos de terra.	O grupo reuniu e compilou os dados para cada tipo de cedro, incluiu recomendações para os diversos cedros em tipos diferentes de terra e criou uma planilha.	O grupo reuniu e compilou os dados para cada tipo de cedro, incluindo mais do que as recomendações mínimas sobre os diferentes cedros e os tipos de terra, e criou uma planilha que estava organizada, bem categorizada, classificada por cores, e fácil de interpretar.
O grupo determinou um tempo médio de vida para os cedros vermelhos e brancos em dois tipos de ambientes.	O grupo não usa um procedimento apropriado para calcular o tempo de vida normal de cedros vermelhos e brancos na Virgínia.	O grupo usou um procedimento apropriado para cada tipo de cedro, mas apresentou respostas incorretas.	O grupo usou um procedimento apropriado e apresentou dados precisos sobre o tempo médio de vida para cada tipo de cedro.	O grupo usou um procedimento apropriado para calcular o tempo médio de vida para cada tipo de cedro, forneceu dados precisos sobre as médias e criou diferentes recomendações para diferentes tipos de terra.

continua

Quadro 1.3 *Continuação*

Objetivo declarado	1	2	3	4
O grupo apurou um número recomendado de árvores que podem ser cortadas anualmente.	A recomendação do grupo não foi suficientemente detalhada ou justificada.	A recomendação do grupo foi adequada mas não foi bem organizada ou justificada.	O grupo apresentou um número razoável e uma justificativa apropriadamente detalhada para o seu número recomendado de árvores para o corte.	O grupo desenvolveu uma recomendação razoável que foi detalhada e bem justificada, com diferentes recomendações para os diferentes tipos de cedros e de terra.
O grupo realizou apresentação(ões) multimídia que convenceram os membros da família a permitirem o corte.	A apresentação integrou apenas um tipo de tecnologia e não foi convincente.	A apresentação integrou duas tecnologias e foi convincente, mas não foi suficientemente pessoal para incitar a ação.	A apresentação incluiu os piores cenários possíveis e usou um mínimo de duas tecnologias, mas não foi completamente convincente.	A apresentação integrou três ou mais tecnologias, incluindo diferentes recomendações para diferentes tipos de terra e de cedros.
Processo de avaliação: As notas dos alunos podem variar entre 4 e 16. O professor, ou um grupo de alunos trabalhando em colaboração com o professor, concede pontos aos grupos de alunos para cada um dos objetivos listados e, depois, soma esses pontos. A pontuação total entre 15 e 16 equivale a um A no projeto. Um total entre 13 e 14 equivale a um B; entre 10 e 12 a um C e menos de 10 indica a necessidade de refazer o projeto.				

para o corte de árvores. É claro, as informações sobre essas questões devem ser pesquisadas pelos alunos, e essa pesquisa envolve, para muitos projetos de ABP, um uso ativo e informado da internet.

Levando isso em consideração, as rubricas não devem ser o único tipo de orientação de ensino ou de avaliação que os professores irão proporcionar. Na verdade, uma ampla variedade de práticas de ensino pode ser criada em um projeto de ABP, dependendo da profundidade, do nível e das limitações de tempo do projeto. Por exemplo, uma ou mais *webquests* são frequentemente incorporadas aos projetos de ABP a fim de proporcionar alguma estrutura para a tarefa e auxiliar os estudantes na pesquisa das informações de que eles irão necessitar para resolver o problema. Um exemplo de *webquest* que poderia auxiliar nessa tarefa em particular é apresentado no Quadro 1.4. Alguns proponentes da ABP têm sugerido que uma *webquest*, por si só, é um exemplo de ensino na ABP (GRANT, 2002). Na maioria dos casos, entretanto, as *webquests* são consideradas como um meio de auxílio à pesquisa ou, talvez, como um artefato resultante do projeto.

Alguns proponentes da ABP têm sugerido que uma webquest, *por si só, é um exemplo de ensino na ABP. Na maioria dos casos, entretanto, as* webquests *são consideradas um meio de auxílio à pesquisa ou, talvez, um artefato resultante do projeto.*

Além desse exemplo de projeto de amostra, os professores devem investigar outros projetos. Muitos estão disponíveis na internet e ao longo de todo este livro. O Quadro 1.5 apresenta uma lista de *websites* que fornecem informações ou exemplos de projetos de ABP que os professores devem examinar, bem como informações sobre como planejar um projeto de ABP.

Quadro 1.4 *Webquest* sobre a expectativa de vida das árvores

Objetivos

1. Identificar a expectativa de vida dos cedros para ser usada nos cálculos do seu corte.
2. Encontrar a incidência das doenças mais comuns dos cedros e determinar se esses dados precisam ser incluídos na estimativa de corte.

Atividades

1. Obtenha informações sobre o tempo de vida dos cedros vermelhos e brancos. Escreva um resumo de dois parágrafos sobre o tempo de vida dos cedros na fazenda. É claro que, muitas vezes, várias respostas diferentes podem ser encontradas utilizando-se diferentes fontes de informação. Tente consultar as seguintes URLs e veja se elas estão em conformidade. Para cada *website*, anote a resposta e se ela representa o tempo de vida médio ou máximo.
   - Wiki.answers.com/Q/What_is_the_lifespan_of_a_cedar_tree
   - Thuja Occidentalis. Disponível em: <www.rook.org/earl/bwca/nature/trees/thujaocc.html>
2. Será que a existência de vários tipos de cedros pode contribuir para essas discrepâncias? Você terá de determinar qual é a porcentagem de cedros brancos em relação à de cedros vermelhos existentes na fazenda.
3. O grupo deve elaborar um procedimento razoável para determinar como foram resolvidas as discrepâncias entre os tempos de vida dos cedros brancos e vermelhos e explicá-lo detalhadamente em um texto que tenha entre dois a quatro parágrafos. Isso fará parte da sua apresentação final.
4. Há doenças que devem ser levadas em conta nesta questão?

   Verifique as doenças que afetam os cedros no Estado da Virgínia no *website* a seguir. Escreva um parágrafo para explicar por que você incluiu ou deixou de incluir esse fator em suas recomendações gerais para o corte de cedros.
   - Gardens Alive. Disponível em: <www.gardensalive.com/article.asp?ai=879&bhcd2=1295464860>
5. O grupo deve determinar o que é um cedro "adulto" (essa determinação deve ser feita a partir da altura, em metros, que a árvore possui). A equipe também precisará calcular as taxas de crescimento para determinar quanto tempo um cedro leva para alcançar a condição adulta. Isso deve ser resumido, por escrito, em um parágrafo. O *website* a seguir irá lhe ajudar:
   - Cedartrees.com. Disponível em: <www.cedartrees.com/our_trees.asp>

Quadro 1.5 *Websites* sobre aprendizagem baseada em projetos

Bie.org. Esse é o *website* do Buck Institute for Education, uma organização sem fins lucrativos dedicada à aprendizagem baseada em projetos. Esse *site* vende materiais sobre ABP, além de oferecer oportunidades de desenvolvimento profissional.

Edutopia.org/project-based-learning. Esse *site* é mantido pela George Lucas Educational Foundation e oferece diversos vídeos de curta duração, incluindo um vídeo chamado *Introduction to Project-Based Learning* (Introdução à aprendizagem baseada em projetos) e outro chamado *Project-Based Learning: An Overview* (Aprendizagem baseada em projetos: uma visão geral). Esses vídeos são recomendados como excelentes introduções à ABP. Também é possível se inscrever para acessar a revista *on-line* sobre aprendizagem baseada em projetos.

Imet.csus.edu/imet2/stanfillj/workshops/pbl/description.htm. Esse *site* talvez seja o mais completo recurso sobre aprendizagem baseada em projetos, já que muitos outros estão vinculados a ele. Pode-se encontrar muitos exemplos de projetos de ABP e informações sobre como eles podem ser elaborados e implementados.

Internet4classrooms.com/project.htm. Esse *site* oferece um compêndio dos outros *links* que podem apoiar a aprendizagem baseada em projetos. Os exemplos incluem um *site* de biografias de pessoas famosas em várias áreas (ciência, história, política, etc.), assim como *sites* que fornecem estatísticas sobre vários países. Esse *site*

continua

Quadro 1.5 *Continuação*

deve ser fornecido como um recurso diretamente aos alunos em muitos projetos de ABP dos ensinos fundamental e médio.
PBL-online.org. Esse é um *site* relacionado ao Buck Institute, que fornece informações sobre como conceber projetos de ABP utilizando cinco tarefas em sequência: começar pensando no fim, elaborar a questão motriz, planejar a avaliação, mapear o projeto e gerenciar o processo. São fornecidos vários exemplos, em vídeo, de professores planejando de forma cooperativa a implementação de projetos de ABP como recurso de desenvolvimento profissional.
Superkids.com. Esse *website* identifica *softwares* educacionais para estudantes, listando quase 200 exemplos de *softwares* de resolução de problemas para a sala de aula. As avaliações desses *softwares,* feitas por alunos, pais e especialistas, permitem que os professores selecionem programas que podem ser adequados à sua sala de aula.
ThinkQuest.org. Esse *website* fornece uma plataforma, chamada de *ThinkQuest*, que os professores usam na elaboração de projetos de ABP para a sua sala de aula. O *ThinkQuest* é um ambiente *on-line* protegido, que habilita os professores a elaborar e executar projetos dentro da sala de aula ou em conjunto com outros professores do mundo inteiro na comunidade global *ThinkQuest*. Nesse *website*, os professores podem encontrar *links* para mais de 7 mil ideias de projetos e atividades para a ABP.

COMPONENTES DE TAREFAS DE ABP

Ao longo dos anos, quase todos os professores exigem que os alunos realizem uma ampla variedade de projetos, mas os proponentes da abordagem de ensino na ABP indicam que nem todos os projetos feitos nas salas de aula devem ser considerados exemplos de ABP (GRANT, 2002; LARMER; MERGENDOLLER, 2010). Por exemplo, conforme indicado por Larmer e Mergendoller (2010), os alunos devem perceber o projeto de ABP como sendo pessoalmente significativo para eles, a fim de alcançarem o máximo de envolvimento na resolução do problema. Esses autores consideram que essa é uma característica definidora da ABP em comparação a outros projetos realizados nas escolas. Outros proponentes da ABP enfatizam diferentes aspectos da ABP como sendo suas características definidoras, tais como a especificação dos papéis dos alunos dentro do contexto do projeto (BARELL, 2007), ou uma questão altamente motivadora que é autêntica em virtude de estar focada em cenários do mundo real (GRANT, 2002). Na verdade, a maior parte das descrições da ABP identifica uma variedade de componentes específicos ou de tipos específicos de atividade que deveriam estar incluídos para que um projeto seja considerado um exemplo de ABP (BARELL, 2007; BARON, 2010; GRANT, 2002; LARMER; MERGENDOLLER, 2010).

A maior parte das descrições da ABP identifica uma variedade de componentes específicos ou de tipos específicos de atividade que deveriam estar incluídos para que um projeto seja considerado um exemplo de ABP.

Quase todas as descrições de ABP sugerem que os professores, trabalhando em colaboração com os alunos, desenvolvam uma questão orientadora e altamente motivadora com a qual os alunos irão se identificar (BARELL, 2007; GRANT, 2002). Às vezes, essa questão é referida como sendo a "questão motriz" para a experiência de ABP. Na aprendizagem baseada em projetos, os alunos recebem ou desenvolvem uma tarefa desafiadora e complexa, que se parece com tarefas que os adultos podem enfrentar no mundo real. Na maior parte dos projetos, essa questão motriz não terá uma solução simples (GRANT, 2002), e é possível que várias soluções aceitáveis sejam geradas pelos diferentes grupos que estão trabalhando no projeto. A seguir, pode-se fornecer aos estudantes uma "âncora", que pode ser uma narrativa, apresentação ou vídeo introdutório que indica a importância da questão motriz e sugere como e por que o problema pode ser abordado.

Depois que uma âncora é fornecida, e uma questão orientadora, um problema ou um projeto é determinado, os alunos que trabalham juntos irão se envolver em uma série complexa de tarefas para planejar e organizar suas atividades, a fim de encaminhar uma solução para o problema (GRANT, 2002; LARMER; MERGENDOLLER, 2010). Essas tarefas variam de um proponente da ABP para outro, mas elas geralmente incluem o seguinte:

- Fazer *brainstorming* sobre as possíveis soluções.
- Identificar uma série específica de tópicos para ajudar a coletar informações.
- Dividir responsabilidades sobre o recolhimento de informações.
- Desenvolver uma linha do tempo para o recolhimento de informações.
- Pesquisar por informações sobre o problema ou a questão.
- Sintetizar os dados coletados.
- Tomar decisões cooperativamente sobre como prosseguir a partir desse ponto.
- Determinar quais informações adicionais podem ser essenciais.
- Desenvolver um produto, ou múltiplos produtos ou artefatos, que permitam que os estudantes comuniquem os resultados de seu trabalho.

Como essa lista de tarefas indica, os projetos de ABP podem ser bastante extensos e envolver uma variedade de prazos (FLEISCHNER; MANHEIMER, 1997; KNOWLTON, 2003). Dada a variação de descrições de experiências de ensino na ABP, o Capítulo 3 deste livro descreverá os diversos componentes da ABP de forma mais abrangente, assim como proporcionará orientação para o desenvolvimento e a elaboração de projetos de ABP.

Na ABP, os alunos devem receber ou desenvolver uma tarefa desafiadora e complexa, que se pareça com as tarefas que os adultos podem enfrentar no mundo real.

PRINCÍPIO LÓGICO PARA UMA ABORDAGEM DE ENSINO NA ABP

Da mesma maneira que vários proponentes da ABP enfatizam diferentes componentes desta abordagem instrucional, vários defensores identificam diferentes razões para empregar esse ensino usando esse *framework*. Alguns defensores têm focado nos níveis maiores de envolvimento dos alunos com a matéria ou nos níveis de motivação mais altos para completar as tarefas que são pessoalmente significativas para eles (DRAKE; LONG, 2009; FLEISCHNER; MANHEIMER, 1997; GRANT, 2002).

Por outro lado, outros sugerem que o ensino na ABP é mais apropriado para preparar os alunos com habilidades de resolução de problemas e tecnologias do século

XXI (BENDER; CRANE, 2011; PARTNERSHIP FOR 21ST CENTURY SKILLS, 2007, 2009). Por fim, a base de aprendizagem social para essa abordagem de ensino é citada como uma vantagem por praticamente todos os proponentes da ABP (BARELL, 2007; DRAKE; LONG, 2009; GRANT, 2002). A título de exemplo, o Projeto sobre a Eficácia da Aprendizagem Baseada em Projetos identificou três critérios que resumem esses aspectos da ABP:

1. Um currículo elaborado em torno de problemas com ênfase em habilidades cognitivas e conhecimento.
2. Um ambiente de aprendizagem centrado no aluno, que utilize pequenos grupos, e uma aprendizagem ativa em que os professores atuem como facilitadores.
3. Resultados dos alunos focados no desenvolvimento de habilidades, motivação e amor pela aprendizagem permanente (DRAKE; LONG, 2009).

O ensino na ABP é mais apropriado para preparar os alunos com habilidades de resolução de problemas e tecnologias do século XXI.

A abordagem da ABP encoraja os alunos a participarem do planejamento de projetos, pesquisa, investigação e aplicação de conhecimentos novos para que cheguem a uma solução para seu problema (RULE; BARRERA, 2008). Nesse sentido, a ABP assemelha-se aos problemas enfrentados na vida, pois muitas vezes não há uma estrutura organizada aparente que permita que se chegue a uma solução, e essa estrutura deve ser criada e imposta pelos próprios alunos na ABP. Esse tipo de aprendizagem força os alunos, ao trabalharem em equipes cooperativas, a criarem significado a partir do caos da superabundância de informações, a fim de articularem e apresentarem uma solução para o problema de forma eficaz (RHEM, 1998).

Em uma era em que as mídias digitais permitem a comunicação instantânea e há disponibilidade de informações quase ilimitada na internet, os defensores da ABP sugerem que produzir sentido a partir da grande quantidade virtual de informações caóticas é exatamente o tipo de construção do conhecimento que todo aluno no mundo de hoje precisa dominar (BARELL, 2010; PARTNERSHIP FOR 21ST CENTURY SKILLS, 2007, 2009). Além disso, a integração de disciplinas variadas com as diversas habilidades de pensamento na ABP ajuda os professores a trabalharem por meio de padrões de conteúdos vastos, ensinando os alunos a enxergarem a conectividade das grandes ideias dentro das várias áreas do currículo (RULE; BARRERA, 2008).

Em uma era em que as mídias digitais permitem a comunicação instantânea e há disponibilidade de informações quase ilimitada na internet, os defensores da ABP sugerem que produzir sentido a partir da grande quantidade virtual de informações caóticas é exatamente o tipo de construção do conhecimento que todo aluno no mundo de hoje precisa dominar.

APRENDIZAGEM BASEADA EM PROJETOS E ENSINO DIFERENCIADO

Muitos proponentes da ABP sugerem que o ensino baseado em projetos disponibiliza uma oportunidade maravilhosa para o ensi-no diferenciado na maior parte das aulas de escolas públicas (BENDER; CRANE, 2011; O'MEARA, 2010; SCHLEMMER; SCHLEMMER, 2008; TOMLINSON, 2010; TOMLINSON, BRIMIJOIN; NARVAEZ, 2008). Por exemplo, em sua descrição da ABP, Barell (2007) explicou como os projetos de ABP podem ser melhorados por meio do foco no conteúdo a ser aprendido, no processo de ensino e de aprendizagem e nos produtos de ensino que demonstram a aprendizagem, e esses três fatores são, do mesmo modo, os principais focos da descrição do ensino diferenciado de Tomlinson (TOMLINSON, 1999, 2010; TOMLINSON; BRIMIJOIN; NARVAEZ, 2008). Nos capítulos a seguir, esses três fatores irão aparecer repetidamente como considerações importantes no planejamento e na condução de projetos de ABP, e isso demonstra a relação entre a aprendizagem baseada em projetos e o ensino diferenciado, ambos considerados exemplos de ensino do século XXI (BARELL, 2010; TOMLINSON, 2010).

Três fatores, padrões de conteúdo de aprendizagem, processos de aprendizagem e produtos de aprendizagem, são os principais focos da ABP e do ensino diferenciado.

Mais diretamente, para atender as necessidades dos diversos alunos nas salas de aula da atualidade, uma variedade de atividades de ensino é necessária, com alguns alunos completando algumas atividades enquanto os demais completam outras. Isso é tanto a essência do ensino diferenciado como o resultado geral do ensino baseado na ABP. Nesse sentido, a ABP tende a promover altos níveis de ensino diferenciado na maioria dos casos.

UM PROJETO DE ABP SOBRE O CRESCIMENTO DAS PLANTAS PARA O 3º ANO DO ENSINO FUNDAMENTAL

O nível de diferenciação pode depender da quantidade de tempo dedicada ao projeto de ABP, e nem todos os projetos de ABP são tão extensos quanto o projeto apresentado no Quadro 1.2. Aliás, alguns projetos podem ser completados sem sair da sala de aula, levando apenas alguns períodos de ensino para serem concluídos. Imagine um professor em uma sala de aula do 3º ano envolvido em um estudo do ciclo de vida das plantas. Esse professor poderia criar grupos de aprendizagem cooperativa em que cada grupo fosse responsável por uma apresentação sobre um estágio do ciclo de vida (muda, crescimento inicial, floração e ressemeadura, etc.) com o objetivo geral de apresentar algumas informações à turma sobre uma fase específica do desenvolvimento das plantas (o Capítulo 4 apresenta mais informações sobre esse tipo de aprendizagem cooperativa). Esse tipo de ABP poderia levar apenas um ou dois períodos para a pesquisa, com um período adicional para a apresentação das informações. Uma descrição de projeto para esse trabalho é apresentada no Quadro 1.6.

Para diferenciar o ensino dentro do projeto, o professor pode criar um grupo heterogêneo para atividades diferenciadas, com cada grupo incluindo um aluno que leia bem, um que escreva bem, outro que tenha facilidade em lidar com tecnologia (que poderia encontrar exemplos de ciclos de vida das plantas na

Quadro 1.6 Projeto de ABP sobre o crescimento das plantas

Um exemplo preliminar de ABP

Âncora: Como as plantas crescem?

As turmas do 3º ano de nossa escola de ensino fundamental estão fazendo uma apresentação de 1 hora para todas as turmas da educação infantil até o 3º ano, com o intuito de celebrar a chegada da primavera. Várias turmas estudarão diferentes aspectos da estação, e a nossa turma terá de fazer uma demonstração de 15 minutos sobre como as plantas crescem na primavera. Um vídeo da apresentação inteira, incluindo a nossa, será disponibilizado no *website* da escola para os pais e a comunidade.

Questões motrizes: informações que precisamos encontrar

Como podemos apresentar a vida de uma planta e a importância das mudanças que acontecem na primavera?

Tarefas a serem cumpridas

Os estudantes trabalharão em grupos para cumprir diversas tarefas:

1. Identificar e descrever os estágios da vida da planta. Quantos são? Como esses estágios da vida são definidos?
2. Qual é a aparência das plantas nos diversos estágios? Obtenha imagens de vídeos que mostrem os estágios.
3. O que acontece nos diversos estágios? Como podemos mostrar isso?

Os estudantes precisarão obter acesso a

1. Computadores com Microsoft Office, PowerPoint, Excel ou outra planilha eletrônica, vídeos e câmeras.
2. *Websites* com informações sobre a vida das plantas.

Artefatos previstos

1. Um resumo de uma página para cada estágio do ciclo de vida da planta, ilustrado por imagens ou vídeo mostrando o estágio respectivo.
2. Um vídeo em tempo acelerado do crescimento da planta (obtenha-o na internet, se for possível).
3. Uma apresentação organizada, incluindo apresentação(ões) em PowerPoint ou em vídeo que resuma(m) os estágios da vida da planta.

internet), um que não leia tão bem e outro que seja organizado o suficiente para liderar. Dessa maneira, cada membro do grupo seria capaz de usar seus pontos fortes para cumprir a meta do grupo ao mesmo tempo em que aprenderia com o resto dos membros.

Como esse projeto ilustra, a aprendizagem baseada em projetos pode ser considerada um veículo para proporcionar ensino altamente diferenciado em praticamente qualquer sala de aula. O Quadro 1.7 apresenta diversos exemplos de projetos de curto e longo prazo, nos quais o professor poderia desenvolver várias atividades diferenciadas.

Para diferenciar o ensino dentro do próprio projeto, o professor pode criar grupos heterogêneos para atividades diferenciadas, cada grupo incluindo um aluno que leia bem, um que escreva bem, outro que tenha facilidade em lidar com tecnologia (que poderia encontrar exemplos de ciclos de vida das plantas na internet), um que não leia tão bem e outro que seja organizado o suficiente para liderar.

Quadro 1.7 Exemplos de diferenciação em conclusões da ABP

A. No projeto de ABP descrito anteriormente (sobre o corte de cedros de uma forma ecologicamente fundamentada), alunos de alto desempenho poderiam ser solicitados a criar e editar um *podcast* sobre as diferenças de tempos de vida entre variados tipos de cedros ou de cenários de doenças que impactam o crescimento e o corte de árvores. Esse tipo de tarefa exigiria um *storyboard* para o *podcast*, e os alunos com boas habilidades de escrita certamente teriam uma oportunidade para mostrar suas competências nessa área. Outros poderiam participar da criação do *podcast* por meio de operação de câmeras, edição ou fornecimento de material de apoio para o conteúdo baseado em internet do *podcast*. Os alunos que necessitam de intervenção e de reforço em várias habilidades de leitura e de pesquisa poderiam ser solicitados a criar ou fazer parte de um *blog* sobre crescimento de florestas como parte de suas responsabilidades. O formato relativamente mais curto dos *blogs* proporcionaria uma chance para que os alunos com dificuldades praticassem suas habilidades de escrita sem o fator de intimidação associado aos projetos de escrita mais longos.

B. Muitos projetos podem ser diferenciados para que abordem, de maneira específica, as necessidades e as capacidades de alunos de estilo de aprendizagem musical daqueles de estilo de aprendizagem corporal-cinestésica e daqueles com outros pontos fortes. Se um professor do 4º ano estiver realizando um projeto sobre os tipos de vida nos oceanos do mundo, ele poderia começar com um resumo dos 10 ou 12 pontos principais do conteúdo do projeto. Esses poderiam ser definições dos vários tipos de animais marinhos – crustáceos, peixes, mamíferos, etc. – ou pontos que enfatizam as diferenças e as relações entre eles (p. ex., predadores/presa, características principais). De fato, os professores poderiam até mesmo formar pequenos grupos e deixá-los determinar quais poderiam ser esses 10 ou 12 pontos, enquanto proporciona algumas indicações e orientações no decorrer da atividade. Assim, os alunos com capacidade musical poderiam receber a tarefa de criar alguma forma de canto ou música para ensinar esses conceitos principais. De maneira alternativa, os alunos que aprendem melhor por meio do movimento do corpo poderiam ser solicitados a desenvolver um "modelo de movimento", que poderia mostrar as relações entre planetas, asteroides, luas, estrelas, poeira cósmica, etc. Todas essas abordagens poderiam ser identificadas como artefatos diferentes que são necessários em um projeto de ABP.

C. Em um projeto de ABP para a educação infantil, os alunos poderiam realizar o estudo de coisas vivas e não vivas no pátio da escola. Equipes de alunos poderiam ser formadas para coletar exemplos reais de vários objetos na escola (grama, folhas, papel ou lixo) ou imagens desses objetos (conjuntos de balanços, bases de beisebol, etc.). Os alunos poderiam, então, trabalhar em equipes para identificar e descrever as diferenças entre essas classes de objetos. Para diferenciar essa tarefa, os alunos de estilo de aprendizagem linguística, que costumam ser escritores academicamente bem-sucedidos, podem escrever uma sentença sobre cada objeto, ressaltando as diferenças. Posteriormente, os alunos com maiores habilidades interpessoais poderiam ser usados para apresentar os resultados da equipe para a turma e, durante a apresentação, os alunos de estilo de aprendizagem corporal-cinestésica poderiam participar segurando os objetos e as imagens dos objetos que estão sendo descritos.

D. Os alunos de biologia do ensino médio poderiam realizar o projeto de identificar bactérias infecciosas dentro da escola. O uso de microscópios seria essencial para o desenvolvimento dessa ideia, e os alunos de estilo de aprendizagem corporal-cinestésica se beneficiariam da natureza prática do projeto. Fazer *brainstorming* sobre os vários locais em que essas bactérias poderiam estar seria bastante útil (embora o professor possa querer proibir estudos de bactérias nos vasos sanitários!). Contudo, seria aceitável a coleta de amostras de bactérias em mesas da sala de aula, maçanetas, assoalhos, armários, pias de cozinha e de banheiro, etc. Os alunos com boas habilidades linguísticas poderiam escrever resumos, e os estudantes com habilidades matemáticas ou de classificação poderiam desenvolver planilhas para retratar bactérias em vários locais.

E. Os alunos dos anos finais do ensino fundamental ou do ensino médio que estão participando de uma aula de matemática, ou talvez de uma aula de economia do consumidor, poderiam realizar um projeto que responda a esta questão: A minha família pode comprar um carro novo para mim? Pode-se imaginar como essa questão poderia ser polêmica! Os alunos teriam, então, de contabilizar as rendas dos seus pais (o salário do pai e o da mãe, ou alguns valores criados pelo professor como exemplo), qualquer rendimento mensal por trabalho de meio expediente que pudessem receber, além de outras rendas familiares, como pensão alimentícia ou restituição de impostos.
Eles também precisariam de informações sobre contas que precisam ser pagas (contas mensais e anuais, informações sobre taxas de seguros para adolescentes, custos de automóveis usados). Ao compilar todos esses dados, os alunos teriam uma boa noção do processo de orçamento familiar. Se os pais relutarem em compartilhar informações reais sobre o orçamento familiar, o professor pode criar uma família e fornecer esses dados de alguma forma.

F. Um exemplo de projeto de saúde para os anos iniciais do ensino fundamental poderia envolver uma enquete sobre a comida da escola! Os alunos poderiam desenvolver uma apresentação para a administração da escola sobre os tipos de café da manhã e almoço servidos no refeitório da escola, comparando-os à recém-publicada ilustração "Prato dos Grupos Alimentares", desenvolvida em 2011 pelo Departamento de Saúde e Serviço Social do governo dos Estados Unidos. Em comparação com essa representação dos grupos alimentares apropriados, as refeições servidas no refeitório representam a dieta recomendada pelo governo?

Este capítulo apresentou um princípio lógico para a ABP no contexto do ensino do século XXI. Embora os professores tenham apresentado várias tarefas de projeto de ensino aos seus alunos por muitas décadas, a mudança para a ABP envolve muito mais do que simplesmente a tarefa de um projeto individual em uma dada unidade de ensino. Ao contrário, a ABP envolve uma mudança para a aprendizagem centrada no aluno, baseada em questões e problemas autênticos e envolventes, além do uso crescente das ferramentas *web* 2.0 e de outras tecnologias de ensino no processo de ensino-aprendizagem. O próximo capítulo apresenta uma discussão sobre ABP na sala de aula e pesquisas que apoiam a ABP.

2

A aprendizagem baseada em projetos na sala de aula:

fazendo a ABP funcionar

Conforme a discussão no Capítulo 1, a ABP envolve uma abordagem diferente para o ensino quando comparada à sala de aula tradicional, e é preciso que os professores explorem muitas questões antes de se sentirem confortáveis com a ABP. Em primeiro lugar, os professores devem considerar como a ABP difere dos projetos que eles possam ter realizado anteriormente. A seguir, precisarão considerar as diversas maneiras em que a ABP se adequa dentro das suas práticas de ensino e como elas podem ser modificadas ao adotarem a ABP. Por fim, no ambiente educacional dos dias de hoje, todas as práticas de ensino devem ser apoiadas pela pesquisa, e os professores devem possuir um conhecimento geral da pesquisa sobre ABP.

ABP *VERSUS* UMA TAREFA DE PROJETO TRADICIONAL

Ao considerarem o uso da ABP como uma abordagem de ensino, os professores primeiro devem entender as diferenças básicas entre os projetos de ABP e os tipos de projetos de ensino que caracterizaram as iniciativas pedagógicas ao longo de muitas décadas (BOSS; KRAUSS, 2007; LARMER; MERGENDOLLER, 2010). Como exemplo, imagine um professor de estudos sociais dos anos finais do ensino fundamental que inicia uma unidade de ensino sobre a Revolução Americana. Esse professor poderia solicitar aos alunos um projeto que envolvesse a tarefa a seguir:

> *Cada estudante criará um pôster ou um projeto de arte que retrate diversas causas da Revolução Americana e a relação delas com a Declaração da Independência e as batalhas, anteriores e subsequentes. O conteúdo deve refletir todos ou, pelo menos, a maioria dos pontos a seguir: Lei do Açúcar (1764), Lei do Selo (1765), Massacre de Boston (1770), Lei do Chá e Festa do Chá de Boston (1773), Batalhas de Lexington e Concord (1775), Batalha de Bunker Hill (1775) e a Declaração da Independência (1776).*

Esse tipo tradicional de tarefa possui muitas vantagens e, por essa razão, há muitos anos ela tem sido utilizada em todas as principais aulas de história dos Estados Unidos. Tais projetos são feitos principalmente como tarefa de casa ou como uma combinação de trabalho de aula e tarefa de casa e tendem a se enquadrar em uma única unidade de ensino sobre a Revolução Americana. Esses tipos de projetos podem representar as conexões conceituais entre eventos singulares nessa unidade e ajudam os alunos a compreenderem os conceitos e as ideias principais do currículo. Ao completarem esse tipo de projeto, os alunos terão acesso às informações sobre as causas da Revolução Americana, da Declaração da Independência e das batalhas iniciais da revolução. Eles poderiam, então, fazer um diagrama ou um pôster semelhante a um "mapa conceitual" relacionando as causas ao Congresso Continental e às batalhas de Lexington e Concord e de Bunker Hill, que aconteceram antes da assinatura da Declaração da Independência.

Em vez de desenvolver um diagrama, outro aluno poderia optar por elaborar uma representação pictórica que mostrasse esse conteúdo. Por exemplo, os membros do Congresso Continental poderiam ser retratados segurando vários papéis, incluindo cópias dos impostos anteriores (p. ex., a Lei do Açúcar, a Lei do Selo e a Lei do Chá), enquanto outros poderiam estar segurando jornais com manchetes sobre as batalhas que aconteceram antes da Declaração da Independência. Na parte da frente da sala, seria possível retratar vários membros assinando a Declaração da Independência, e esse projeto de arte mostraria, então, as ideias principais, as causas e a cronologia desses eventos.

Em suma, esse tipo de projeto individual é perfeitamente aceitável como uma tarefa de ensino e poderia ser completado de diferentes maneiras por vários alunos, como acaba de ser descrito. Essa é uma tarefa de projeto de ensino rica em conteúdo e capaz de facilitar a aprendizagem de ideias principais, conceitos subjacentes, relações e conteúdos específicos desse tópico.

Entretanto, apesar dessas vantagens, este não seria considerado um exemplo típico de ABP. Na verdade, há muitas distinções entre essa tarefa de projeto sobre a Revolução Americana e as abordagens de ensino na ABP que poderiam abranger o mesmo conteúdo (COTE, 2007; LARMER; MERGENDOLLER, 2010). Essas incluiriam, no mínimo, a formulação de uma questão motriz para o estudo, a voz e a escolha dos alunos inerentes às abordagens da ABP, a natureza cooperativa das tarefas de ABP, prazos maiores, profundidade do conteúdo abordado pelos projetos de ABP *versus* tarefas tradicionais de projeto e a publicação final dos resultados dos esforços dos alunos.

Nem todas as tarefas do projeto de ensino que são ricas em conteúdo, nem mesmo aquelas que são capazes de facilitar a aprendizagem de conteúdos específicos, podem ser consideradas exemplos de ABP.

A fim de compreender essas distinções cruciais entre tarefas de projeto tradicionais em aulas expositivas e a abordagem de ensino na ABP, vários autores desenvolveram listas de aspectos comuns ou características essenciais do ensino de ABP (BARELL, 2007, 2010; COTE, 2007; GRANT, 2002; LARMER; MERGENDOLLER, 2010). Essas listas não devem ser vistas como passos dentro do processo de ensino ou da elaboração, mas como características que devem ser encontradas na maioria dos projetos de

ABP. Embora variem bastante de um autor para outro, uma discussão sobre esses aspectos comuns pode nortear o nível e a profundidade do planejamento necessário para a instrução de ABP. Uma síntese desses aspectos comuns é apresentada no Quadro 2.1, e cada um deles é discutido em detalhe no Capítulo 3.

Quadro 2.1 Características essenciais da ABP

Âncora. Introdução e informações básicas para preparar o terreno e gerar o interesse dos alunos.

Trabalho em equipe cooperativo. É crucial para as experiências de ABP, enfatizado por todos os proponentes da ABP como forma de tornar as experiências de aprendizagem mais autênticas.

Questão motriz. Deve chamar a atenção dos alunos, bem como focar seus esforços.

Feedback *e revisão.* A assistência estruturada deve ser rotineiramente proporcionada pelo professor ou no interior do processo de ensino cooperativo. O *feedback* pode ser baseado nas avaliações do professor ou dos colegas.

Investigação e inovação. Dentro da questão motriz abrangente, o grupo precisará gerar questões adicionais focadas mais especificamente nas tarefas do projeto.

Oportunidades e reflexão. Criar oportunidades para a reflexão dos alunos dentro de vários projetos é aspecto enfatizado por todos os proponentes da ABP.

Processo de investigação. Pode-se usar diretrizes para a conclusão do projeto e geração de artefatos para estruturar o projeto. O grupo também pode desenvolver linhas de tempo e metas específicas para a conclusão de aspectos do projeto.

Resultados apresentados publicamente. Os projetos de ABP pretendem ser exemplos autênticos dos tipos de problemas que os alunos enfrentam no mundo real, de modo que algum tipo de apresentação pública dos resultados do projeto é fundamental dentro da ABP.

Voz e escolha do aluno. Os alunos devem ter voz em relação a alguns aspectos de como o projeto pode ser realizado, além de serem encorajados a fazer escolhas ao longo de sua execução.

Como a ABP enquadra-se no currículo?

A primeira decisão que os professores devem tomar está relacionada ao enquadramento da ABP no currículo. O projeto de ABP vai ser um suplemento para uma ou mais unidades de ensino, ou o projeto de ABP destina-se a servir como um substituto do ensino baseado em unidades por algum período? Os professores podem se sentir mais confortáveis em adotar a ABP quando as tarefas forem suplementos para uma ou mais unidades de ensino dentro do currículo, já que isso se parece mais com o que eles estão acostumados a fazer na sala de aula. No caso de o projeto de ABP se destinar a ser um suplemento para o ensino baseado em unidades, o professor deve determinar quais padrões de ensino de uma ou mais unidades contíguas poderiam ser melhor abordados no contexto das tarefas de ABP. Os professores estão acostumados a preparar projetos em diferentes áreas dos currículos escolares; por isso, esse tipo de mapeamento dos padrões curriculares para as tarefas de ABP não será nada novo para a maioria deles.

Contudo, muitos proponentes sugerem que a ABP deveria, na verdade, substituir completamente o ensino baseado em unidades (BARELL, 2010; BOSS; KRAUSS, 2007; LARMER; MERGENDOLLER, 2010). Nesse caso, os educadores devem considerar com cuidado todos os padrões curriculares específicos que serão ensinados exclusivamente por meio da experiência de ABP e certificarem-se de que todos serão abordados de alguma maneira. Assim, os professores podem desenvolver ou projetar artefatos específicos que exigirão que os alunos estudem e dominem esses padrões curriculares.

Muitos proponentes da ABP sugerem que esse modelo de ensino deveria substituir completamente o ensino baseado em unidades.

PESQUISAS SOBRE A EFICÁCIA DA ABP

É importante que os professores entendam como as abordagens de ensino que implementam em sala de aula estão baseadas em pesquisas e, na implementação da ABP, as pesquisas têm demonstrado de forma consistente que ela é um modelo de ensino altamente eficaz (GIJBELS et al., 2005; GRANT, 2002; PARTNERSHIP FOR 21ST CENTURY SKILLS, 2009; THOMAS, 2000; WALKER; LEARY, 2008). Embora este capítulo não ofereça um compêndio completo sobre a pesquisa em ABP, os resultados da pesquisa básica são discutidos aqui.

Duas vantagens da ABP parecem se destacar de modo mais proeminente na pesquisa. Primeiramente, a ABP aumenta a motivação e o interesse dos alunos em completar o trabalho que lhes foi solicitado (BARELL, 2010; BELLAND; FRENCH; ERTMER, 2009; BLUMENFELD et al., 1991; FORTUS; KOLODNER, 2005; GRANT, 2010; TASSINARI, 1996; WALKER; LEARY, 2008; WORTHY, 2000). Conforme indicado no Capítulo 1, a âncora e as questões motrizes usadas para estruturar projetos de ABP envolvem, tipicamente, cenários do mundo real, e essa ênfase tende a tornar o ensino mais relevante para as vidas dos alunos. Esse fator associado ao poder de escolha dos alunos em várias atividades tende a aumentar a motivação e, muitas vezes, resulta em um maior envolvimento acadêmico.

Por exemplo, um estudo comparou a ABP ao ensino tradicional em diversas salas de aula do 4º ano e mostrou que os alunos que participaram de aulas de ABP tiveram 4,27 minutos a mais de ensino prático de ciências, a cada 45 minutos de aula, do que o grupo controle (DRAKE; LONG, 2009). Isso resultou em 12,8 horas adicionais do ensino de ciências ao longo do ano. Outra pesquisa mostrou melhorias nas atitudes em relação a certas disciplinas, como matemática, quando a aprendizagem baseada em projetos foi implementada (BOALER, 2002), e isso também tenderia a levar ao crescente envolvimento dos alunos com o conteúdo acadêmico.

O ensino da ABP é mais relevante para os alunos e aumenta a motivação e o interesse para reduzir o trabalho solicitado.

Considerando o maior envolvimento com o conteúdo de aprendizagem, as pesquisas mostraram que o desempenho dos alunos aumenta na aprendizagem baseada em projetos (BARELL, 2007, 2010; BOALER, 2002; BRANSFORD; BROWN; COCKING, 2000; BRANSFORD et al., 1986; GRANT, 2002; MERGENDOLLER et al., 2007; PERKINS, 1992; STEPIEN; GALLAGHER; WORKMAN, 1992; STROBEL; VAN BARNEVELD, 2008). Uma metanálise sintetizou um grande corpo de pesquisa e indicou que os alunos podem ter melhoria de até 30% na compreensão dos conceitos como resultado da aprendizagem baseada em projetos (GIJBELS et al., 2005). Além disso, pesquisas sobre uma variedade de disciplinas também mostraram esse aumento no rendimento dos alunos como resultado da ABP (SCOTT, 1994; STEPIEN; GALLAGHER; WORKMAN, 1992; STROBEL; VAN BARNEVELD, 2008; TASSINARI, 1996; WALKER; LEARY, 2008).

Pesquisas mostraram que o rendimento dos alunos aumenta com a aprendizagem baseada em projetos.

Junto com esses primeiros achados de pesquisa identificados, também há outras vantagens para a aprendizagem baseada em projetos que têm sido documentadas pela pesquisa. Embora não seja possível apresentar uma compilação completa dessas pesquisas, o Quadro 2.2 mostra alguns resultados positivos da pesquisa sobre aprendizagem baseada em projetos.

Apesar de os resultados apresentados no Quadro 2.2 mostrarem que ABP é uma técnica de ensino comprovada por pesquisas, uma importante conclusão deve ser destacada, já que ela representa uma preocupação crucial dos professores na atualidade: a aprendizagem baseada em projetos resulta em rendimento mais elevado do que as abordagens de ensino que maximizam o conteúdo abordado? Para entender a natureza essencial dessa questão, deve-se entender a incrível pressão que os professores sofrem para abranger todos os padrões de conteúdos do currículo e, consequentemente, aumentar o rendimento dos alunos nos testes de alto risco* que são atualmente exigidos pelos estados norte-americanos como método de avaliação.

Quadro 2.2 Pesquisa sobre aprendizagem baseada em projetos

1. A ABP cumpre uma meta frequentemente declarada por educadores ao enfatizar a compreensão mais aprofundada dos conteúdos. As pesquisas têm mostrado que a ABP resulta em níveis mais elevados de processamento conceitual, compreensão mais elevada de princípios, reflexão mais aprofundada e maior pensamento crítico (BOALER, 2002; BRANSFORD et al., 2000; GRANT, 2002; MARZANO, 2007; MARZANO; PICKERING; POLLOCK, 2001; STROBEL; VAN BARNEVELD, 2008; THOMAS, 2000).
2. A ABP resulta em maior retenção de informações, já que os alunos estão processando informações de maneira muito diferente daquela envolvida na aprendizagem mecânica (BARELL, 2007; GEIER et al., 2008; MARZANO; PICKERING; POLLOCK, 2001).
3. A ABP resulta em maior uso de estratégias eficazes de resolução de problemas e tem demonstrado ser eficaz em uma ampla variedade de disciplinas essenciais, incluindo matemática, ciência, economia e história (STEPIEN; GALLAGHER; WORKMAN, 1992; STROBEL; VAN BARNEVELD, 2008; WALKER; LEARY, 2008).
4. A ABP estimula os tipos de habilidades de resolução de problemas e aprofunda as habilidades conceituais que são exigidas no moderno ambiente de trabalho do século XXI (BARELL, 2007; FLEISCHNER; MANHEIMER, 1997; GRANT, 2002; PARTNERSHIP FOR 21ST CENTURY SKILLS, 2007, 2009; STROBEL; VAN BARNEVELD, 2008; THOMAS, 2000).
5. A ABP envolve, geralmente, a ampla utilização de tecnologia de ensino pelos estudantes e, portanto, estimula a perícia no emprego dos tipos de tecnologia usados no século XXI (*Cognition and Technology Group at Vanderbilt*, 1992a, 1992b; HICKEY et al., 1994).
6. A ABP é particularmente eficaz com os alunos de baixo rendimento escolar, tornando-se uma opção excelente para o ensino diferenciado de alunos com dificuldades (GEIER et al., 2008; MERGENDOLLER; MAXWELL; BELLISIMO, 2007).

* N. de T.: Testes de alto risco, do inglês *high-stakes testing*, são aqueles usados para embasar decisões importantes sobre alunos, professores ou escolas. O que diferencia testes de baixo risco dos de alto risco não é sua forma, mas sua função (como os seus resultados são utilizados). Em geral, "alto risco" significa que os resultados dos testes serão usados para determinar punições (como sanções, penalidades, reduções de verba), honras (prêmios), progressos (passagem de série ou graduação para alunos) ou compensações (promoções, aumento de salário ou bônus para professores e administradores).

Desde 2011, muitos estados norte-americanos têm adotado os Padrões Estaduais Comuns (*Common Core State*) em várias disciplinas do currículo, e os professores podem estar se perguntando como a ABP se enquadra no imperativo de ensinar dentro desses padrões. (Embora o espaço não permita uma discussão sobre os padrões dos vários estados que não adotaram os Padrões Estaduais Comuns, o apêndice no final deste livro discute a ABP em relação aos padrões do Texas, como um exemplo de estado que não adota esses padrões.) Devido à forte ênfase sobre a aprendizagem baseada em padrões, tal como é medida pelas avaliações estaduais, bem como a crescente necessidade de se atingir padrões educacionais mais elevados, os professores são, compreensivelmente, bastante relutantes em realizar qualquer tipo de inovação que não resulte no melhor rendimento acadêmico em relação aos padrões educacionais usados pelos seus respectivos estados.

Os professores sofrem uma pressão incrível para abranger todos os padrões de conteúdos do currículo e, consequentemente, aumentar o rendimento dos alunos nos testes de alto risco, que são atualmente exigidos pelos estados americanos como método de avaliação, e se perguntam como a ABP enquadra-se nesse imperativo.

Alguns proponentes da ABP poderiam sugerir que, apesar das preocupações do professores, essa não é uma questão relevante. Na verdade, alguns poderiam propor que a ABP representa uma alternativa direta à ênfase atual nos padrões educacionais mensurados pelos testes de alto risco. Alguns poderiam até mesmo argumentar que a ênfase em padrões estáticos de conteúdo, conforme mensurados por tais avaliações, é a antítese dos modos de compreensão conceituais aprofundados que são estimulados pela ABP (GRANT, 2002).

Embora esse debate possa ser interessante em teoria, as pesquisas suplantaram tal questão. Apesar das preocupações iniciais, os estudos provaram de maneira clara que a ABP, quando comparada diretamente ao tradicional ensino baseado em padrões, de fato resulta em um rendimento acadêmico mais elevado, conforme as medições das avaliações estaduais baseadas em padrões (BOALER, 2002; GEIER et al., 2008; STEPIEN; GALLAGHER; WORKMAN, 1992; STROBEL; VAN BARNEVELD, 2008; THOMAS, 2000). Em suma, se os professores inicialmente temem que a adoção do ensino na ABP resulte em menores escores de rendimento nas avaliações exigidas pelos estados, as pesquisas disponíveis já podem deixá-los tranquilos; os alunos têm um rendimento mais elevado no ensino na ABP do que no ensino tradicional.

Se os professores inicialmente temem que a adoção do ensino na ABP resulte em menores escores de rendimento, as pesquisas disponíveis já podem deixá-los tranquilos; os alunos têm um rendimento mais elevado no ensino na ABP do que no ensino tradicional.

A fim de alcançar esse benefício, os professores devem planejar seus projetos com mais cuidado para abordarem especificamente os padrões educacionais exigidos por seu estado ou distrito escolar. Para implementar a ABP no contexto da ênfase atual sobre os Padrões Estaduais Comuns, os professores devem planejar projetos que abordem claramente os principais padrões em seu currículo. No contexto da utilização de vários projetos em um determinado curso ao longo do ano, eles poderiam usar uma estratégia de mapeamento do currículo, a fim de apontar cada padrão dentro de um curso para criar um projeto específico de ABP. Os padrões que não podem ser compatibilizados com um projeto específico no decorrer do ano poderiam ser abordados por meio da modificação de um dos projetos de ABP realizados nesse mesmo ano, adicionando-se um artefato que aborde esses padrões em particular.

O PAPEL DA TECNOLOGIA DE ENSINO NA ABP

Conforme observado anteriormente, muitos termos têm sido usados para representar a aprendizagem baseada em projetos, tais como a aprendizagem baseada em investigação ou a aprendizagem baseada em problemas, e essa abordagem de ensino tem sido enfatizada desde, pelo menos, a década de 1980 (GRANT, 2002). Contudo, a ABP certamente vem recebendo ênfase maior nos últimos tempos, a qual resulta do advento de uma fantástica variedade de tecnologias de ensino que já estão disponíveis (BOSS; KRAUSS, 2007; COGNITION AND TECHNOLOGY GROUP AT VANDERBILT, 1992a, 1992b; COTE, 2007). Em particular, diversos jogos e simulações computadorizadas vêm sendo desenvolvidos e oferecem um meio para a aprendizagem baseada em projetos (SALEND, 2009). Eles incluem programas como *Adventures of Jasper Woodbury* (As aventuras de Jasper Woodbury), o qual proporciona simulações de problemas matemáticos e de raciocínio lógico-matemático do mundo real (COGNITION AND TECHNOLOGY GROUP AT VANDERBILT, 1992a, 1992b), o currículo de simulação *Mission to Mars* (Missão à Marte) (PETROSINO, 1995), ou o *Nature Virtual Serengeti* (Natureza do Serengueti Virtual), que permite aos alunos experimentarem um safári africano pela realidade virtual (www.xpeditiononline.com/09vsserengeti.html).

A ABP certamente vem recebendo ênfase maior nos últimos tempos, a qual resulta do advento de uma fantástica variedade de tecnologias de ensino que já estão disponíveis.

Embora o uso de muitos desses novos currículos de ensino baseados em simulação ainda não tenha se generalizado, o uso de tecnologias mais comuns disponíveis é bastante frequente em projetos de ABP. Normalmente os professores sentem-se bastante confortáveis ao usarem planilhas, ao ensinarem com programas computadorizados de apoio ao ensino ou ao fazerem os alunos procurarem por informações na internet. No entanto, eles podem ser menos fluentes na utilização de aplicativos desenvolvidos mais recentemente, como *wikis*, *blogs*, redes sociais ou outras modernas ferramentas tecnológicas para o ensino. Porém, esses aplicativos estão desempenhando papel cada vez maior nos projetos de ABP da atualidade (COTE, 2007). De fato, é difícil imaginar um exemplo moderno de ABP que não empregue alguma dessas atividades de ensino baseadas em tecnologia, e no exemplo fornecido no Capítulo 1, a *webquest* era claramente um artefato integral do projeto de corte de cedros.

Além disso, de acordo com a maioria dos proponentes da ABP, essas tecnologias de ensino modernas representam mais do que simples formas de fornecer informações aos alunos (COTE, 2007; PARTNERSHIP FOR 21ST CENTURY SKILLS, 2009). Esses proponentes argumentam que tais ferramentas estão mudando a própria estrutura da educação de maneira fundamental por meio da reformulação do processo de ensino e de aprendizagem (BENDER; WALLER, 2011; BOSS; KRAUSS, 2007). Em vez de consumidores passivos de conhecimento, os alunos que participam de projetos de ABP tornam-se produtores de conhecimento, já que seus artefatos baseados em tecnologia são publicados na *web* (BENDER; WALLER, 2011; COGNITION AND TECHNOLOGY GROUP AT VANDERBILT, 1992a, 1992b; FERRITER; GARRY, 2010; ROTH; BOWEN, 1995; WILMARTH, 2010).

Por exemplo, se os alunos desenvolvem uma apresentação em vídeo como um artefato requerido pelo projeto de amostra neste capítulo, esse artefato poderia ser facilmente enviado para o *YouTube* ou o *TeacherTube* e, assim, ser disseminado para o mundo inteiro (BENDER; WALLER, 2011; FERRITER; GARRY, 2010). Para muitos alunos, essas opções de publicação em escala mundial são bastante atraentes de um ponto de vista motivacional e, é claro, os professores precisarão adquirir certo grau de fluência no uso dessas ferramentas de ensino para permitir que esse tipo de publicação seja, ao mesmo tempo, possível e significativa como uma experiência de aprendizagem.

As tecnologias modernas de ensino estão mudando a própria estrutura da educação de maneira fundamental por meio da reformulação do processo de ensino e de aprendizagem. Os alunos tornam-se produtores de conhecimento, já que seus artefatos são publicados na internet.

Embora não seja um requisito absolutamente necessário aos projetos de ABP, a ênfase na tecnologia é certamente uma expectativa comum (BOSS; KRAUSS, 2007). A PARTNERSHIP FOR 21ST CENTURY SKILLS (2007, 2009) apoia fortemente a aprendizagem baseada em projetos por várias razões, sendo uma das mais importantes o maior uso de tecnologias de ensino modernas nesse processo. Eles afirmam que as tecnologias de ensino modernas tornam o trabalho cooperativo em projetos de ABP possível, de uma maneira que não teria sido viável no ano 2000, e que os projetos de ABP desenvolvem habilidades em tecnologia, assim como habilidades de colaboração e trabalho em equipe no local de trabalho digital deste século. Exemplos específicos de várias tecnologias particularmente aplicáveis para a ABP são discutidas mais detalhadamente no Capítulo 4.

DESAFIOS PARA PROFESSORES NA APRENDIZAGEM BASEADA EM PROJETOS

Uma vez observadas essas vantagens, adotar a aprendizagem baseada em projetos pode ser um tanto intimidante (GRANT, 2002), mas as pesquisas em andamento parecem sugerir que, à medida que os educadores adotem o ensino do século XXI, a ABP desempenhará papel cada vez maior na sala de aula (PARTNERSHIP FOR 21ST CENTURY SKILLS, 2009). Entretanto, essa adoção deve ser realizada observando-se os vários desafios que a ABP acarreta. Em primeiro lugar, os professores devem determinar até que ponto se sentem confortáveis com essa abordagem de ensino, assim como com a tecnologia que pode ser necessária em ABP. Embora praticamente todos os professores tenham realizado vários projetos, alguns os fizeram mais do que outros e, em muitos casos, eles podem ter sido atribuídos como projetos sobre questões autênticas baseados em investigação individual em vez de cooperativa. Dependendo do nível de conforto, os professores podem querer adotar a ABP na disciplina em que se sentem mais confortáveis, em vez de desafiarem a si próprios a adotar os projetos de ABP em todas as disciplinas e em todas as aulas de uma só vez.

Além disso, os professores poderiam procurar um colega de ensino ou um mentor e, então, realizarem juntos a adoção do ensino na ABP. Dessa forma, diversos professores poderiam realizar a tarefa de pesquisar sobre o ensino na ABP, utilizando várias fontes na internet antes de adotar um projeto de ABP. De fato, os professores podem realizar um projeto de ABP para suas aulas em conjunto. Por exemplo, dois professores do 5º ano de uma mesma escola poderiam optar por substituir sua típica unidade de ensino sobre o sistema solar por uma experiência de aprendizagem baseada em projetos que eles elaboraram juntos. Em muitos casos, duas cabeças são melhores do que uma para garantir que experiências significativas e ricas em conteúdo sejam fornecidas e que todos os padrões necessários sejam abrangidos. Esses professores podem até desenvolver formas para os alunos trabalharem com seus colegas da outra turma no projeto.

Os professores podem querer adotar a ABP na disciplina em que se sentem mais confortáveis, em vez de desafiarem a si próprios a adotar os projetos de ABP em todas as disciplinas e em todas as aulas de uma só vez. Também podem iniciar o ensino na ABP em conjunto com um parceiro ou mentor.

Conforme mencionado anteriormente, os professores devem determinar, inicialmente, se querem adotar a ABP em tempo integral ou usá-la como suplemento para o ensino baseado em unidades. Se os professores não se sentem inteiramente confortáveis com a ABP, eles podem querer empregá-la como componente de uma unidade de ensino ou como apoio para diversas unidades de ensino consecutivas, em vez de uma substituta para todo ensinamento baseado em unidades. Dessa forma, esses professores podem aperfeiçoar a arte do ensino na ABP e se darem um tempo para o planejamento intensivo, o qual será necessário para realizar a implementação da ABP pela primeira vez (DAVID, 2008; GRANT, 2002).

Os professores devem determinar se querem adotar a ABP em tempo integral ou usá-la como suplemento para o ensino baseado em unidades.

Outro aspecto do nível de conforto em relação ao ensino na ABP envolve a modificação do papel do professor nesse tipo de ensino. Em vez de servirem como fornecedores de informações (ou seja, em uma aula tradicional e baseada em discussões), a ABP requer que os professores sejam facilitadores e orientadores educacionais, à medida que os estudantes avancem em suas atividades de projeto. Para alguns professores, essa modificação poderia ser bastante significativa e desafiadora. Por exemplo, à medida que os alunos envolvem-se em uma discussão sobre como estruturar um artefato particular para melhor apresentar seus resultados de projeto para a turma, os professores podem querer entrar na discussão e impor seus pensamentos e sugestões em vez de permanecerem distantes, além de conceder aos alunos o tempo necessário para que possam chegar a uma decisão significativa por si próprios. Embora os professores geralmente sejam bastante habilidosos em determinar quando e como entrar em uma discussão de alunos, a ABP exige que eles aperfeiçoem essa habilida-de e usem sua capacidade de julgamento mais frequentemente do que na sala de aula tradicional. Quando os professores tentam empregar essa abordagem de ensino na ABP, torna-se bastante claro que o seu papel mudou para o de facilitador e orientador do ensino.

Em vez de servirem como fornecedores de informações, na ABP os professores devem atuar como facilitadores e orientadores educacionais, à medida que os alunos avancem em suas atividades de projeto.

A seguir, ao iniciar um projeto de ABP, os professores devem determinar o nível de escolha que os alunos podem exercitar na identificação do tópico do projeto e na definição dos parâmetros dele. Alguns defensores da ABP usam a frase "voz e escolha do aluno" para dizer que eles devem exercer um controle quase completo das escolhas envolvidas no começo do projeto, da definição da questão motriz até a identificação de tarefas, dos artefatos requeridos e dos critérios de avaliação a serem utilizados (BARRELL, 2007; GRANT, 2002; LARMER; MERGENDOLLER, 2010). Outros sugerem que os professores exerçam mais influência sobre essas determinações (BENDER; CRANE, 2011; DAVID, 2008), e que professores diferentes forneçam níveis variados de orientação sobre essas questões.

Embora a voz e a escolha do aluno devam aparecer bastante ao longo do processo, já que é provável que mais poder de escolha suscite níveis mais elevados de participação, há vantagens no que se refere aos professores exercerem algum controle sobre os parâmetros do projeto. Quando os professores prestam maior grau de auxílio nessas determinações, há uma maior garantia de que a experiência de ABP abrangerá objetivos e padrões educacionais específicos. Além disso, mesmo se os professores fizerem essas determinações iniciais sobre o conteúdo do projeto, a questão motriz e os requisitos do projeto, a escolha do aluno ainda pode ser exercida ao se determinar os tipos de formatos de projeto a serem realizados ou como atender aos vários requisitos. Também, à medida que um determinado professor emprega o ensino na ABP, elas podem variar de um projeto para outro na aula. Mesmo dentro do mesmo projeto, os professores podem optar por auxiliar um grupo mais do que outro na execução dessas seleções, como uma forma de diferenciar o conteúdo da experiência de ABP.

Por fim, os professores devem repensar sua forma de agir caso sua primeira tentativa com a ABP não funcione tão bem quanto esperavam. Imagine adotar um projeto de ciências elaborado para ser a base de duas unidades de ensino inteiras que, normalmente, ocupariam duas semanas cada. Conforme o professor e os alunos avançam no planejamento das atividades de ABP e nas experiências de pesquisa, o professor começa a sentir que os alunos, embora envolvidos no processo, não estão verdadeiramente comprometidos com o projeto como se esperava inicialmente. Essa preocupação pode apenas se agravar se, ao final das quatro semanas de projeto, os alunos não tiverem dominado o conteúdo que foi tratado. Esse tipo de resultado sugere que os professores devem abandonar a ABP de vez e voltar depressa para os tipos mais tradicionais de ensino baseado em unidades?

Embora os projetos de ABP sejam geralmente bem-sucedidos, conforme demonstrado pelos resultados de pesquisas anteriores, há vezes em que um projeto particular parece não ter os efeitos intencionados por uma variedade de razões. Se os resultados de um projeto de ABP não forem tão positivos quanto os professores poderiam esperar, há muitas coisas que podem ser feitas em vez de abandonar completamente a ABP. Essas incluem: conceber novas maneiras de planejar o projeto envolvendo mais os alunos, pôr em prática ideias de projeto de outro professor mais experiente em ABP, sugerir ideias de ABP em um dos *blogs* associados a essa abordagem de ensino, tentar se desenvolver profissionalmente em ABP utilizando textos e recursos gratuitos da internet ou selecionar uma ABP da internet ou de outra fonte de currículos que tenha sido bem-sucedida. Uma excelente discussão sobre esse problema é apresentada em um *blog* sobre ensino na ABP (PROJECT-BASED..., 2010). Em suma, resultados aquém do esperado em um projeto inicial de ABP não devem redundar em um abandono completo dessa abordagem, mas, em vez disso, em uma reorientação do esforço, e o apoio de um colega próximo que também esteja envolvido com o ensino na ABP pode proporcionar mais auxílio do que praticamente qualquer outra coisa.

ABORDAGENS DE ENSINO NA ABP PARA TODA A ESCOLA

Como o foco da discussão anterior indica, este livro pretende auxiliar, individualmente, os professores que desejam realizar ensino na ABP em suas salas de aula. De fato, esta abordagem é frequentemente realizada individualmente pelos professores, apesar de o trabalho com um professor colaborador, com o intuito de se adotar o ensino baseado na ABP, é certamente recomendável. Entretanto, há numerosos exemplos de escolas inteiras que optaram por estruturar todo o currículo em torno do ensino na ABP. O *website* da King Middle School (2004), de Portland, Maine, é um exemplo (http://king.portlandschools.org/files/onexpedition/onexpedition.htm). Nesse *website*, os leitores podem analisar as descrições dos tipos de projetos de ABP realizados em cada ano escolar e compreender os aspectos que a ABP pode assumir em uma escola desse tipo. Além disso, a fim de compreender o movimento em prol da adoção da ABP em nível nacional, bem como o atual catalisador para esse movimento, os professores devem estar cientes das várias escolas e redes de escolas por todos os Estados Unidos e em todo o mundo que têm impulsionado essa ênfase crescente sobre a ABP.

Há numerosos exemplos de escolas que optaram por estruturar todo o currículo em torno do ensino na ABP.

Apesar de o movimento a favor de uma reforma escolar completa estar fora da alçada individual de um professor, é aconselhável ter algum conhecimento sobre essas redes de escolas baseadas em ABP, já que os professores que realizarem projetos de ABP irão se deparar com essas entidades. Esta seção descreve vários desses esforços de ABP que são proeminentes e fornece *websites* em que se pode examinar cada um deles.

Escolas EdVisions

As Escolas EdVisions (2014) são uma rede de escolas fundada e construída em torno de experiências de aprendizagem baseadas em projetos envolventes e empolgantes. Em 1993 e 1994, um grupo de educadores do estado norte-americano de Minnesota, preocupado com a qualidade geral da educação, reuniu-se para refletir a respeito das opções educacionais para o aprimoramento da experiência escolar, o que acabou resultando na criação da Minnesota New Country School, em 1994. Essa escola foi fundada com base nos princípios da aprendizagem baseada em projetos, conforme eles foram inicialmente enumerados por John Dewey em 1900 para exemplificar seus princípios de "aprender fazendo". O corpo docente da escola escolheu permitir que os alunos planejassem projetos dentro do currículo, e eles então trabalharam os padrões curriculares exigidos pelo estado nesses projetos, um processo que eles chamam de planejamento regressivo. Eles acreditavam que isso proporcionaria um currículo mais envolvente do que a alternativa de iniciar com os padrões educacionais e construir as unidades de ensino ao redor deles. Criaram um currículo interdisciplinar em que os projetos abrangiam uma variedade de assuntos relacionados, e a aprendizagem personalizada e estruturada em torno de tecnologias comumente disponíveis tornou-se um dos seus princípios orientadores. Por fim, o grupo decidiu que os professores deveriam tomar decisões educacionais importantes sobre o que seria melhor para seus alunos; assim, concedeu-se aos professores a autoridade de criar uma cooperativa que, na verdade, é quem tem a propriedade da escola. Dessa maneira, a Cooperativa EdVisions tornou-se um veículo para que os professores pudessem apropriar-se das escolas em que ensinam.

No ano 2000, representantes da Fundação Bill e Melinda Gates visitaram a escola, e a confiança deles na visão positiva da Escola EdVisions permitiu que a oferta de uma série de incentivos financeiros que possibilitaram à escola se replicar por todo o país. Por meio desse financiamento, um centro de professores e líderes foi criado e uma variedade de experiências de aprendizagem profissional foi oferecida, indo desde seminários de verão sobre o modelo EdVisions até o serviço de orientação a outras escolas que desejassem adotar esse modelo de ensino. A maioria dessas orientações de escola para escola possui um período de implementação de três anos. Atualmente, mais de 40 escolas em todo o país estão operando dentro da rede de escolas EdVisions. A maioria delas está em Minnesota ou Wisconsin, mas é possível encontrar boa quantidade delas em Nevada e na Califórnia, e as escolas individuais estão espalhadas por outros estados dos EUA.

Escolas de aprendizagem expedicionária

A rede de escolas de aprendizagem expedicionária (EXPEDITIONARY LEARNING, c2013) inclui mais de 150 escolas em todos os Estados Unidos e ensinam todo ou parte de seu currículo via aprendizagem expedicionária. Essa abordagem envolve projetos de ABP que incluem a ida a vários cenários reais para completar as experiências de aprendizagem baseada em projetos e tratam os problemas dentro de um cenário específico.

Essas expedições são realizadas somente após uma extensa preparação educacional para a experiência, além de uma pesquisa sobre o cenário e o projeto ou problema existente. Os alunos, então, realizam seus respectivos projetos e produzem trabalhos significativos e de alta qualidade, os quais contribuem para a comunidade como um todo, e não só para a sala de aula. Visto que os projetos são cuidadosamente mapeados para os padrões educacionais de cada ano escolar, os alunos são envolvidos em um conjunto de projetos com ênfase em habilidade que resulta em produtos para públicos do mundo real, o que proporciona uma razão adicional para se buscar a excelência. Além disso, em seu *website* (EXPEDITIONARY LEARNING, c2013), essa organização apresenta evidências que mostram que os alunos dessas escolas têm desempenho superior aos dos alunos de abordagens de ensino mais tradicionais em avaliações padronizadas associadas aos padrões curriculares estaduais.

Edutopia

A Edutopia (c2014) é uma comunidade *on-line* de educadores, dedicada a uma variedade de abordagens de ensino inovadoras que incluem ABP, aprendizagem socioemocional e aprendizagem baseada em tecnologia. O *site* fornece listas de escolas que enfatizam especificamente o ensino na ABP, além de projetos de amostra que podem ser examinados por séries. Todos os professores que estiverem considerando a implementação da ABP devem examinar este *website*. Nesta comunidade, os professores podem assinar um boletim de informações semanal, participar de discussões sobre a ABP no *blog*, compartilhar suas próprias experiências e ler sobre as experiências de outros professores que usam a ABP ou qualquer uma das demais abordagens curriculares inovadoras.

CONCLUSÕES

Este capítulo ofereceu um *insight* sobre como a ABP se enquadra no ensino dos dias de hoje e discutiu a utilização da ABP como suplemento ou substituto para o ensino baseado em unidades. Os exemplos de projetos de ABP na literatura incluem essas duas abordagens. Várias questões de ensino no contexto da ABP foram igualmente discutidas. A ABP envolve uma mudança importante na responsabilidade de ensinar, na qual o professor para de servir como um fornecedor de informações e, em vez disso, serve como facilitador da aprendizagem no contexto da resolução de problemas. As pesquisas aqui apresentadas demonstraram que essa é uma maneira excelente de envolver os alunos, para aumentar a sua motivação e o seu rendimento e para diferenciar o ensino, de modo que todos os alunos possam participar de forma significativa.

Entretanto, apesar das pesquisas sobre a eficácia da ABP, a adoção do ensino na ABP pode ser bastante intimidante para os professores no início. Porém, professores de todo os Estados Unidos iniciaram projetos empolgantes por iniciativa própria, e a maioria obteve experiências bastante positivas com a ABP, observando o maior envolvimento de seus alunos com o conteúdo de aprendizagem. O próximo capítulo apresenta estratégias para a elaboração de projetos de ABP, bem como vários exemplos adicionais de ensino na ABP.

3

Concebendo o planejamento de projetos de ABP

●●●●●●

PLANEJANDO OS PONTOS ESSENCIAIS DA ABP

Como observado anteriormente, a elaboração de projetos de ABP pode ser uma tarefa desafiadora e nunca deve ser feita de modo leviano. Contudo, com atenção cuidadosa aos fundamentos de um projeto de ABP, o processo de elaboração é viável. Os capítulos anteriores apresentaram definições de diversos componentes essenciais aos projetos de ABP, e os professores devem levá-los em consideração ao começarem o processo de elaboração, conforme ilustrado a seguir.

Uma âncora de projeto

Tipicamente, utiliza-se algum tipo de "âncora" para introduzir um projeto e para deixar que os alunos se interessem por ele. As âncoras podem ser simples narrativas de um ou dois parágrafos que descrevam um problema ou um projeto a ser considerado, como foi o caso do projeto de corte de cedros apresentado no Capítulo 1. Entretanto, a âncora também pode ser algo mais envolvente, como trechos de um vídeo que apresente um problema, um vídeo do YouTube relevante que o professor tenha localizado antes da lição de ABP ou partes de um noticiário local ou nacional que descreva uma questão a ser considerada. Larmer, Ross e Mergendoller (2009) enfatizam o uso de correspondências (reais ou fictícias) que possam apresentar a âncora. Por exemplo, no projeto de corte de cedros, seria possível apresentar um *e-mail* de um membro da família que descreva a divergência sobre o possível corte, os desejos e as preocupações de vários membros sobre a visão da plantação a partir da fazenda e as questões específicas que a família quer que sejam respondidas como parte do projeto. Um *e-mail* como esse enfatizará a sua autenticidade.

Os professores podem ser bastante criativos ao desenvolverem âncoras para os projetos de ABP, e como o objetivo maior é despertar o interesse dos alunos, não se deve poupar esforços para delinear âncoras para os projetos de ABP que irão ajudar os alunos a se interessar pelo problema a ser resolvido. De fato, a âncora é de extrema importância, pois deve proporcionar um bom motivo para que os alunos queiram realizar um projeto ou solucionar um problema em particular. Dessa forma, é importante que ela ilustre ou descreva um projeto realista para os alunos. Na maior parte dos casos, também pode incluir informações específicas sobre como o(s) produto(s) final(is) podem ser publicados ou usados ou, ao menos, sugerir seus possíveis usos. Mais uma vez, saber que um produto de uma experiência de ABP tem valor no mundo real provavelmente aumentará o envolvimento e a motivação dos alunos para participar.

Não se deve poupar esforços para delinear âncoras para os projetos de ABP que ajudarão os alunos a se interessarem pelo problema a ser resolvido.

Uma questão motriz

A questão motriz é o foco principal da experiência de ABP. Ela pode ser desenvolvida com antecedência pelo professor ou, se o tempo permitir, pode-se usar equipes de alunos para desenvolver essa questão como uma parte do próprio projeto (BARELL, 2007; LARMER; MERGENDOLLER, 2010). Em conjunto com a âncora, a questão motriz deve tanto despertar a atenção dos alunos quanto focar seus esforços nas informações específicas de que eles necessitam para abordar o problema. Os projetos de ABP são de longo prazo, podem envolver muitas semanas de trabalho e abranger conteúdo de ensino de diversas unidades. Por essa razão, é bastante provável que os alunos fiquem "perdidos" com as possíveis seleções de vários conteúdos associados a um projeto de ABP específico ao longo do tempo. Os objetivos da questão motriz são tanto motivar os alunos quanto ajudá-los a delinear parâmetros específicos que orientem seu trabalho.

Por exemplo, no projeto de corte de cedros do Capítulo 1, os alunos teriam de compreender as diferenças de crescimento entre os dois tipos mais comuns de cedros encontrados no terreno em questão, mas eles não precisariam gastar tempo pesquisando taxas de crescimento de cedros encontrados em áreas montanhosas com mais de 2.500 m ou 3.000 m. Nesse caso, a questão motriz era: "Quantos cedros podem ser cortados nesse terreno?", e o parágrafo de âncora estipulou que a fazenda estava localizada em Virgínia, um estado que não tem nenhum terreno montanhoso que se aproxime de 2.500 m. De fato, apenas dois tipos de cedros eram relevantes para o projeto e, portanto, tanto a âncora quanto a questão motriz descreveram o problema e também proporcionaram foco para orientar a pesquisa dos alunos sobre essa questão.

Os professores entendem que praticamente todos os tópicos imagináveis podem ser pesquisados e investigados em vários níveis. Para lidar com essa realidade, a conjunção da âncora com a questão motriz deveria permitir que os alunos soubessem quais informações eles precisariam reunir e em qual profundidade, com o intuito de abordar o problema. Nesse caso, estava claro que os alunos precisavam apenas de informações suficientes sobre as taxas de crescimento para abordarem a questão sobre o quão rápido os cedros cortados seriam substituídos pelos novos e que não seriam necessárias informações mais aprofundadas sobre as taxas de crescimento.

Por fim, a própria questão motriz deveria estimular outras questões mais específicas. Nas primeiras sessões de *brainstorming*, durante o processo da ABP, os alunos identificarão e priorizarão a importância de muitas questões específicas que se relacionam com a questão motriz. Além disso, outras questões que poderiam surgir em sessões abertas de *brainstorming* talvez não fossem consideradas, após um pouco de discussão e reflexão, relacionadas de modo crucial com a questão motriz. Desse modo, essas questões seriam descartadas e, nesse sentido, uma questão motriz específica e bem especificada ajuda a estruturar a tarefa de ABP geral para os grupos de alunos.

Voz e escolha do aluno

Para alguns proponentes da ABP, a escolha do aluno pode ser o componente mais importante de um projeto de ABP (GRANT, 2002; LARMER; MERGENDOLLER, 2010) e é crucial para se obter a participação ativa e a apropriação do projeto por parte deles. Dessa forma, quando os alunos escolhem realizar uma experiência de aprendizagem dessa natureza, é muito mais provável que eles participem ativamente de todas as fases do processo de aprendizagem se tiverem um poder de escolha considerável sobre quais questões serão abordadas e quais atividades serão realizadas. Além disso, quando os alunos veem que estão tratando de um problema do mundo real e procurando por uma solução real, eles ficam ainda mais motivados. Assim, a escolha e a voz do aluno são fundamentais para a ABP.

A escolha do aluno é crucial para se obter a participação ativa e a apropriação do projeto por ele.

Quando e como possibilitar as escolhas dos alunos são decisões de ensino que devem ser feitas pelo professor. Por exemplo, os alunos poderiam se envolver na seleção ou na criação da questão motriz em que um projeto é baseado, ou poderiam se envolver após uma questão motriz ter sido determinada pelo professor. No último caso, os alunos ainda poderiam exercer uma escolha considerável ao fazerem *brainstorming* sobre como os projetos são implementados.

Em parte, a questão sobre a quantidade de escolhas que devem ser oferecidas aos alunos poderia ser inicialmente determinada tanto pela idade quanto pelas experiências anteriores com projetos de ABP. Os alunos mais velhos, que estão acostumados a participar ativamente de experiências de ABP, poderiam estar mais preparados para determinar uma questão motriz que ajudaria a focar as atividades dentro do projeto, enquanto alunos mais jovens, que não foram expostos a essa abordagem de ensino, poderiam necessitar de um pouco mais de orientação.

Alguns professores desenvolvem âncoras de projeto e questões motrizes, apresentam-nas aos alunos e, então, formam equipes para que abordem o problema. Em um exemplo descrito por Larmer e Mergendoller (2010), uma professora iniciou uma unidade de ensino sobre doenças infecciosas em sua aula de biologia do ensino médio por meio de um vídeo de uma bela praia, o qual mostrava uma placa que dizia "Praia interditada: água contaminada".

Após esse vídeo, ela iniciou uma discussão sobre quando os alunos viram ou leram sobre praias interditadas e os tipos de doenças ou poluição que poderiam redundar na interdição de praias. Nesse caso, tanto a âncora como a questão motriz foram selecionadas pela professora, e a escolha dos alunos seria incluída no planejamento das atividades de pesquisa para abordar o problema, na pesquisa da questão e no desenvolvimento de artefatos ou em uma apresentação sobre a solução da questão.

Outros professores apenas fornecem uma âncora que apresenta um problema geral e começam o ensino permitindo que os alunos articulem a questão motriz. Ainda, outros professores poderiam fornecer uma âncora e, então, articular duas ou três questões motrizes que se tornam a base de trabalho para diferentes grupos de alunos. Nesse exemplo, deixar os alunos escolherem em quais questões eles gostariam de trabalhar facilita o envolvimento mais elevado por parte deles.

Em todos esses exemplos, os alunos terão de fazer escolhas com relação a quais atividades eles poderiam realizar para facilitar o processo de pesquisa para os seus grupos. Claramente, eles devem ter voz, em vários aspectos, sobre como o projeto poderia ser realizado, já que são eles que determinarão muitos aspectos organizacionais no processo de resolução de problemas, e os professores devem encorajá-los nas oportunidades de escolhas por meio da experiência de ABP.

Os professores devem encorajá-los nas oportunidades de escolhas por meio da experiência de ABP.

Considerando essa quantidade de escolhas, os professores que estão começando a adotar o ensino na ABP devem considerar não apenas que tipo de escolhas de ABP serão mais significativas para os alunos, mas também qual delas tem maior possibilidade de funcionar para eles próprios. Adotar a ABP não é algo que pode ou deve ser realizado levianamente, e embora a aprendizagem baseada em projetos pareça ser a abordagem de ensino diferenciada do futuro (BARELL, 2010; PARTNERSHIP FOR 21ST CENTURY SKILLS, 2009), os professores devem desenvolver suas habilidades de ensino ao longo do tempo. Sendo assim, os professores que estão começando o ensino na ABP poderiam se sentir mais confortáveis ao selecionar tanto a âncora do projeto quanto a questão motriz, já que eles podem se sentir mais à vontade se tiverem mais controle sobre a estrutura inicial do projeto. Certamente, não há nada de errado em exercer um pouco mais de controle sobre os projetos realizados até que se tenha uma ideia melhor sobre o que é a ABP e se tenha acumulado um pouco de experiência com esse paradigma de ensino, contanto que os alunos possam ter escolhas substantivas e significativas em relação a outros aspectos do projeto de ABP.

Processos específicos para investigação e pesquisa

Os professores utilizam uma ampla variedade de procedimentos de ensino na fase ou etapa de investigação do processo da ABP (BARELL, 2007; BARON, 2010; COTE, 2007), e uma lista desses procedimentos comumente usados é apresentada no Quadro 3.1. Apesar de essa certamente não ser uma lista exaustiva, ela demonstra que esses procedimentos de ensino são, na maioria dos casos, exatamente os mesmos procedimentos gerais de ensino atualmente utilizados. Ainda, como a lista mostra, alguns procedimentos de ensino são um pouco mais orientados aos alunos, enquanto o professor assume o papel de protagonista em outros durante o processo da ABP.

Quadro 3.1 Procedimentos de ensino usados na ABP

Ensino estruturado	Modelagem do professor	Avaliações dos colegas
Webquests	Minilições	Discussões em grupo
Vídeos de ensino	Mapas semânticos	Registros em diários
Laboratórios e demonstrações	Palestrantes convidados	Pensar em voz alta
Modelagem* do aluno	Minilições orientadas aos alunos	

Os professores entendem que os alunos, em todos os níveis, precisam de alguma estrutura, e a descrição inicial do projeto de ABP deve proporcioná-la em algum grau. Por exemplo, o exemplo de projeto de ABP do Capítulo 1 forneceu não apenas listas de atividades requeridas, mas também questões que deviam ser respondidas, uma *webquest* que os estudantes tinham que completar e uma rubrica para avaliação dos resultados do projeto. Todos esses itens podem ser vistos como elementos que proporcionam estrutura para todo o projeto, e cada experiência de ABP deve estipular algumas dessas diretrizes específicas para a conclusão do projeto ou para a geração de artefatos que ajudarão as equipes a estruturarem suas atividades durante o projeto.

Entretanto, muitas outras atividades de ensino costumam surgir naturalmente dentro do próprio projeto. Por exemplo, ao realizarem o projeto de corte de cedros, alguns grupos poderiam fazer *brainstorming* sobre várias abordagens para a questão com relação ao tamanho da área que não sofreria cortes, a fim de manter a visão a partir da fazenda. Outros grupos poderiam fazer *brainstorming* sobre diferentes aspectos do projeto. Ainda, outros grupos poderiam se dividir rapidamente em grupos de trabalhos e começar pesquisas na internet sobre as questões levantadas pelo projeto. Por fim, outros grupos poderiam realizar um planejamento com mais envolvimento, não criando apenas subgrupos para tarefas específicas, mas também desenvolvendo linhas de tempo para a conclusão das tarefas atribuídas.

Muitas atividades de ensino surgem naturalmente dentro do próprio projeto.

Todos esses processos poderiam surgir dentro do próprio grupo, no contexto da unidade de ensino da ABP, e todos são metas válidas. A questão é que apenas algumas atividades e processos de aprendizagem devem ser estipulados pela tarefa inicial, e é provável que os professores vejam os grupos de alunos realizarem atividades que, embora altamente relacionadas ao projeto, não foram consideradas inicialmente. A não ser que o tempo para o projeto torne-se muito escasso, esses processos devem ser encorajados e facilitados pelo professor como experiências autênticas de aprendizagem que se aproximam de como os grupos funcionam durante a resolução de problemas no mundo real.

* N. de R.T: A modelagem é uma estratégia de ensino na qual o professor demonstra um novo conceito ou abordagem e os alunos aprendem por observação.

Inseridos na experiência da ABP, e, em particular, na primeira ou na segunda etapa ou fase de pesquisa do ensino, os professores usarão muitas habilidades comprovadas por pesquisas. Certamente, a modelagem do professor para os processos de resolução de problemas é muito apropriada.

Do mesmo modo, a assistência estruturada deve ser fornecida rotineiramente pelo professor dentro do processo de ensino cooperativo, ou em qualquer fase ou etapa de ensino dentro da unidade.

Além desses procedimentos de ensino e das atividades que os alunos devem completar, alguns professores podem querer usar minilições, no contexto da ABP, para apresentar as informações à turma. Uma minilição é uma lição em tópicos, bastante curta, na qual um professor ou um grupo de alunos apresenta uma instrução específica e direta sobre informações de que todos os grupos de ABP poderiam necessitar para completar seus projetos. Apesar de nem todos os projetos de ABP envolverem minilições, se os professores quiserem apresentar algumas informações de maneira tradicional para a turma ou para um grupo, certamente não há nada de errado com isso.

Uma minilição é uma lição em tópicos, bastante curta, na qual um professor ou um grupo de alunos apresenta uma instrução específica e direta com informações das quais todas as equipes de ABP poderiam necessitar para completar seus projetos.

Contudo, certas diretrizes devem ser seguidas para que sejam alcançados os objetivos gerais, bem como os objetivos de envolvimento dos alunos, o qual é inerente ao paradigma da ABP. Primeiro, as minilições sobre tópicos específicos devem ser realizadas quando e se os alunos as requisitarem. Embora os professores possam encorajar os grupos de alunos de ABP a considerarem a opção de que o professor apresente algumas informações a todo grupo, os alunos não devem se sentir coagidos a fazê-lo, já que a sua voz e escolha devem ser respeitadas ao longo de todo o processo. Segundo, as minilições devem ser poucas, talvez uma ou duas em um projeto de ABP de duas semanas. Elas devem ser altamente focadas em um tópico e muito curtas, não ocupando mais do que 10 ou 15 minutos.

Nesse sentido, elas devem ser mesmo uma minilição sobre uma questão ou um problema específico. Também, deve-se fazer todos os esforços para que a apresentação não seja parecida com a aula expositiva ou a discussão protagonizada pelo professor. O uso criativo de um quadro interativo (conforme será descrito no Capítulo 4) é recomendado, se houver um disponível. Finalmente, deixar que os alunos conduzam algumas ou todas as minilições é desejável caso isso possa ser organizado, já que é provável que essas apresentações estimulem o envolvimento mais elevado deles do que uma lição tradicional protagonizada pelo professor.

Investigação e inovação dos alunos

Com forte ênfase no envolvimento dos alunos em problemas e projetos que eles achem válidos, o papel do professor no ensino da ABP é predominantemente o de facilitador. Na maioria dos casos, os professores que utilizam a ABP não darão as instruções e, assim, terão mais tempo para atuarem como facilitadores, orientando os grupos ou trabalhando com os alunos individualmente na pesquisa ou no desenvolvimento de um artefato específico. Assumindo o papel de facilitador, os professores devem usar todos os meios disponíveis para estimular a investigação e recompensar o pensamento inovador à medida que os alunos avançam em seu planejamento, pesquisa e desenvolvimento de artefatos.

Com forte ênfase no envolvimento dos alunos em problemas e projetos que eles considerem válidos, o papel do professor no ensino na ABP é predominantemente o de facilitador.

Na ABP, a ênfase na investigação começa com uma questão motriz e continua conforme os alunos, em seu primeiro dia, refletem sobre a questão, discutem-na e geram questões adicionais. Além disso, se os professores optarem por incluir minilições em suas unidades de ABP, essas podem ser estruturadas como discussões baseadas em investigação e altamente focadas, sobre várias questões dentro da unidade de ABP. Por exemplo, na unidade de corte de árvores apresentada no Capítulo 1, os professores poderiam oferecer aos alunos opções para minilições sobre uma variedade de tópicos, como os seguintes:

- Quais árvores crescem em terrenos pantanosos além dos cedros? Essas árvores afetam os cedros ou limitam o seu crescimento? Como um ser vivo em uma biosfera afeta os demais?
- Que impacto o corte de árvores tem sobre o ambiente?
- Qual é a relação entre a economia e a proteção de ambientes específicos? Que outros exemplos podem ser mostrados para representar essa relação?

Cooperação e trabalho em equipe

Saber trabalhar coletivamente na resolução de problemas é, de muitas maneiras, uma das mais importantes habilidades que qualquer jovem pode desenvolver, já que se trata de uma habilidade crucial para praticamente todos os trabalhos do século XXI. Conforme os alunos ganham experiência em ensino na ABP, eles também tornam-se mais experientes no trabalho em grupo, pois estão acostumados a planejar atividades em conjunto, a especificar papéis para vários membros do grupo, a trabalhar em grupo para resolver problemas, a apoiar as ideias uns dos outros e a oferecer, mutuamente, avaliações de colegas apropriadas e úteis. Procedimentos de ensino como a instrução cooperativa, a tutoria de colegas e o ensino recíproco frequentemente caracterizam o ensino da ABP, discutidos mais detalhadamente no Capítulo 4. Nesse contexto, precisamos apenas afirmar que ajudar os alunos a aprender a trabalhar juntos na resolução de problemas é um dos resultados mais importantes da ABP, e os professores não devem poupar esforços para facilitar a cooperação e o trabalho em grupos adequados.

Saber trabalhar coletivamente na resolução de problemas é uma das mais importantes habilidades adquiridas na ABP, já que se trata de uma habilidade crucial para praticamente todos os trabalhos do século XXI.

Oportunidades para a reflexão

A reflexão sobre o próprio trabalho é uma ferramenta poderosa para a melhoria e, por essa razão, criar oportunidades para a reflexão dos alunos dentro da experiência de ABP é algo enfatizado por praticamente todos os proponentes do modelo de ensino (BARELL, 2007; BARON, 2010; BELLAND; FRENCH; ERTMER, 2009; DAVID, 2008; GHOSH, 2008; LABOY-RUSH, 2010; LARMER; MERGENDOLLER, 2010; MERGENDOLLER; MAXWELL; BELLISIMO, 2007). O pensamento reflexivo prepara os alunos para que desenvolvam mais ativamente habilidades desse tipo de pensamento e, dessa forma, abordem os problemas de maneira inovadora.

Estruturar oportunidades para o pensamento reflexivo é uma ênfase importante da ABP, já que isso prepara os alunos para que desenvolvam mais ativamente habilidades desse tipo de pensamento.

Contudo, conforme foi observado, o pensamento reflexivo não é um processo *a posteriori*, mas ele de fato começa com reflexões sobre a âncora do projeto e a questão motriz já no primeiro dia. Tanto a reflexão em grupo quanto a reflexão individual são enfatizadas e elas envolvem habilidades diferentes. Por exemplo, alguns professores que utilizam um *framework* da ABP ensinam aos alunos as diretrizes principais para o *brainstorming*, incluindo o seguinte:

- todas as ideias são respeitadas inicialmente como sendo dignas de consideração;
- algumas podem ser rejeitadas posteriormente por não serem cruciais ou relevantes; mas
- durante o exercício inicial de *brainstorming*, todas as ideias devem ser expressas e listadas para consideração.

Além desse *brainstorming* de projeto inicial, feito pela turma inteira, o *brainstorming* reflexivo também deve ser encorajado em vários pontos após os grupos terem sido formados. Durante essa fase, as questões específicas geradas pela turma inteira poderiam ser consideradas, e várias ideias ou tópicos de questões poderiam ser adotados pelos grupos. Também, durante essa segunda fase, algumas ideias originais poderiam ser rejeitadas pelo grupos como sendo redundantes em relação a outras sugestões ou desnecessárias para a conclusão do projeto. Os professores desempenharão o papel de facilitadores desse processo e podem ajudar os alunos a desenvolverem suas habilidades de *brainstorming* e de consideração de ideias.

Finalmente, além das sessões de reflexão da turma inteira ou em grupos, a reflexão individual sobre o conteúdo e a experiência geral é fortemente incentivada no ensino da ABP (BARON, 2010; LABOY-RUSH, 2010; LARMER; MERGENDOLLER, 2010). Para facilitar a reflexão individual, os alunos são frequentemente incentivados a fazer registros em diário durante o projeto de ABP (BARELL, 2007).

A reflexão individual por meio de registros em diário sobre o conteúdo e a experiência geral é fortemente incentivada no ensino da ABP.

O registro em diário envolve escrever sobre as grandes ideias que surgem a partir da pesquisa ou do desenvolvimento de artefatos de ABP e, desse modo, oferece a oportunidade para reflexões aprofundadas sobre o significado do conteúdo educacional. Além disso, o registro em diário proporciona uma oportunidade para o ensino altamente diferenciado, já que alguns alunos necessitarão de mais apoio para suas atividades de escrita do que outros.

Por exemplo, alunos altamente articulados e com poucas dificuldades de leitura ou escrita podem simplesmente receber a tarefa de "manter um diário sobre a execução do projeto de ABP e fazer um registro de um parágrafo a cada dois dias, pelo menos". Nesse caso, o professor deve ler periodicamente algumas seções do diário de cada um dos alunos e discutir essas ideias com a turma durante o processo da ABP.

Por outro lado, é provável que alguns alunos precisem de mais apoio para suas atividades de registro em diário. Alguns poderiam receber partes iniciais de sentenças para seus diários, de forma a ajudá-los a preparar seus registros, e essas partes iniciais podem variar de acordo com o ponto onde o aluno está na experiência de ABP. Um conjunto de sentenças dessas partes iniciais que podem ser usadas em diferentes fases da unidade de ABP é apresentado no Quadro 3.2.

Quadro 3.2 Partes iniciais de sentenças para um registro de diário em um projeto de ABP

Partes iniciais de sentenças de diário (usadas nos primeiros dois ou três dias da unidade)
Com base em nossa primeira discussão, precisamos descobrir. . .
Posso contribuir para o meu grupo por meio de. . .
Eu não compreendo. . .
Sei que preciso examinar diversas coisas, incluindo. . .
Partes iniciais de sentenças de diário para a fase de pesquisa (usadas a partir do 2º ou 3º dia até os últimos dias da unidade)
Na minha pesquisa, eu descobri que. . .
Achei incrível que. . .
Foi sensacional quando descobrimos que. . .
E se. . .
Eu me pergunto se essa ideia de . . . se conecta com essa de . . . ?
Partes iniciais de sentenças de diário para fases mais avançadas da unidade de ABP (usadas na 2ª fase de pesquisa e até o fim da unidade)
Foi incrível que . . .
Eu fiquei realmente surpreso quando. . .
Essa ideia de . . . está relacionada com meus estudos em . . . porque . . .

Feedback e revisão

O *feedback* é um componente crucial do ensino na ABP, e como o professor desempenha o papel de facilitador, é provável que ele tenha mais tempo para dar *feedback* individual ou para o grupo do que em um ensino tradicional. O *feedback* pode ser baseado em avaliações do professor, autoavaliações ou avaliações dos colegas. À medida que os alunos amadurecem, a importância das autoavaliações e das avaliações de colegas aumenta, já que é provável que essas habilidades sejam necessárias ao futuro vocacional de muitos alunos, e o ensino na ABP proporciona muitas oportunidades para essas avaliações.

O *feedback* avaliativo pode ser formativo (isto é, a avaliação acontece durante o processo de ABP para ajudar os alunos a formar ou reorientar seus trabalhos conforme necessário) ou somativo (a avaliação final acontece ao término do projeto). No ambiente de aprendizagem da ABP, ambos os tipos de *feedback* são fornecidos, mas as oportunidades de avaliação formativa estão presentes quase o tempo todo. As avaliações formativas podem incluir uma discussão sobre o progresso do grupo ou, simplesmente, um comentário informal sobre um artefato do aluno ou o progresso de sua pesquisa.

O feedback *avaliativo pode ser formativo ou somativo e, no ambiente de aprendizagem da ABP, ambos os tipos de* feedback *são fornecidos, mas as oportunidades de avaliação formativa são muitas.*

Certamente, cada vez que uma reunião de grupo é realizada, o professor deve participar e oferecer *feedback* verbal sobre qual planejamento o grupo cumpriu, o que foi concluído e o que ainda falta fazer. Além disso, os professores devem ficar atentos ao desenvolvimento de artefatos prototípicos conforme um aluno ou pequenos grupos de alunos comecem a desenvolvê-los.

Cada vez que uma reunião de grupo é realizada, o professor deve participar e oferecer feedback *verbal sobre o que o grupo cumpriu, o que foi concluído e o que ainda falta fazer.*

Então, pode-se oferecer comentários sobre informações adicionais que poderiam ser incluídas no artefato, e essa avaliação informal é a principal característica do papel de facilitador desempenhado pelo professor na experiência de ABP.

Além disso, os projetos de ABP proporcionam boa quantidade de opções de avaliação adicionais, incluindo autoavaliações e avaliações de colegas. Os professores podem ser muito criativos à medida que desenvolvem uma variedade de maneiras para que os alunos realizem autoavaliações ou avaliações de colegas, a maioria das quais será focada no *feedback* formativo estão presenes para apoiar os alunos em seus grupos de ABP. Essas opções de avaliação são discutidas mais detalhadamente no Capítulo 6.

A seguir, a avaliação e o *feedback* somativos vindos de fora da sala de aula são encorajados, de modo que, após os artefatos ou a apresentação do projeto do grupo terem sido publicados, deve-se realizar todos os esforços possíveis para reunir os dados de avaliação do público-alvo. Um exemplo disso poderia ser a publicação de um artefato ou relato em um jornal local ou um *link* do *website* desse jornal com o *website* da escola, no qual um vídeo de *podcast* do projeto possa ser apresentado. Em cada artigo ou *podcast* publicado, poderia ser feito um convite para que o público em geral comentasse sobre o projeto de ABP para a escola. Embora nem sempre possível, esse tipo de *feedback* enfatiza a natureza autêntica das atividades de aula e os alunos começarão a sentir que seu trabalho faz uma diferença de verdade. É claro, independentemente da possibilidade de se receber *feedback* de fora, cada professor oferecerá avaliações somativas para cada projeto no processo de atribuição de notas aos alunos. Essas opções de avaliação e atribuição de notas na ABP são discutidas mais detalhadamente no Capítulo 6.

Por fim, em cada fase do desenvolvimento de artefatos, será fornecido *feedback* avaliativo de alguma maneira, e os vários artefatos serão revisados e desenvolvidos novamente para resolver quaisquer problemas identificados no *feedback* (BARELL, 2007). A oportunidade de refazer ou revisar um artefato é importante, e mesmo os alunos que possam ter relutado para concluir esse trabalho anteriormente irão realizar revisões significativas em ABP, já que eles sabem que seu trabalho possui um significado autêntico e que será publicado de alguma forma para a turma, à escola ou à comunidade como um todo. Em suma, praticamente todos os alunos querem fazer o melhor trabalho possível no ambiente de ensino na ABP e isso irá motivá-los a participar ativamente de revisões dos seus trabalhos.

Mesmo os alunos que possam ter relutado para concluir um trabalho anteriormente irão realizar revisões significativas em aulas de ABP, já que eles sabem que seu trabalho possui um significado autêntico e que será publicado de alguma forma.

Apresentações públicas dos resultados dos projetos

Os projetos de ABP pretendem ser exemplos autênticos dos tipos de problemas que os alunos enfrentam no mundo real, de modo que algum tipo de publicação ou apresentação pública dos resultados do projeto é uma ênfase crucial dentro da ABP (DAVID, 2008; GHOSH, 2008; GRANT, 2002; LARMER; MERGENDOLLER, 2010). Os alunos irão valorizar o que eles percebem que os seus professores valorizam, e a apresentação do trabalho de sala de aula a outras pessoas da comunidade é uma maneira de mostrar o valor desse trabalho. Talvez essa seja a razão principal para que o envolvimento dos alunos tenda a ser muito mais elevado nas experiências de aprendizagem da ABP.

As oportunidades de publicação são limitadas apenas pela imaginação coletiva do professor e das turmas. A divulgação pode incluir diversos veículos para o projeto final ou quaisquer artefatos que a turma opte por publicar. Por exemplo, artefatos de vídeo podem ser enviados ao YouTube a critério do professor e da turma. Alternativamente, vídeos curtos que mostrem o trabalho dos estudantes podem ser enviados ao *website* da escola. Os relatórios podem ser estruturados no formato de artigos curtos para os jornais locais ou, talvez, como cartas ao editor ou para representantes governamentais. Apresentações para grupos de fora da escola também podem ser realizadas.

As oportunidades de publicação são limitadas apenas pela imaginação e incluem diversos veículos para o projeto final, os quais vão do YouTube ao website *da escola.*

Ao considerar os veículos para publicação, recomenda-se que os professores considerem também o nível de exposição dos alunos. Por exemplo, as opções de publicação mundial incluem o envio de um vídeo preparado pela turma para o YouTube, ou para outros espaços da internet, enquanto uma publicação mais limitada poderia envolver a exposição do mesmo vídeo no *website* da escola. Embora os *websites* de escolas certamente estejam disponíveis para o mundo todo pela internet, é menos provável que eles sejam encontrados em pesquisas de rotina do que, por exemplo, os vídeos publicados no YouTube. Além disso, antes de utilizar um veículo como o YouTube, os professores devem consultar o diretor da escola para verificar se existem regulamentos do distrito escolar que se apliquem sobre essa atividade. A segurança dos alunos é uma preocupação essencial e, sob hipótese alguma, nomes, informações pessoais ou endereços devem ser fornecidos pelo trabalho publicado.

A partir disso, muitas opções de publicações estão disponíveis e algumas dessas estão listadas no Quadro 3.3. Em uma experiência de ABP, uma turma dos anos finais do ensino fundamental conduziu um estudo sobre o valor dos terrenos pantanosos atrás da escola para ajudar a diretoria da escola local a determinar a conveniência de utilizar essa área para expandir a escola. Esse projeto de ABP resultou em um vídeo que apresentou questões legais, de engenharia e financeiras na utilização da área para esse fim. O vídeo foi apresentado em uma reunião da diretoria e, então, disponibilizado em DVD na biblioteca pública da comunidade. Novamente, as opções de publicação são quase ilimitadas, mas algumas são apresentadas aqui.

Quadro 3.3 Opções de publicação para artefatos de ABP

Jornais locais	Cartas para o Congresso Nacional
Apresentações de alunos em encontros da APM/APP	Canais de TV locais
Bibliotecas locais	*Websites* de escolas
Reuniões de governança local	Centros de mídia escolares
Apresentação em clubes locais	Revistas locais
Cartas ao editor	*Blogs* de turma
	Revistas de atualidades

PRÉ-PLANEJAMENTO DE QUESTÕES PARA A ELABORAÇÃO DE UMA EXPERIÊNCIA DE ABP

Com essas características ou componentes essenciais de ensino na ABP em mente, os professores podem considerar o planejamento de sua primeira unidade de ensino na ABP. A primeira etapa para a adoção da ABP é a fase de pré-planejamento que deve ser realizada pelos professores. Neste livro, o termo *pré-planejamento* refere-se ao planejamento dos professores, enquanto o termo *planejamento* refere-se ao planejamento dos alunos em relação às atividades de ABP após o início do projeto.

Há uma grande quantidade de questões e problemas de pré-planejamento que devem ser abordadas antes do começo da unidade de ABP, já que essas atividades levam à construção de uma experiência de ABP significativa para os alunos. A consideração das questões de pré-planejamento e atividades, apresentadas no Quadro 3.4, devem ajudar a garantir uma experiência de ensino e de aprendizagem válida e rica em conteúdos.

O pré-planejamento de questões e atividades deve ser realizado pelo professor antes do início do projeto de ABP, a fim de garantir uma experiência de ensino e de aprendizagem válida e rica em conteúdos.

Quadro 3.4 Pré-planejamento de questões e atividades do professor

1. Quais padrões podem ser abrangidos?
2. Quais recursos tecnológicos estão disponíveis?
3. Quanto tempo levará a preparação de recursos de ensino?
4. Que outros recursos estão disponíveis para o projeto planejado?
5. Qual é o prazo para o planejamento de uma unidade de ABP?

Padrões Estaduais Comuns e padrões estaduais

Conforme observado no Capítulo 2, muitos estados norte-americanos adotaram os Padrões Estaduais Comuns (COMMON CORE, c2014) como base para o ensino. E o ensino na ABP pode ser encontrado nesses Padrões Estaduais Comuns, assim como em outros padrões em estados que decidiram não adotá-los, como o Texas (mais uma vez, para obter informações sobre como a ABP se enquadra em padrões estaduais diferentes do Padrões Estaduais Comuns, consulte o apêndice).

Depois de um professor determinar como trabalhará uma experiência de aprendizagem de ABP em seu cronograma curricular para um determinado ano, a próxima questão envolve quais os Padrões Estaduais Comuns que devem e podem ser unidos à experiência de ABP. Os Padrões Estaduais Comuns são padronizados em todos os estados que os adotaram, mas os padrões de conteúdos desenvolvidos anteriormente diferem de acordo com o estado. Em muitos padrões estaduais, as orientações curriculares são delineadas em termos de padrões amplos de conteúdos, que representam as grandes ideias que os alunos devem dominar a partir do currículo e "indicadores", "referências" ou "subpadrões" menores relacionados com cada padrão. Desse modo, acompanhando cada padrão, a maior parte dos currículos estaduais incluem subpadrões, às vezes chamados de referências, que apresentam itens específicos que poderiam ser usados para mostrar que os alunos dominaram um determinado padrão.

Essas referências são, em geral, muito mais numerosas do que os próprios padrões, mas simplesmente representam indicadores de domínio de conteúdo e não itens obrigatórios a serem contemplados pelo currículo, pelo menos na maioria dos estados. Assim, na maioria dos estados, a expectativa é a de que todos os alunos tenham contato com o conteúdo associado a todos os padrões educacionais, a fim de dominá-los, mas eles não precisam dominar os conteúdos relacionados a todos os subpadrões.

Portanto, quando os professores estão considerando quais padrões devem ser abrangidos em um projeto de ensino na ABP (ou, nesse caso, qualquer unidade de ensino), eles devem abarcar todos os padrões curriculares e o máximo possível de subpadrões, e uni-los a tarefas, artefatos e produtos especificamente exigidos pela unidade de ABP. Isso é bastante fácil quando os professores estão usando os Padrões Estaduais Comuns, já que, novamente, são claros, específicos e geralmente representam as grandes ideias ou as tarefas importantes dentro do currículo. Assim, os Padrões Estaduais Comuns representam uma oportunidade para que a educação afaste-se dos tipos de ensino mais estreitos e focados na preparação para testes e passe a se concentrar na compreensão mais aprofundada das grandes ideias e nas oportunidades de resolução de problemas dentro do currículo.

Desse modo, ao se prepararem para a ABP, é recomendável que os professores foquem-se nos Padrões Estaduais Comuns ou nos padrões educacionais de seus estados. À medida que um professor contempla os tipos de produtos ou artefatos necessários em uma unidade de ABP, ele pode anexar dois ou três Padrões Estaduais Comuns àquele produto ou experiência de aprendizagem e, com múltiplas tarefas atribuídas no projeto de ABP, os professores descobrem que eles podem abranger, para um determinado prazo, os Padrões Estaduais Comuns ou qualquer outro conjunto de padrões educacionais muito facilmente.

Os professores devem abarcar todos os padrões curriculares e o máximo possível de subpadrões, e uni-los a tarefas, artefatos e produtos especificamente exigidos pela unidade de ABP.

É importante observar dois fatos relacionados à abrangência do conteúdo dos padrões curriculares nos paradigmas de ensino na ABP. Primeiro, as pesquisas mostram de forma consistente que a ABP resulta em níveis mais elevados de domínio dos padrões curriculares do que o ensino tradicional (BARELL, 2007; BELLAND; FRENCH; ERTMER, 2009; GEIER et al., 2008; GIJBELS et al., 2005; GRANT, 2002; MERGENDOLLER; MAXWELL; BELLISIMO, 2007; STROBEL; VAN BARNEVELD, 2008). As pesquisas citadas aqui envolveram padrões estaduais desenvolvidos mais recentemente em vez dos Padrões Estaduais Comuns, mas tudo indica que os alunos serão mais bem-sucedidos em avaliações relacionadas ao Padrões Estaduais Comuns com o ensino na ABP do que com o ensino tradicional.

Segundo, como muitas outras abordagens de ensino diferenciadas, os alunos que trabalham em um projeto de ABP são mais propensos a aprenderem o conteúdo trabalhando em grupos. Desse modo, muitos subpadrões ou referências curriculares dos padrões estaduais serão abordados durante o processo de conclusão de várias tarefas e produtos dentro da experiência de aprendizagem da ABP sem que o professor tenha de conduzir uma discussão com toda a turma sobre cada item do currículo em particular. A tecnologia pode facilitar o processo de mapeamento de padrões de conteúdo em projetos de ABP, e os professores devem explorar recursos para essa tarefa no *website* do departamento estadual de educação. Uma simples pesquisa na internet também pode ajudar os professores a encontrar essas ferramentas para mapeamento de padrões de conteúdo para projetos de ABP.

Contudo, nunca é demais salientar a importância do pré-planejamento. Os professores devem identificar, especificamente, os padrões de conteúdo associados à unidade de ensino na ABP para garantir a abrangência do conteúdo exigido. Além disso, nesse processo, os professores podem ser liberados das expectativas anteriores em relação aos prazos curriculares. Muitas vezes, ao planejarem uma unidade de ABP, os professores descobrem que o conteúdo que normalmente seria tratado mais para o final do ano pode ser colocado em uma unidade inicial de ABP. Nesse caso, eles devem se sentir à vontade para colocar esses padrões curriculares em uma unidade de ABP inicial. Assim, a natureza automática do tradicional currículo baseado em padrões torna-se um pouco mais flexível nas unidades de ABP.

Finalmente, os professores podem optar por enfatizar padrões mais diretamente por meio da identificação de padrões específicos no próprio projeto de ABP. Por exemplo, na elaboração de projetos específicos para o currículo de um ano em particular, após o professor ter "mapeado" onde os padrões exigidos enquadram-se nos vários projetos, os próprios padrões poderiam ser listados nas descrições dos projetos que são fornecidas aos alunos (BOSS; KRAUSS, 2007; SCHLEMMER; SCHLEMMER, 2008). Os professores poderiam optar por adicionar uma seção sob a âncora do projeto, incluindo padrões curriculares abordados por esse projeto e, assim, enfatizar a importância do projeto dentro do contexto de suas aulas individuais.

Quais recursos tecnológicos estão disponíveis?

Visto que a tecnologia desempenha papel tão significativo no ensino na ABP, que no século XXI é cada vez mais baseada em tecnologia, saber quais recursos tecnológicos estão disponíveis pode ser crucial (BOSS; KRAUSS, 2007). Além disso, dado o foco deste livro sobre os professores que realizam o ensino de ABP individualmente, a questão dos recursos tecnológicos torna-se cada vez mais importante.

Idealmente, cada estudante teria um computador com acesso imediato à internet para pesquisa, assim como *softwares* de texto e apresentação (BARON, 2010). Contudo, dificilmente essa é a realidade das escolas de hoje, e mesmo em situações em que computadores e acesso à internet sejam bastante limitados, a ABP ainda pode ser iniciada. Por exemplo, quase todas as escolas americanas têm laboratórios de informática que podem ser usados em dias específicos, possibilitando uma experiência de ABP na qual os alunos poderiam ter acesso à informática. Também, pode-se deixar pequenos grupos de alunos irem ao centro de mídia para realizar pesquisas específicas por um curto espaço de tempo durante um determinado período de aula.

O uso de tecnologias do século XXI é uma ênfase importante dentro do movimento crescente em direção ao ensino de ABP (BARON, 2010; BOSS; KRAUSS, 2007; COTE, 2007; PARTNERSHIP FOR 21ST CENTURY SKILLS, 2009), e, por isso, não se deve poupar esforços para que a ABP seja construída com base no uso inovador de tecnologias modernas. Novamente, isso tem sido visto por muitos proponentes como uma marca da ABP em geral (BARON, 2010; COTE, 2007; PARTNERSHIP FOR 21ST CENTURY SKILLS, 2009; SALEND, 2009).

Quanto tempo levará a preparação de recursos de ensino?

Os proponentes da ABP geralmente concordam que o ensino na ABP é carregada em termos de tempo necessário para o planejamento e a elaboração do projeto (BOSS; KRAUSS, 2007; LARMER; ROSS; MERGENDOLLER, 2009). Além do acesso à internet, o professor deve preparar tarefas de ensino, examinar *websites* informacionais, desenvolver várias *webquests* para esses *websites*, buscar vídeos que possam ser úteis, planejar opções para o desenvolvimento de portfólio feito por equipes de alunos, desenvolver âncoras para cada projeto planejado, assim como uma questão motriz que, junto com as âncoras, motivará os alunos, e desenvolver rubricas para orientar as várias tarefas ou artefatos de projeto. Caso se espere que os alunos desenvolvam vídeos, reúnam fotografias ou usem *software* de apresentação para o projeto, deve-se obter equipamentos e outros recursos para essas atividades. Conforme essa lista de atividades de preparação de recursos indica, as experiências de ABP não "acontecem" do nada!

Na maioria das experiências modernas de ABP, uma ou mais *webquests* são tarefas necessárias na fase de pesquisa do projeto e devem ser previamente desenvolvidas pelo professor. Se um professor implementa uma experiência de ABP encontrada na internet, muito do trabalho de pré-planejamento dos recursos pode ser feito vendo o que os outros desenvolveram e adaptando essas atividades. Ainda, os professores não devem implementar uma unidade de ABP sem terem feito todas essas etapas preparatórias de desenvolvimento de recursos, assim como não iniciariam qualquer outra unidade de ensino sem tê-la preparado completamente antes.

Na maioria das tarefas de ABP, os professores incluem listas de recursos que os alunos devem ao menos examinar e considerar para seus projetos. Essas listas aumentarão ao longo do tempo, conforme o projeto de ensino na ABP for usado ano após ano, já que tanto professores quanto alunos encontrarão recursos adicionais ou *websites* relevantes ao projeto. Para alguns *websites* ou tópicos, uma *webquest* ou um artefato específico poderia ser atribuído, enquanto outros recursos poderiam ser listados como potencialmente úteis, mas não obrigatórios, para todos os alunos ou grupos na ABP. Mais uma vez, encontrar esses recursos antes da unidade de ensino de ABP tomará um pouco do tempo do professor.

Após essa consideração ter sido feita, há algumas boas notícias. Primeiro, a maioria desses tipos de desenvolvimento de recursos é necessário para qualquer unidade de ensino, e embora a ABP exija um pouco mais de tempo para esse processo, os professores já fazem boa parte desse trabalho de qualquer maneira. Segundo, depois que uma unidade de ABP é planejada, ela pode ser reproduzida no ano seguinte, ou em outros períodos de aula durante o mesmo ano, com relativa facilidade. Terceiro, conforme os professores examinam *websites* ou vídeos para um projeto, frequentemente encontram recursos que são aplicáveis para projetos de ABP posteriores. Portanto, ao tomarem o cuidado de anotar esses recursos, estarão mais capacitados para a preparação de projetos subsequentes de ABP. Por fim, normalmente os alunos encontram recursos adicionais para um determinado tópico e os professores certamente devem incorporar esses recursos ao projeto no futuro. Assim, esses acréscimos irão poupar um tempo considerável do professor. De fato, o processo de elaboração do projeto, embora tome certo tempo, pode ser visto como algo que renderá dividendos não apenas para o próximo projeto de ABP, mas também para os projetos subsequentes ou mesmo para o trabalho do ano seguinte.

Depois que uma unidade de ABP é planejada, ela pode ser reproduzida no ano seguinte, ou em outros períodos de aula durante o mesmo ano, com relativa facilidade.

Que outros recursos estão disponíveis para o projeto planejado?

Além dos recursos tecnológicos, vários projetos podem ser facilitados com outros tipos de recursos. Por exemplo, se uma aula de história do ensino médio está estudando a Guerra do Vietnã (1965-1973), o contato com veteranos que combateram nessa guerra poderia ser bastante vantajoso. Os relacionamentos do professor dentro dessa comunidade ou os de outros professores poderiam ser usados para entrar em contato com esses veteranos para que os alunos os entrevistem de forma individual. Nesse sentido, considerar a disponibilidade dos recursos é crucial para o planejamento de experiências de ABP valiosas.

Além disso, considerar os recursos para a pesquisa durante o pré-planejamento pode ajudar a determinar os projetos que não devem ser realizados. Uma escola próxima do litoral, em Maine, estava realizando um projeto sobre como os barcos naufragados impactam a vida marinha. Entretanto, à medida que foram considerando os recursos disponíveis, o corpo docente descobriu que não havia navios e barcos naufragados suficientes em locais seguros para os alunos estudarem e, como resultado, eles reorientaram o tópico do projeto (BARON, 2010).

Finalmente, algunas procedimentos de ensino na ABP envolvem visitas reais, ou expedições, em locais que estão sendo estudados, conforme discutido no Capítulo 2. Caso a experiência de ABP pretenda envolver uma expedição real, o professor terá de planejar previamente essa expedição ao cenário envolvido. A organização de visitas de estudo pode tomar bastante tempo, já que se deve obter uma permissão dos pais de cada aluno para realizá-la, e todas as atividades desenvolvidas no local da visita precisam ser organizadas com antecedência. Mais uma vez, a maioria dos projetos de ABP não envolvem experiências expedicionárias reais, mas alguns sim, e embora sejam bastante custosas em termos de tempo de preparação e planejamento, essas experiências de aprendizagem podem ser muito gratificantes.

Que é o prazo real para o planejamento da ABP?

Informados sobre essas questões de tempo, os professores poderiam perguntar: "Qual é o prazo para o pré-planejamento de uma unidade de ABP?". Quase todos os proponentes da ABP afirmam que o ensino na ABP cobra um bocado de envolvimento e tomará um pouco mais de tempo do que o planejamento de unidades de ensino tradicionais (BARELL, 2007; GIJBELS et al., 2005; GRANT, 2002; MERGENDOLLER; MAXWELL; BELLISIMO, 2007; STROBEL; VAN BARNEVELD, 2008). Entretanto, quase todos esses proponentes também garantem aos professores que a adoção do ensino na ABP vale o tempo extra, uma vez que é compensado pela motivação dos alunos pelo domínio pleno adquirido, não apenas do conteúdo curricular, mas também das habilidades tecnológicas e de trabalho em grupo, as quais são necessárias para o século XXI.

O prazo para o planejamento irá variar conforme o professor e o projeto e dependerá do nível de planejamento que o professor opte por realizar. Além disso, à medida que os professores tornam-se mais fluentes na preparação desse tipo de lição, eles desenvolvem habilidades para a elaboração de *webquests*, identificação de recursos na internet e o desenvolvimento de contatos na comunidade, que podem ajudar com as opções de publicação. À medida que aperfeiçoam e refinam essas habilidades, o tempo de planejamento diminuirá um pouco e, de novo, a recompensa em termos de interesse, envolvimento e maiores escores acadêmicos por parte dos alunos valerá o esforço empregado.

Com essas variáveis em mente, é muito difícil fornecer uma resposta específica à questão de quanto tempo o planejamento da ABP irá tomar. Entretanto, como recomendação geral, os professores devem planejar durante um período de, no mínimo, três ou quatro semanas, dedicando algum tempo (talvez 15 ou 25 minutos diários) à exploração de *websites*, antes de adotar sua primeira unidade de ABP. Ao refletirem sobre a experiência de ABP planejada ao longo desse período de tempo, em vez de tentar planejar uma unidade de ABP durante 6 horas de um único dia, os professores terão mais ideias do que em um prazo mais comprimido.

ETAPAS OU FASES DE ENSINO NA EXPERIÊNCIA DE ABP

Como essa discussão demonstra, há diferenças consideráveis no modo como os professores planejam e realizam o ensino na ABP. Quando o corpo docente da escola inteira opta por realizar a aprendizagem baseada em projetos, os professores recebem as vantagens do apoio cooperativo de seus colegas e da administração, e isto ajudará nas atividades de pré-planejamento delineadas anteriormente. Nessas condições, diversas opções de implementação podem surgir, já que diferentes professores da escola realizam a ABP de várias maneiras e as compartilham com os demais.

Contudo, como este livro é direcionado aos professores que estão adotando o ensino na ABP individualmente, e talvez sem o apoio de todos os seus colegas da escola, é provável que quanto mais específico o processo puder ser, mais os professores se sentirão à vontade para iniciar a ABP em suas salas de aula. As etapas descritas de maneira breve podem proporcionar estrutura para a primeira incursão de um professor no ensino por meio de projetos de ABP, incluindo projetos que duram de duas a dez semanas ou mais. Assim, os professores que ainda não possuem experiência com a ABP podem escolher uma unidade de ensino de duas semanas sobre um tópico com o qual sentem-se à vontade e conduzir uma unidade de ABP usando essas etapas como diretrizes de ensino e de tempo. As etapas são apresentadas no Quadro 3.5.

Quanto mais articuladas são as etapas no processo de ensino, mais provavelmente os professores se sentirão à vontade para iniciar a ABP.

Introdução e planejamento em equipe

No primeiro dia de uma unidade de ABP, costuma-se realizar diversas atividades com a turma inteira que podem durar entre 30 minutos e o tempo de duração de um período. Conforme observado, antes de começar o ensino, um professor terá desenvolvido (ou selecionado) algum tipo de âncora para apresentar o projeto geral e encorajar o interesse dos alunos. Vídeos são muito bons para isso, mas textos também podem funcionar tão bem quanto esses. Os professores podem ter vontade de desenvolver o projeto em torno de uma questão local exibida em um noticiário e, assim, aproveitar os alunos que poderiam ter mais interesses em acontecimentos reais próximos à escola. A âncora será, então, apresentada à turma inteira no primeiro dia do projeto de ABP.

Quadro 3.5 Etapas em um projeto de ensino na ABP

I. Introdução e planejamento em equipe do projeto de ABP
Examinar a âncora e a reflexão sobre a questão motriz
Fazer um *brainstorming* com a turma toda sobre questões de pesquisa específicas
Distribuir as tarefas aos grupos para a experiência de ABP
Estabelecer metas e desenvolver linhas do tempo
Fazer a divisão do trabalho sobre as questões de pesquisa (todos têm um papel)
Atribuir artefatos e produtos necessários
II. Fase de pesquisa inicial: coleta de informações
Webquests completadas na escola
Entrevistas com a população local
Examinar/identificar outras fontes (p. ex., YouTube, jornais, livros, centro de mídia, etc.)
Minilições sobre tópicos específicos podem ser oferecidas
Avaliação do formato das informações (ver Quadro 4.5, Avaliação das informações da internet)
III. Criação, desenvolvimento, avaliação inicial da apresentação e de artefatos prototípicos
Desenvolvimento do *storyboard*
Começar a baixar vídeos, imagens
Desenvolver apresentações e artefatos prototípicos (iniciais)
Avaliações em grupo dos protótipos
Avaliação formativa dos artefatos prototípicos
IV. Segunda fase de pesquisa
Procurar informações adicionais para desenvolver protótipos de forma mais completa
Minilições sobre tópicos específicos podem ser oferecidas
Revisão dos protótipos e do *storyboard* com novas informações
V. Desenvolvimento da apresentação final
Revisões e acréscimos ao *storyboard*
Um pouco de escrita, de fala, de videoteipe, de edição, de arte, etc.
VI. Publicação do produto ou dos artefatos
Avaliação final da turma inteira (talvez avaliação de colegas)
Publicação do projeto ou dos artefatos

A seguir, a questão motriz pode ser desenvolvida com antecedência pelo professor ou, após a âncora ter sido apresentada, pelos alunos (LARMER; MERGENDOLLER, 2010). Uma questão motriz eficaz resume um problema ou questão, utiliza linguagem atraente para motivar os alunos e aponta questões suplementares ou secundárias que precisam ser abordadas. Os alunos devem refletir sobre a questão motriz e discuti-la por 10 ou 15 minutos em uma atividade com a turma inteira.

Muitas vezes, isso vira uma animada discussão inicial em que muitas ideias boas costumam surgir. Por essa razão, durante a atividade de discussão, o professor deve indicar um aluno para ir ao quadro e anotar quaisquer questões adicionais que surjam. Essas questões podem, então, ser compartilhadas com os grupos de ABP conforme o trabalho avança.

Depois, a turma deve ser dividida em grupos, com a expectativa de que trabalharão em conjunto para resolver o problema apresentado na experiência de ABP. Os professores podem permitir que os alunos escolham seus grupos ou podem, simplesmente, agrupá-los aleatoriamente para a realização do projeto. Geralmente, grupos entre sete e 12 alunos podem trabalhar em conjunto de forma eficaz em um grupo de ABP e, considerando o tamanho de uma determinada turma, os professores podem querer que sejam formados dois ou três grupos para um projeto de ABP. A partir desse ponto, cada equipe atuará de forma relativamente independente para o resto da unidade de ABP.

Então, um pouco de planejamento em grupo será necessário. Isso pode ser feito durante a segunda metade do primeiro período da unidade de ABP, ou pode ocupar o segundo dia dessa unidade. Durante esse o planejamento, diversas coisas precisam ser executadas e anotadas pelos membros do grupo. Primeiro, as equipes devem ser encorajadas a estabelecer metas específicas, dado o prazo delineado pelo professor para o projeto. Essas podem ser metas gerais, ou linhas do tempo específicas, e podem variar de grupo para grupo. Entretanto, o professor deve determinar os parâmetros gerais (p. ex., "planejamos passar 10 dias fazendo esse projeto") para que os grupos sigam enquanto estiverem estabelecendo linhas de tempo para o projeto.

Depois da formação dos grupos, um pouco mais de *brainstorming* pode ser necessário para gerar questões específicas que os alunos sentem que devem ser abordadas, assim como determinar quem deve pesquisar cada questão. Às vezes, os grupos desenvolvem uma estrutura de "governança em grupo", que inclui um líder, um diretor de vídeo, um apresentador e outros papéis específicos, e deixam essa estrutura de governança identificar tarefas para os membros do grupo, sob a orientação do professor. Essa ideia organizacional, ou algum tipo de estrutura organizacional deve ser encorajada e, no mínimo, tarefas com papéis específicos para cada aluno devem ser articuladas durante essa fase.

Tarefas com papéis específicos para cada aluno devem ser articuladas nos projetos de ABP.

Outros papéis podem incluir a atribuição da tarefa de "cinegrafista" a um aluno que tenha habilidade no manuseio de câmeras digitais. Alguém com habilidades de busca na internet poderia ser o "pesquisador líder", enquanto um bom escritor poderia ser designado como "coordenador de *storyboard*". Além disso, o grupo pode selecionar alguém para auxiliá-la nas tarefas durante o projeto, mas todos devem receber um papel, a fim de ajudar o grupo a compreender quem faz o que na equipe.

No ensino da ABP, algumas tarefas são dadas para que cada aluno da turma as cumpra individualmente (em geral, esse é o caso das *webquests*), mas outras tarefas de projeto não são individuais. Para as tarefas em grupo, deve-se indicar um "chefe de artefatos" ou um "coordenador de produto", o qual será o responsável máximo por aquele produto ou artefato.

Por fim, após a atribuição das tarefas com papéis específicos para cada aluno, o grupo deve escrever um breve resumo do seu planejamento e dessas tarefas. Assim, considera-se essa etapa concluída quando os alunos apresentam ao professor um resumo por escrito do planejamento. Cada grupo deve apresentar ao professor um esboço sobre quem ficou encarregado de quais tarefas, o que pode ser facilitado de maneira bastante simples na reunião de equipe inicial; para tanto, indica-se um aluno para que anote as várias questões específicas geradas, os papéis individuais dos alunos e quaisquer outras tarefas de produto.

Como mostra esta lista de tarefas, o planejamento das atividades da ABP feito pelos alunos pode levar mais do que um período de ensino. Contudo, na maior parte dos projetos de ABP, não se deve conceder mais do que dois períodos de ensino para essas tarefas, e em uma unidade de ensino de duas semanas, grande parte desse trabalho introdutório e de planejamento não deve levar mais do que um período e meio para ser concluído.

Fase de pesquisa inicial: coleta de informações

Em projetos bem planejados, a fase de pesquisa inicial apresenta menos problemas inesperados do que aqueles que podem surgir em fases posteriores da experiência de ABP, já que as atividades na fase de pesquisa inicial costumam ser mais previsíveis. Assim, os professores já terão preparado fontes de pesquisa suficientes para o projeto. O acesso à internet é um ponto-chave dessa fase, já que poucos são os projetos realizados atualmente que não envolvem um tempo de pesquisa significativo sobre vários tópicos na internet. É provável que, para cada projeto de ABP, sejam solicitadas uma ou duas *webquests* para ajudar os alunos em sua pesquisa e, na maioria dos casos, elas serão solicitadas a todos eles, com a expectativa de que sejam completadas nessa fase de pesquisa inicial.

Em contraste com essas tarefas pré-determinadas, os alunos geralmente pesquisarão sobre informações relevantes que abordem a questão motriz ou as questões mais específicas que surjam nas discussões iniciais de *brainstorming*. Dessa forma, as equipes provavelmente obterão fotos, vídeos curtos ou relatórios escritos que podem ser encontrados *on-line* em sua pesquisa.

Para grupos de alunos que não estão acostumados ao ensino na ABP, pode ser positivo deixar que eles concluam essa fase de pesquisa inicial trabalhando em duplas. Isso não apenas tenderá a mantê-los focados na tarefa em questão, mas eles também podem se sentir mais à vontade trabalhando com um colega.

Se a ABP for realizada em situações em que os recursos de internet são limitados, essa fase proporciona uma oportunidade para o professor e as equipes considerarem um pouco de planejamento criativo para facilitar o trabalho. Em vez de permitir que os 25 alunos da turma acessem os computadores simultaneamente, o professor pode selecionar um grupo aleatoriamente para que comece suas *webquests*. Assim, em uma turma de 25 alunos, apenas 12 precisariam de acesso a computadores e internet. Além disso, ao fazer os alunos trabalharem em duplas, seriam necessários apenas seis computadores com acesso à internet. Em muitas escolas, os *smartphones* já são usados para acessar a internet, e essa poderia ser uma opção para aqueles alunos que possuem *smartphones*.

A outra equipe, enquanto isso, poderia ser incumbida de realizar uma pesquisa não baseada em internet. Essa pesquisa poderia envolver buscas em bibliotecas tradicionais ou centros de mídia, utilização de textos para identificar e refinar as questões para a experiência em ABP, produção de fotos ou desenvolvimento de *websites*, desenvolvimento de questionários para quaisquer pessoas que sejam entrevistadas para o projeto ou a realização de discussões sobre o que o grupo espera de cada um de seus membros.

Além disso, é durante essa fase que alguns professores apresentam as minilições. Em alguns casos, elas estão diretamente relacionadas às tarefas atribuídas dentro do projeto e todos os alunos da turma participam. Entretanto, as minilições oferecidas no contexto dos projetos de ABP proporcionam uma forma excelente de diferenciar o trabalho. Por exemplo, os professores poderiam oferecer minilições para grupos menores de alunos que têm a mesma responsabilidade em diferentes equipes, ou para estudantes que necessitem de ajuda com conceitos particulares dentro do conteúdo mais amplo do projeto de ABP.

CRIAÇÃO, DESENVOLVIMENTO E AVALIAÇÃO INICIAL DA APRESENTAÇÃO E DE ARTEFATOS PROTOTÍPICOS

Essa fase de criação provavelmente irá se sobrepor, em algum grau, com a fase de pesquisa inicial, assim como com fases ou etapas posteriores no processo da ABP. Embora a listagem de etapas ou fases em ordem sequencial pretenda ajudar os professores a compreender o processo da ABP, eles devem saber que essas etapas não passam de diretrizes amplas. Por exemplo, a criação de artefatos pode começar assim que os alunos começam sua pesquisa inicial. No projeto de corte de cedros do Capítulo 1, se um aluno encontrar um gráfico com informações reais sobre o crescimento projetado de cedros em áreas pantanosas no primeiro dia da fase de pesquisa, ele deve repassar imediatamente um cópia desse gráfico (com as citações adequadas) para o coordenador do produto, a fim de incluí-lo no vídeo da apresentação final. Logo, desde o primeiro dia da fase de pesquisa inicial, a criação de artefatos também começa. Na verdade, frequentemente há uma sobreposição considerável entre as fases de pesquisa e criação de artefatos.

Por essa razão, o coordenador de produto responsável pelo vídeo de apresentação e o escritor responsável pelo *storyboard* podem ter de trabalhar juntos durante a fase de pesquisa inicial, incorporando vários itens ao vídeo de apresentação conforme os demais integrantes localizam e repassam informações relevantes. Assim, esses estudantes podem fazer um pouco menos de pesquisa real na internet e mais síntese de informações à medida que, trabalhando em conjunto, eles desenvolvem um *storyboard* para a apresentação em vídeo do projeto final.

Por outro lado, outros integrantes dessa equipe poderiam desenvolver artefatos independentes da apresentação em vídeo. Por exemplo, dados em gráficos ou planilhas sobre projeções de cortes de cedros podem ser artefatos desenvolvidos de forma independente, e os alunos devem começar a trabalhar em um protótipo daquele gráfico tão logo os dados sejam disponibilizados na fase de pesquisa inicial. Enquanto isso, o professor passará por cada aluno da turma, ajudando, orientando, sugerindo recursos adicionais e, de modo geral, facilitando a aprendizagem.

Mais para o final da fase de criação, os grupos devem se reunir e examinar o seu progresso em cada artefato exigido e na apresentação final. O propósito geral dessa reunião é determinar quais tarefas foram concluídas, qual trabalho que aborda a questão motriz foi executado e quais informações adicionais deveriam ser coletadas e incorporadas ao projeto. Nos projetos de ABP, os alunos estarão sempre buscando ampliar o conteúdo e, dessa maneira, aprimorar o projeto como um todo.

Para alguns alunos, os professores podem fornecer questões orientadoras para auxiliar esse processo de avaliação formativa. Eles poderiam ser encorajados a considerar seus artefatos prototípicos e o *storyboard* e a perguntar: "Nós respondemos às questões básicas?". Essa resposta levará, na maior parte dos casos, a informações adicionais que devem ser coletadas e incorporadas de alguma forma ao projeto.

Mais para o final da fase de criação, as equipes devem se reunir e examinar o seu progresso em cada artefato exigido e na apresentação final.

Segunda fase de pesquisa

Nessa fase, os alunos buscarão informações para preencher as lacunas na apresentação como um todo. Visto que equipes diferentes poderiam procurar abordagens distintas para a resolução do problema geral, nesta fase, é bem provável que várias equipes buscarão informações diferentes. Assim, os recursos de conteúdo e informação que podem ser necessários em estágios posteriores do processo de ABP são um pouco mais difíceis de prever do que em estágios iniciais, e os grupos apresentarão variações em relação àquilo que é necessário para concluir seus projetos. Em alguns casos, uma quantidade considerável de informações pode ser necessária. Contudo, na maioria dos casos, visto que os professores terão orientado os alunos sobre a qualidade geral do conteúdo antes desta fase, apenas poucas peças adicionais de informação serão necessárias. É claro, deve-se evitar maiores mudanças na direção geral do projeto de ABP, pois, conforme as equipes se aproximam da fase final, é provável que o tempo alocado para o projeto fique bastante limitado.

Finalmente, todos os alunos que não completaram as tarefas individuais solicitadas devem concluí-las durante esta fase do projeto de ABP. Na maioria dos casos, os projetos de ABP envolvem trabalhos especificamente solicitados a todos os alunos, e que devem ser feitas antes da fase de desenvolvimento final e da fase de publicação.

Desenvolvimento da apresentação final

Toda a revisão do *storyboard*, dos segmentos de vídeo preparados, ou dos artefatos que resultam da segunda fase de pesquisa devem ser realizados nessa etapa. Como é provável que o tempo esteja terminando, deve-se fazer apenas as mudanças que resultarão em uma melhora significativa do projeto. Também, durante esta fase, a equipe deve se reunir e avaliar cada artefato e produto, utilizando um formato estruturado de avaliação de colegas ou alguma outra abordagem de avaliação. A avaliação de colegas como ferramenta de avaliação é discutida de maneira mais aprofundada no Capítulo 6. Contudo, neste ponto, a avaliação de colegas deve envolver apenas os integrantes do grupo, para que não se torne uma análise somativa de colegas feita por todos os alunos da turma (uma análise de colegas com a turma inteira será conduzida na última etapa do processo da ABP). Assim, a meta para a avaliação de colegas baseada em equipes é aproximá-la da avaliação de colegas com a turma inteira, que acontecerá na fase de publicação do projeto.

Publicação do produto ou dos artefatos

Opções de publicação para os projetos de ABP são praticamente ilimitadas e já foram discutidas anteriormente. Contudo, os professores devem compreender que a publicação do trabalho dos alunos é um componente crucial da experiência da ABP e que eles valorizam esse aspecto mais do que qualquer outro.

Se os alunos acreditam que estão resolvendo problemas do mundo real com os quais outras pessoas da comunidade se preocupam, eles trabalharão com mais afinco.

Dito isso, o tempo da experiência de publicação pode ser problemático em certos casos. Por exemplo, imagine uma aula de ciências do ensino médio em que se realiza um projeto que aborda a seguinte questão motriz: "A diretoria da escola deveria construir um estacionamento no terreno mais baixo, atrás do atual prédio, ou desenvolver um 'habitat de estudos de áreas pantanosas' nesse terreno?". Provavelmente esse seria um projeto interdisciplinar de longo prazo, que poderia envolver os professores em geografia, economia, biologia e política local. Em um projeto como esse, a opção de "publicação" poderia ser um relatório de 30 minutos sobre a conveniência de um estacionamento *versus* um habitat de estudos para a comissão do condado e a diretoria da escola. O relatório provavelmente catalogaria as implicações econômicas e o uso projetado de ambas as opções. Entretanto, a reunião de análise poderia ser programada para acontecer algumas semanas após os estudantes terem concluído o projeto de ABP, e por isso eles já teriam iniciado outros projetos ou outras unidades de ensino; teríamos então o problema do tempo.

Considerado esse problema, é vital que os alunos apresentem seus achados de projeto de ABP sobre a questão estacionamento *versus* habitat de estudos para a comissão do condado e a diretoria da escola. Nessa situação, é provável que as pessoas que ocupam cargos eletivos nesses órgãos mostrem interesse considerável pelo que os alunos fizeram para chegar a suas recomendações, e esse interesse da comunidade é a recompensa essencial para eles: a sensação de que seu trabalho, seus pensamentos e suas ideias têm importância para a solução de problemas do mundo real. Dessa forma, apesar dos problemas de tempo que podem surgir, todos os esforços devem ser feitos para proporcionar oportunidades de exibição do trabalho a outras pessoas.

Resumo das seis fases de ensino

As fases ou etapas de ensino foram apresentadas e descritas para ilustrar como um projeto de duas semanas, relativamente simples, pode progredir. Essas etapas de ensino gerais não devem ser consideradas exemplos "rígidos" de todos os projetos de ABP. Em muitos projetos de longa duração, por exemplo, é provável que haja várias fases de pesquisa adicionais e múltiplas avaliações de colegas. Em praticamente todas as formas de ensino, a flexibilidade é um ponto-chave para o ensino de ABP. Os professores não podem prever quando temporais, enchentes ou assembleias escolares não programadas irão interromper o ensino, e esses eventos mudarão o cronograma para todas as aulas da escola. Os professores veteranos já aprenderam a lidar com as dificuldades do ensino.

Mesmo assim, essas fases de ensino representam os tipos de atividades com as quais os alunos e os professores estarão envolvidos durante o ensino na ABP e, ao usarem essas etapas de ensino básicas como orientação, poderão ver de forma imediata como o seu papel instrucional provavelmente mudará no ensino da ABP. Além das poucas minilições mencionadas nas etapas anteriores, os esforços de ensino dos professores serão reorientados para facilitar as experiências de aprendizagem, em vez de serem direcionados para instruções iniciais sobre conceitos novos. Em suma, isso é ensinar para o século XXI.

UM CRONOGRAMA PARA UM PROJETO DE ABP

A fim de demonstrar como um projeto de ABP deve ser em termos de cronograma, poderíamos imaginar o projeto de cortes de cedros apresentado no Capítulo 1 como um projeto de duas semanas para uma aula de ciências dos anos finais do ensino fundamental. O Quadro 3.6 apresenta um cronograma de atividades que poderia ser usado em uma unidade de instrução que permitiria a conclusão desse projeto dentro do prazo.

Na segunda-feira, o primeiro dia da unidade, o professor apresentaria o vídeo sobre o projeto de corte de cedros, que serve como âncora, e conduziria uma discussão de 15 minutos sobre o corte de árvores. Nessa discussão, as questões adicionais para as quais os alunos querem uma resposta seriam anotadas e o professor poderia, então, designar os grupos. Em um projeto como este, poderia ser interessante escolher alunos com visões semelhantes sobre o corte de árvores para um mesmo grupo. Por exemplo, alguns alunos podem ser contra cortes de árvore de qualquer forma, e discussões entusiasmadas podem ocorrer ao colocar alguns desses alunos juntos deixar que eles planejem um "debate" com o grupo que apoia o corte de árvores.

Então, os grupos deveriam examinar a tarefa em conjunto e discutir os papéis de cada integrante, desenvolvendo assim o plano inicial para o projeto. Os professores participarão, conforme o tempo permitir, de todas as reuniões do grupo, exceto naquelas em que duas ou mais equipes estiverem se reunindo simultaneamente. É importante oferecer orientação aos grupos, pelo menos inicialmente, e ajudá-los a se manter no caminho certo.

Quadro 3.6 Cronograma para um projeto de ABP sobre corte de cedros

- Segunda-feira: Apresentar a âncora e as tarefas em grupo
- Terça-feira: Realizar reuniões de grupo e começar a fase de pesquisa inicial
- Quarta-feira: Minilição sobre ecossistemas pantanosos e continuação da fase de pesquisa inicial
- Quinta-feira: Continuação da fase de pesquisa inicial e começo da fase de criação
- Sexta-feira: Conclusão da fase de pesquisa inicial e continuação da fase de criação
- Segunda-feira: Conclusão de alguns artefatos e segmentos de vídeo
- Terça-feira: Minilição a respeito do impacto do corte de árvores sobre a vida selvagem, conclusão da fase de criação inicial e começo da segunda fase de pesquisa
- Quarta-feira: Começo da fase de acréscimos finais
- Quinta-feira: Reuniões finais de avaliação de colegas em grupo
- Sexta-feira: Fase final de apresentação e publicação

Na terça-feira, os grupos provavelmente precisarão se reunir e completar seu planejamento, garantindo que todos os alunos tenham um papel a cumprir. Em alguns casos, outra breve sessão de *brainstorming* poderia ser conveniente mas, ao fim do segundo dia, um plano por escrito deve ser apresentado por cada grupo. Ele pode, então, apresentá-lo para o professor juntamente com o papel que cada aluno irá desempenhar. Neste ponto, cada membro saberá sua tarefa e diversos alunos devem começar sua pesquisa inicial sobre a questão pela qual são responsáveis. Outros podem começar a completar as tarefas individuais solicitadas, como a *webquest*.

Na quarta-feira, os grupos continuarão a fase de pesquisa inicial e todos os integrantes devem se esforçar para completar as tarefas solicitadas individualmente. Contudo, neste ponto, alguns alunos podem começar a fase de "criação", com o início do trabalho daqueles que receberam a incumbência de fazer o *storyboard* da apresentação em vídeo. Especificamente neste ponto, é provável que uma seção do *storyboard* para a parte introdutória da apresentação possa ser desenvolvida e, talvez, diversas seções factuais do *storyboard* sobre populações gerais de cedros.

Durante essas fases intermediárias do processo, o professor atenderá cada aluno ou dupla de alunos que estiver trabalhando em um artefato particular. Uma grande quantidade de orientação de ensino é realizada nessas reuniões individuais, oportunidade em que um professor pode questionar o propósito do artefato e, assim, avaliar o conhecimento dos alunos sobre o conteúdo.

Na quinta-feira, com alguns membros concluindo as tarefas que lhes foram designadas para as fases de pesquisa inicial, outros começarão a criar seus artefatos, trabalhando individualmente ou em pequenos grupos. Assim, alguns alunos poderiam começar projetos de arte elaborados para ilustrar o conteúdo, enquanto outros continuariam o *storyboard* para a apresentação em vídeo. Talvez já seja possível começar a gravação de vídeos para o projeto final. Diferentes alunos podem apresentar segmentos distintos de vídeo relacionados ao seu trabalho, mas nem todos precisam aparecer em todos os vídeos. Contudo, todos os nomes dos membros do grupo devem aparecer nos créditos finais em qualquer vídeo que seja desenvolvido, assegurando o reconhecimento de suas contribuições individuais.

Na sexta-feira da primeira semana, o grupo deve completar o esboço inicial do *storyboard* e continuar as gravações dos vídeos. Também, neste ponto, os professores devem se reunir com cada grupo para avaliar o trabalho e analisar o progresso. Cada análise, do professor ou de colegas, deve ser usada para essa avaliação formativa e quaisquer lacunas nas informações podem ser resolvidas com pesquisas adicionais. Neste momento, também pode ser aconselhável fazer uma autoavaliação do trabalho por parte dos integrantes, relatando seu progresso quando estiverem prestes a completar suas responsabilidades.

Na segunda-feira da segunda semana, as gravações dos vídeos das seções do *storyboard* continuam, enquanto outros artefatos vão sendo completados. As avaliações formativas devem ser completadas caso não tenham sido concluídas na sexta-feira anterior e, a partir delas, o grupo pode determinar quais informações adicionais são necessárias.

Na terça-feira da segunda semana, começa uma segunda fase de pesquisa baseada no preenchimento das "lacunas" da apresentação por parte dos alunos, os quais buscam informações específicas. Especificidades individuais são adicionadas ao *storyboard*. O trabalho de vídeo e de edição continua.

Na quarta-feira da segunda semana, as adições e as revisões finais da apresentação em vídeo devem ser feitas e todos os artefatos adicionais, completados. Para o projeto de corte de árvores, os artefatos incluiriam a apresentação dos itens designados no plano do projeto, como a planilha e a contagem dos cedros.

Na quinta-feira, as reuniões finais de equipe seriam realizadas. Conforme os alunos coletam e analisam os artefatos e concluem os vídeos, podem anotar detalhes que poderiam ser ajustados e, caso o tempo permita, essas mudanças são realizadas e concluídas.

Por fim, na sexta-feira da segunda semana, os projetos são publicados por meio da análise feita por todos os alunos da turma. Cada grupo apresenta seu vídeo e os outros artefatos, explicando como tomaram suas decisões e recomendações e por que o fizeram. Caso o professor escolha, uma avalição somativa dos colegas pode ser conduzida para cada projeto e, a critério do professor, podem ser usadas como componentes da nota final dos membros do grupo. Diversas opções de avaliação serão descritas no Capítulo 6.

CONCLUSÕES

Quando os professores consideram a adoção do ensino na ABP, não é incomum sentirem-se sobrecarregados. Embora quase todos os professores já tenham uma longa prática de ensino utilizando o formato de lições tradicional, dentro de planos de ensino baseados em unidades, a ABP envolverá algumas mudanças em suas instruções, incluindo certa perda de controle ou certeza sobre como o ensino pode se desenrolar. Assim, alguns podem se sentir um pouco desconfortáveis com o ensino de ABP inicialmente. Este capítulo apresentou etapas bastante concretas no processo de ABP, que devem ajudar os professores a adotarem a ABP com pouco menos de atribulação.

Esse é um dos motivos para a minilição ter sido descrita como opção de ensino possível dentro da ABP. Muitos professores sentem-se mais à vontade ao adotarem a ABP quando veem a minilição inclusa no paradigma e, embora muitos professores que utilizam *frameworks* da ABP não realizem minilições, outros podem desejar fazer uso dessa forma de ensino para tratar de conceitos particularmente difíceis. Certamente, algumas minilições não são incompatíveis com o paradigma da ABP.

Muitos professores gostam de desafios interessantes e de experimentar novas abordagens de ensino, então, é recomendável que experimentem a ABP. Ela é, muitas vezes, discutida como sendo um dos principais paradigmas de ensino do futuro (BARELL, 2010; BARON, 2010; BENDER; CRANE, 2011; COTE, 2007; PARTNERSHIP FOR 21ST CENTURY SKILLS, 2009). O aumento drástico na motivação e no desempenho acadêmico dos alunos mostra que a ABP é uma abordagem de ensino excelente. Ela também proporciona muitas oportunidades para o ensino diferenciado, o qual aborda as necessidades de praticamente todos os alunos. Por essa razão, as etapas descritas neste capítulo devem ser vistas como diretrizes gerais e não devem impedir um professor de desenvolver unidades de ABP em outros formatos mais variados. É muito provável que a criatividade dos professores traga apenas benefícios aos alunos, e nada do que foi escrito aqui impede professores e alunos de desenvolverem, em conjunto, projetos de ABP que lhes pareçam adequados.

O próximo capítulo apresentará uma variedade de suportes tecnológicos que reforçam o ensino da ABP. Nesse contexto, será descrito um projeto com vários suportes tecnológicos estruturados incorporados à unidade de ABP e com duração muito maior.

4

Tecnologia de ensino em sala de aula na aprendizagem baseada em projetos

Este capítulo destaca os suportes tecnológicos para o ensino na ABP. Embora uma variedade de práticas de ensino estejam envolvidas na ABP, as tecnologias de ensino do século XXI certamente são enfatizadas por quase toda a literatura recente (BOSS; KRAUSS, 2007; COTE, 2007) e a maioria dos proponentes da ABP tem defendido o amplo uso da tecnologia na formulação de projetos (BOSS; KRAUSS, 2007; COTE, 2007; LABOY-RUSH, 2010; LARMER; MERGENDOLLER, 2010; MERGENDOLLER et al., 2007). Alguns sugerem que a ABP deve envolver aplicações aprofundadas das tecnologias do século XXI e das ferramentas de ensino da *web* 2.0 (BOSS; KRAUSS, 2007). Embora esse ponto não precise ser debatido aqui, a maioria dos professores concordaria que a tecnologia oferece muitas oportunidades boas para o ensino na ABP. Além disso, as tecnologias disponíveis para o ensino na ABP parecem mudar anualmente.

Embora se discuta o uso de quadros interativos, *webquests*, *wikis* e *blogs* de turma como ferramentas para a educação desde 2005 (BENDER; WALLER, 2011), aplicativos de redes sociais mais recentes (p. ex., Ning), dispositivos tecnológicos de comunicação emergentes (p. ex., *smartphones*, *tablets*) ou ferramentas para o gerenciamento do ensino em sala de aula (p. ex., Moodle) já parecem dominar as discussões sobre inovações de ensino baseadas em tecnologia. De fato, vários proponentes dessas novíssimas tecnologias de ensino preveem uma revolução virtual no processo de ensino e de aprendizagem como resultado da constante modificação dessas tecnologias (BENDER; WALLER, 2011, BONK, 2010; HUBER, 2010).

Em termos de de ensino na ABP, é provável que a revolução das tecnologias educacionais também envolva *softwares* que apresentam simulações autênticas para ensinar conteúdo em ambientes do mundo real ou via *videogames* (EICHER, 2009). O termo relativamente recente "jogos de realidade alternativa", ou ARGs (sigla em inglês para *alternate-reality games*), reflete a mais moderna aplicação de simulações para propósitos de ensino (STANGE, 2011). Esses jogos enquadram-se muito bem dentro da ABP, já que aumentam de forma eficaz o envolvimento dos alunos com a disciplina (STANGE, 2011) e adicionam entusiasmo ao projeto de ABP.

Este capítulo analisará várias opções de ensino baseadas em tecnologia que podem melhorar a experiência de ensino na ABP, incluindo suportes de *software* ou tecnologias disponíveis comercialmente, além de opções *on-line* gratuitas (BARON, 2010; BONK, 2010; COTE, 2007; EICHER, 2009). Será apresentada uma breve discussão sobre como as modernas tecnologias da comunicação estão mudando o mundo, incluindo o ensino, seguida pela ênfase em tecnologias digitais frequentemente usadas no ensino de ABP. A seguir, opções para jogos e simulações são expostas para mostrar as oportunidades valiosas disponíveis na sala de aula do século XXI. Por fim, é apresentada uma discussão sobre várias abordagens, como *blogs* de turma, *webquests* e *wikis*, uma vez que essas inovações melhoram muito o ensino na ABP.

ENSINANDO NO MUNDO DIGITAL DO SÉCULO XXI

Dizer que o mundo está mudando drasticamente devido à tecnologia é um eufemismo. Eis um exemplo: os alunos da Davis Middle School participaram de um projeto global que seguia o ônibus espacial *Discovery* conforme ele circundava o planeta (FERRITER; GARRY, 2010). Quando percebiam que o *Discovery* passaria sobre um local interessante do globo que haviam estudado (p. ex., o Chifre da África ou as Ilhas Aleutas), escreviam rapidamente um pedido de fotografia e no mesmo instante o mandavam via *e-mail* para a National Aeronautics and Space Administration (NASA). Se o pedido da imagem chegasse a tempo e não fosse perdido entre os demais, uma cópia digital de uma fotografia logo seria enviada a partir da *Discovery* para esses alunos. Embora por si só isso seja algo incrível para muitos educadores, os alunos que participaram do projeto não acharam grande coisa. Obviamente, esses alunos foram criados em um mundo acelerado; na verdade, alguns acharam que fazer *download* das fotos enviadas foi algo muito demorado! Os professores queriam gritar bem alto: "Vocês estão falando com o ônibus espacial *Discovery* através da internet – não podíamos fazer isso quando éramos crianças! O ônibus espacial e a internet nem sequer existiam!".

Embora esse tipo de projeto de alto interesse seja bastante empolgante para professores e alunos, o fator verdadeiramente angustiante nesse exemplo para os educadores mais velhos é que ele representa o ensino de quase duas décadas atrás! De acordo com o relato de Ferriter e Garry (2010), este é um exemplo da metade da década de 1990! Para os alunos de hoje, esses exemplos de ensino são meramente aplicativos (isto é, *apps*) da tecnologia moderna que podem ser usados na escola para tornar o currículo muito mais divertido e relevante (DRETZIN, 2010).

O mundo digital de hoje

Os alunos nas salas de aula atuais vivem em um mundo inteiramente diferente de apenas cinco ou 10 anos atrás, um mundo digital de comunicações instantâneas e incrível domínio de conteúdo factual, o que muitas vezes resulta em sobrecarga de informações. Dizer que os alunos de hoje não conheceram um mundo sem computadores pode ser correto, mas não enfatiza as modernas inovações tecnológicas o bastante. Em 2011, enquanto este livro estava sendo escrito, a mesma afirmação também era verdadeira para muitos professores que estavam começando sua carreira! Os atuais alunos (e muitos professores mais novos) não conheceram um mundo sem internet, e as modernas tecnologias de redes sociais são lugar-comum. Para colocar as coisas de forma franca, estar "conectado" é a condição de vida fundamental da atualidade.

Os professores e alunos de hoje experimentam um mundo altamente conectado, inteiramente interligado por redes e cada vez mais digital. Os adolescentes e os adultos jovens atuais passam, por semana, 50 horas ou mais em contato com mídias digitais (DRETZIN, 2010), enquanto apenas 30 a 35 horas semanais são passadas em ambientes educacionais (é claro, essas horas costumam se sobrepor de alguma forma). Recentemente, um educador postulou que, se os alunos que estão muito envolvidos com o mundo "conectado" (isto é, o mundo moderno das mídias digitais) entrassem em uma sala de aula não conectada, essa experiência seria semelhante a entrar em um deserto (DRETZIN, 2010). Apesar de ser algo dolorido para muitos educadores mais velhos, temos de considerar nesse cenário o modo como esses alunos tecnologicamente sofisticados veem alguns de seus professores mais experientes! Visto que a maioria deles possui grande experiência com tecnologias de comunicação modernas, as escolas simplesmente devem se adaptar por meio da implementação de práticas de ensino, como a ABP, que utilizam as tecnologias modernas ao máximo, a fim de atrair o interesse de pré-adolescentes e adolescentes (BOSS; KRAUSS, 2007; DRETZIN, 2010).

O que isso significa para os professores que estão implementando a ABP?

O ensino baseado em tecnologia já foi muito além dos programas de *software* utilizados como mecanismos que proporcionam práticas repetitivas de habilidades acadêmicas (ASH, 2011; SALEND, 2009). Hoje, essas opções de ensino proporcionam oportunidades reais para que os alunos solucionem problemas simulados de forma colaborativa e, até mesmo, criem conteúdos utilizando opções como *wikis*, *blogs*, mídias digitais combinadas com *smartphones*, Facebook, MySpace e Ning. Os alunos podem, então, publicar essas informações para um público internacional por meio das tecnologias modernas, e essa publicação é altamente motivadora para eles (ASH, 2011; BOSS; KRAUSS, 2007, DRETZIN, 2010). Atualmente, devido à alta tecnologia e à grande quantidade de mídias, os professores competentes devem incorporar uma grande quantidade de inovações tecnológicas para conseguir atingir os alunos (COTE, 2007; DRETZIN, 2010; PARTNERSHIP FOR 21ST CENTURY SKILLS, 2007, 2009; SALEND, 2009). Felizmente, muitos professores já começaram a integrar essas opções, enquanto outros avançam lentamente na implementação de tecnologias. Mesmo assim, pode-se prever que quase todos os professores logo estarão usando tecnologias digitais, *softwares* de ABP modernos e outras inovações tecnológicas para o ensino (COTE, 2007; WALLER, 2011).

Por essa razão, a Sociedade Internacional para a Tecnologia em Educação lançou recentemente um conjunto atualizado de padrões tecnológicos do século XXI que os alunos devem dominar (ISTE, c2004). Os 24 padrões incluem diversas competências baseadas em tecnologia para século XXI, tais como habilidades para pensamento de alto nível e cidadania digital total. Essas habilidades incluem a capacidade de demonstrar criatividade e inovação, comunicar-se e colaborar por meio do uso de tecnologias do século XXI, conduzir pesquisas e usar as informações ou pensar de maneira crítica para resolver problemas, tomar decisões e usar a moderna tecnologia digital de forma eficaz e produtiva. Esses padrões podem ou não ser incluídos em vários padrões curriculares estaduais, mas os alunos devem dominar essas habilidades tecnológicas para competir com sucesso no mercado global do século XXI. Além disso, essas habilidades representam exatamente àquelas que a ABP baseada em tecnologias tende a desenvolver entre os alunos. Por essa razão, todos esses professores de hoje devem analisar e implementar esses padrões tecnológicos, ensinando de modo que reflita o uso das tecnologias modernas. É apenas por meio do ensino dessas habilidades que os educadores podem preparar verdadeiramente seus alunos para o século XXI, e a ABP fornece uma excelente abordagem de ensino para essa meta.

TECNOLOGIA DE ENSINO PARA A ABP

Embora as escolas apresentem variações consideráveis em relação aos suportes tecnológicos disponíveis em sala de aula, algumas considerações devem ser feitas a respeito das tecnologias que podem ser usadas para apoiar a ABP. Apesar de as tecnologias de ensino e os currículos estarem se desenvolvendo de maneira rápida e quase ilimitada, as salas de aula atuais devem enfatizar o uso das tecnologias mais básicas para o ensino na ABP (COTE, 2007; DAVIS, 2010; PARTNERSHIP FOR 21ST CENTURY SKILLS, 2009; SALEND, 2009). Ainda que poucas escolas estejam fornecendo todas essas tecnologias em todas as salas de aula, as opções de ensino discutidas aqui representam uma lista de opções tecnológicas desejadas que apoiarão a ABP em praticamente qualquer sala de aula.

Dispositivos com conexão à internet

Visto que grande parte da pesquisa em projetos de ABP é dependente da internet, a disponibilidade de dispositivos com conexão à internet para o uso dos alunos é crucial para o ensino de ABP atualmente. Em um mundo ideal, cada aluno teria um *laptop* com conexão à internet para usar em pesquisas e apresentações de artefatos para o projeto de ABP. Essa é uma meta difícil de cumprir em uma era de orçamentos escolares limitados. No entanto, a falta de disponibilidade de internet não deve impedir que os educadores adotem o ensino na ABP. Especificamente, o primeiro projeto instrucional de ABP apresentado no Capítulo 1 deste livro não dependia da disponibilidade generalizada de acesso à internet para a maioria das atividades planejadas. Obviamente, em uma época de sérias restrições orçamentárias, não é razoável esperar por *laptops* ou disponibilidade total de internet para todos os alunos na maioria das escolas. Apesar disso, o ensino na ABP será imensamente facilitado com um número maior de computadores para os alunos, justificando a necessidade da reflexão sobre o que a disponibilidade de internet acarreta.

Primeiro, devemos notar que, mesmo em ciclos orçamentários difíceis, muitas escolas nos Estados Unidos estabeleceram a disponibilidade total de computadores como meta, e estão tentando fornecer um *laptop* para cada estudante (ASH, 2011; DRETZIN, 2010). Essa meta é chamada de *one-to-one laptop initiative* (iniciativa de um *laptop* para cada estudante). Em muitos distritos, os pais são encorajados a comprar um *laptop*, mas se isso não for possível, as escolas fornecem um computador (ASH, 2011; PARTNERSHIP FOR 21ST CENTURY SKILLS, 2009). Além disso, as evidências iniciais sugerem que a disponibilidade de computadores melhora o desempenho acadêmico, mesmo em escolas com baixo desempenho (ASH, 2011; DRETZIN, 2010; MANZO, 2010a). Um relato feito no programa de televisão *Frontline* (DRETZIN, 2010), da Public Broadcasting, mostrou esse efeito. Jason Levy, diretor da South Bronx Middle School (IS 339), iniciou o programa de um *laptop* para cada estudante em uma escola de baixo desempenho, localizada em uma área conturbada da cidade de Nova York. A escola foi caracterizada pela violência dos alunos, baixa assiduidade e baixo rendimento escolar. Levy e seu corpo docente implementaram a iniciativa do *laptop* em 2004 e logo descobriram que poderiam envolver quase todos os alunos em atividades de aprendizagem significativas, resultando em um aumento do rendimento de toda a escola. Os escores acadêmicos aumentaram em 30% para leitura e 40% em matemática depois que os *laptops* foram disponibilizados, e esses educadores consideraram a iniciativa do *laptop* como sendo a base para a melhoria. Eles também observaram maior motivação e participação nas aulas, aumento na assiduidade e diminuição nos problemas disciplinares (DRETZIN, 2010). Mesmo assim, essa iniciativa parece ter enorme potencial para melhorar drasticamente o desempenho acadêmico em escolas, damesma maneira que as tecnologias modernas melhoraram o desempenho no local de trabalho.

Contudo, com o recente desenvolvimento da capacidade de acesso à internet por meio de outros dispositivos (p. ex., *tablets* ou *smartphones*), a disponibilidade de um *laptop* para cada estudante pode se tornar menos necessária. Qualquer um desses dispositivos pode fornecer acesso à pesquisa na internet dentro de um *framework* da ABP. Além disso, com apenas alguns dispositivos com conexão à internet por sala de aula, é ainda bastante fácil realizar ABP sem que haja um *laptop* para cada aluno. Eis um exemplo. Em uma típica turma de 25 estudantes, os professores podem criar três grupos para que trabalhem independentemente no projeto de ABP. Assim, com oito ou nove dispositivos com conexão à internet, um grupo inteiro pode pesquisar, enquanto os outros trabalham nos demais aspectos do projeto de ABP (organização, desenvolvimento de imagens digitais, construção de projetos físicos, artefatos baseados em ilustrações, etc.).

Algumas escolas usam estações de computadores portáteis, chamadas de COWs (*computers on wheels:* computadores sobre rodas) com cinco ou seis computadores, ou outros dispositivos com conexão à internet, que ficam em uma mesa que pode ser transferida de uma sala para outra. Com as atuais limitações de orçamento para a educação, as escolas certamente precisarão con siderar quais dispositivos com conexão à internet poderiam se adequar aos seus orçamentos e ainda atender as necessidades de seus alunos. As escolas podem, então, reunir seus recursos ao longo do tempo para proporcionar acesso à internet.

Ainda assim, mesmo em distritos escolares mais carentes, a existência de alguma disponibilidade à internet ou a computadores já é mais regra do que exceção, e praticamente todos os educadores estão avançando no uso de tecnologia em sala de aula. Embora os dispositivos com conexão à internet variem ao longo do tempo e de escola para escola, os professores devem observar que os Padrões Estaduais Comuns enfatizam especificamente o uso da internet na instrução em vários padrões, como o padrão de escrita dos 1º e 2º anos do ensino médio:

> Usar tecnologia, incluindo a internet, para produzir, publicar e atualizar produtos de escrita individuais ou compartilhados, aproveitando a capacidade da tecnologia para fazer ligações com outras informações e para apresentar informações de forma flexível e dinâmica. (COMMON CORE, c2014, p. 99)

Para colocar as coisas claramente, a conexão com a internet, bem como o ensino baseado em tecnologia, são fundamentais para todos os alunos de hoje. A disponibilidade à internet não é apenas enfatizada pelos modernos padrões curriculares: ela representa as melhores práticas para o ensino no século XXI. O ensino baseado em tecnologia prepara melhor os alunos academicamente e certamente facilitará maior ênfase no ensino de ABP. Novamente, estados como o Texas, que não adota os Padrões Estaduais Comuns, ainda assim possuem padrões tecnológicos em seus currículos, conforme mostrado no Apêndice.

Os professores devem ter acesso a seis ou oito dispositivos com conexão à internet em cada sala de aula ao incorporarem a ABP.

Software de apresentação

Como muitos artefatos que resultam do ensino na ABP envolvem imagens e gráficos digitais ou apresentações multimídia altamente desenvolvidas, tanto os professores quanto os alunos precisarão ter acesso a *softwares* de apresentação modernos, como o PowerPoint (SALEND, 2009; WALLER, 2011). No ensino moderno, tanto os professores quanto os alunos devem desenvolver rotineiramente várias apresentações que utilizem esses *softwares* para ajudar na compreensão do material e na criação de argumentos persuasivos em relação ao conteúdo da aula. Também, depois que uma apresentação eficaz é desenvolvida pelo professor ou pelos alunos, ela pode ser facilmente armazenada em formato digital para uso futuro. Os modernos *softwares* de apresentação são projetados para que sejam utilizados facilmente, de modo que possibilitem o seu uso por alunos de quase todos os anos, e alunos do 2º e 3º anos do ensino fundamental já estão desenvolvendo apresentações em PowerPoint em todos os Estados Unidos (BENDER; WALLER, 2011). Obviamente, essas habilidades que denotam conhecimento das mídias serão demandadas por quase todos os trabalhos do século XXI (PARTNERSHIP FOR 21ST CENTURY SKILLS, 2007; SALEND, 2009). Mais uma vez, dentro do contexto do ensino na ABP, as escolas podem ensinar facilmente essas habilidades de apresentação modernas.

Quadros interativos para apresentações de ABP

Muitas salas de aula atuais estão equipadas com quadros interativos ou dispositivos semelhantes. Eles são eletrônicos e com interface digital que permitem a apresentação dos conteúdos da tela do computador no quadro para toda a turma, servindo como substitutos para os velhos quadros-negros ou quadros-brancos (MARZANO, 2009; MARZANO; HAYSTEAD, 2009; SALEND, 2009). Essas opções de apresentação também permitem que o ensino seja muito mais interativo, pois professores e alunos podem criar lições que exijam escolhas feitas no próprio quadro interativo, que compilem dados sobre as opiniões dos membros da turma ou apresentem artefatos do projeto de ABP para a turma inteira. Quando uma apresentação de ABP é realizada, a turma inteira pode participar ao ver os marcadores e quaisquer imagens digitais, segmentos de vídeos ou outros artefatos de ABP.

Como a iniciativa do *laptop* discutida anteriormente, as pesquisas têm mostrado que a tecnologia do quadro interativo leva ao maior rendimento acadêmico. Por exemplo, a recente pesquisa de Marzano documentou aumentos significativos no rendimento acadêmico, entre 13 e 17%, quando os quadros interativos foram usados como meio de ensino na sala de aula (MARZANO, 2009; MARZANO; HAYSTEAD, 2009).

Os quadros interativos permitem que os projetos de ABP sejam exibidos para a turma inteira e tendem a aumentar o rendimento acadêmico.

Câmeras de vídeo digitais

Outra tecnologia frequentemente usada em projetos de ABP envolve a captura de imagens digitais, tanto fotografias quanto vídeos, com o intuito de complementar os projetos de ABP (COTE, 2007; SALEND, 2009). Ainda que a obtenção de imagens relevantes na internet para a construção de artefatos seja bastante comum em projetos de ABP, a criação de imagens próprias é mais empolgante para muitos alunos e possibilita muito mais opções de publicação, pois não estão envolvidos direitos autorais sobre essas. Também, as modernas câmeras de vídeo digitais já não são tão caras e irão aprimorar muitos artefatos desenvolvidos dentro dos projetos de ABP, particularmente se um dado projeto tem como opção de publicação a apresentação para um comitê ou órgão governamental. Em uma apresentação de PowerPoint, as imagens ou vídeos digitais melhorarão o aspecto geral do artefato e aumentarão o seu impacto persuasivo. Por essa razão, o uso de câmeras digitais deve ser facilitado e encorajado em projetos de ABP.

Geralmente os alunos gostam mais de tarefas que envolvam criatividade do que aquelas com apenas exercícios e prática e, em particular, gostam de desenvolver vídeos digitais que serão publicados em algum tipo de formato (SALEND, 2009). Além disso, as competências envolvidas no desenvolvimento de um vídeo coeso incluem habilidades organizacionais utilizadas na escrita eficaz. Por exemplo, fazer o *storyboard* de um vídeo é muito parecido com delinear um tema de escrita, e as habilidades de escrita (p. ex., *scripts* para segmentos de vídeo) são frequentemente necessárias no desenvolvimento de vídeos. Pode-se argumentar que um programa de língua e literatura do século XXI deve incluir essas habilidades de desenvolvimento de vídeos e de apresentação persuasiva, assim como as habilidades de escrita mais tradicionais. Certamente, a disponibilidade de uma câmera de vídeo digital irá aprimorar a preparação dos alunos para o século XXI.

SIMULAÇÕES E JOGOS PARA ABP

Com essa lista de *hardwares* desejáveis em mente, os professores também devem considerar quais *softwares* podem aprimorar a experiência de ensino na ABP para os alunos. Obviamente, os *softwares* que proporcionam diretamente os resultados de aprendizagem desejados devem ser procurados e incorporados à unidade de ABP e, com o contínuo aperfeiçoamento dos *softwares* de ensino modernos, praticamente todos os professores podem encontrar um *software* de jogo ou simulação para o uso em unidades de ABP. Além disso, todos os professores devem usar essas modernas ferramentas de ensino; o uso de *softwares* de jogo e simulação está expressamente estipulado como um padrão recomendado de ensino do século XXI pela International Society for Technology in Education (ISTE). Nos padrões da ISTE (c2004), pode-se encontrar o seguinte: "Utilizar modelos e simulações para explorar questões e sistemas complexos".

Hoje, os exemplos mais claros de questões e problemas complexos para uso do ensino na ABP podem ser encontrados em simulações e jogos baseados em tecnologia (ASH, 2011; LABOY-RUSH, 2010; SATCHWELL; LOEPP, 2003; STANGE, 2011). Há muito tempo, pais e professores perceberam que alunos de todas as idades jogam modernos jogos digitais por opção, muitas vezes por várias horas por semana. O jogo *Civilization*, para citar um exemplo, está disponível há muitos anos e pode ser um dos mais comuns bem como um dos mais populares jogos pedagógicos no mercado (STANGE, 2011). Tanto o *Civilization* quanto um jogo semelhante, *Age of Empires*, implicam os alunos na construção de civilizações em vários períodos históricos, incluindo o planejamento para fontes de alimento para a crescente população, saúde pública, níveis gerais de felicidade, produção de mercadorias, proteção contra civilizações inimigas e relações importantes entre o desenvolvimento de fontes de alimento, o crescimento da população e o comércio.

Obviamente, esses jogos estão ensinando e reforçando algumas grandes ideias do currículo de estudos sociais sobre o desenvolvimento de civilizações por meio de jogos de que os alunos gostam. Nesse sentido, experimentar conteúdo de ensino para essas simulações e jogos vem sendo uma prática comum desde, pelo menos, 1990. Além disso, a utilização de jogos e simulações baseados no projeto para o ensino de conteúdo educacional não é apenas eficaz nessa abordagem, é também uma das formas mais eficazes de atrair rapidamente o interesse dos alunos (ASH, 2011; SATCHWELL; LOEPP, 2003).

Contudo, com a tecnologia atual, as opções de jogos e simulações são quase ilimitadas. Recomenda-se que os professores considerem todos os jogos e simulações disponíveis em sua área de conteúdo, bem como reflitam sobre os tipos de atividades que poderiam atrair o interesse dos alunos (ASH, 2011; STANGE, 2011). E, conforme a tecnologia de jogos e simulações continua a evoluir, esta abordagem de ensino está sendo ligada às questões educacionais atuais. Por exemplo, *Tabula Digita* é um conjunto de *videogames* educacionais imersivos, que pode ser usado no ensino fundamental e médio para ensinar matemática dentro do *framework* da recente iniciativa de resposta à intervenção (EICHER, 2009). Os jogos desse currículo incluem uma ampla variedade de habilidades matemáticas, desde a fluência computacional e conceitos matemáticos até a resolução de problemas. Esse programa tem sido usado para ensinar matemática, desde o ensino básico para todos os alunos até o auxílio de alunos que estão enfrentando dificuldades na disciplina.

Talvez um exemplo ilustre melhor as vantagens do uso de jogos e simulações para o ensino em sala de aula. Imagine que um professor está ensinando uma unidade sobre a Guerra Civil norte-americana e o período imediatamente anterior a ela. Nessa unidade, um pouco de atenção seria dispensada a *Underground Railroad,* que ajudou os escravos em suas tentativas de fuga. Os professores podem ensinar esse conteúdo de várias maneiras, incluindo a seguinte:

- designar alunos para que leiam uma seção sobre a *Underground Railroad* no texto;
- exibir um vídeo sobre Harriet Tubman e suas atividades relacionadas à *Underground Railroad*; ou
- proporcionar aos alunos uma simulação em que eles sejam escravos em fuga avançando pela *Underground Railroad* nos anos de 1850. Nesse cenário, os alunos (isto é, escravos) que escaparem para o Canadá com suas famílias vencem!

Considerando essas opções de ensino, os professores devem refletir sobre quais técnicas são mais passíveis de atrair atenção dos alunos. Pode-se argumentar que todas essas técnicas poderiam ser usadas para ensinar esse conteúdo, o que certamente é verdade, mas a maioria dos educadores concordariam que a simulação ajudaria os alunos a sentir e perceber a realidade experimentada pelas pessoas escravizadas, muito mais do que outras abordagens de ensino mais tradicionais. Em suma, as simulações e os jogos funcionam tão bem no ensino simplesmente porque eles são muito mais envolventes do que os métodos de ensino tradicionais para os alunos de hoje (ASH, 2011; LABOY-RUSH, 2010; STANGE, 2011).

Para ensinar a realidade da escravidão, os professores podem considerar uma simulação chamada *Flight to Freedom* [20--](Voo para a liberdade). Essa simulação foi projetada para ajudar alunos a experimentar as dificuldades enfrentadas pelos escravos no sul dos Estados Unidos, durante o período anterior à guerra, para fugirem para o Canadá, onde seriam libertados. Desse modo, essa atividade de simulação enquadra-se bem nas unidades de ensino sobre o período que antecedeu a guerra ou sobre a própria Guerra Civil.

A simulação pode ser jogada individualmente ou em pequenos grupos e é destinada a alunos dos anos intermediários do ensino fundamental até o ensino médio. O jogador (ou grupo de jogadores) inicialmente recebe a oportunidade de escolher um entre nove personagens do período que antecedeu a guerra (p. ex., Sojourner Truth, Frederick Douglass, Harriet Tubman, etc.). No princípio, o jogador lerá a biografia de um parágrafo sobre o personagem e, assim, o conteúdo de ensino do jogo reforça o currículo escolar. A seguir, o personagem é colocado aleatoriamente em um dos estados do sul dos Estados Unidos e recebe um quadro de *status* (que indica a saúde geral e os recursos financeiros) e uma descrição da situação em que o personagem se encontra.

O personagem do aluno deve, então, fazer escolhas (tentar escapar, permanecer no local e esperar ou procurar por notícias da família). O objetivo da simulação é conseguir chegar ao Canadá com o maior número de familiares possível para escapar da escravidão. É claro, cada movimento tem consequências para o personagem em termos de custo financeiro ou de prejuízo para a saúde caso ele não encontre comida suficiente. Ao final do jogo, os alunos recebem "pontos" pelo número de familiares que viajaram com eles até o Canadá e quantas jogadas levaram para atingir sua meta.

Como na maioria das simulações, esse jogo poderia ser usado como um suplemento para a aula, a fim de ajudar os alunos a perceberem as pouquíssimas chances que os escravos tinham de fugir. Enquanto texto e segmentos de vídeo podem e devem ser usados para ensinar esse mesmo conteúdo, é mais provável que os alunos sintam o que essas pessoas realmente sentiram - o que elas realmente passaram - quando são confrontados com os mesmos tipos de escolhas que os escravos fugitivos enfrentaram (p. ex., ficar em um celeiro mais um dia, sair e tentar comprar ou roubar comida, fugir ou se esconder). Além disso, esse tipo de cenário de jogo, como toda aprendizagem baseada em projetos, resultará em níveis muito mais elevados de envolvimento e, assim, em maior domínio do conteúdo.

Jogos de realidade alternativa na sala de aula

Hoje, contudo, as simulações e os jogos não estão mais ligados a computadores em casa ou na sala de aula. Em vez disso, os jogos de realidade alternativa (ARGs) são baseados na *web* e habilitados para computadores ou telefones celulares para o ensino do conteúdo e o aumento do envolvimento dos alunos. A maioria dos ARGs são altamente interativos e requerem que os alunos envolvam-se em várias atividades do mundo real para competir com os demais, tanto individualmente como em grupos, enquanto finalizam o jogo. Na maior parte dos ARGs, os jogadores recebem pistas para a atividade e outras instruções, bem como *feedback*, durante o jogo. Embora a tecnologia atual do ARGs ainda seja muito incipiente, os educadores começaram a experimentá-los em sala de aula e essa empolgante aplicação tecnológica pode ir a quase todos os lugares. Cada vez mais os professores estão explorando essas tecnologias para propósitos de ensino.

Os ARGs misturam informações do mundo real com artefatos, usando pistas e quebra-cabeças escondidos em uma realidade alternativa alojada dentro dos *websites*. Os artefatos em estudo no ARG podem vir de qualquer biblioteca *on-line*, museu, loja ou *website*, ou podem envolver o uso de mensagens gravadas ou mídias como filmes, televisão, programas e materiais impressos. Normalmente, os ARGs convidam os jogadores a se encontrarem e conversarem com personagens da narrativa e usar, em conjunto, vários recursos *on-line* para completar o quebra-cabeça ou a tarefa, enquanto aprendem sobre o tópico geral. Além disso, os ARGs não são simplesmente sistemas de entrega de informações. Na verdade, Stange (2011) descreveu diversas simulações modernas que não apenas ensinam conteúdo acadêmico, mas também envolvem os alunos diretamente na produção de conteúdo.

Frequentemente os ARGs mesclam informações factuais com os personagens fictícios à medida que os alunos completam as missões dentro do jogo. Por exemplo, um ARG recém-criado chamado *Pheon* (c2011), desenvolvido pelo Smithsonian American Art Museum, foi lançado no outono de 2010. *Pheon* é baseado em missões que empregam o plano de jogo, testado e aprovado, do clássico jogo *Capture a Bandeira*. Assim, *Pheon* é uma competição por equipes em que o talismã virtual do jogo, o pheon, busca restaurar o equilíbrio de um mundo virtual chamado Terra Tectus. Os jogadores escolhem equipes e, então, completam várias missões envolvendo coleções de arte do museu e exibições *on-line* para ganhar pontos e completar suas funções. *Pheon* pode ser jogado no museu, *on-line* ou de uma forma combinada para alunos que vivem perto do local.

O jogo também requer que os alunos completem quebra-cabeças, como tirar fotos de artefatos específicos que, por sua vez, os ajudem a completar suas missões. Eles aprenderão sobre arte durante o jogo à medida que exploram a coleção do Smithsonian American Art Museum *on-line*. Uma das atividades requer que os jogadores tirem uma foto digital da sua árvore favorita e postem no *website* do jogo com informações sobre ela. Dessa forma, os alunos não apenas aprendem algumas informações sobre árvores, mas essas fotos são incluídas em um enorme catálogo *on-line* de espécies chamado *Encyclopedia of Life*. Este é um projeto multi-institucional que pretende criar um arquivo digital de todas as espécies da Terra (STANGE, 2011). Assim, ao participarem desse ARG, os alunos não estão apenas aprendendo passivamente, mas também contribuindo ativamente para o conteúdo *on-line* de várias agências que compilam essa enciclopédia. Esse fenômeno é chamado de *crowdsourcing* com curadoria e, nesse processo, praticamente todos podem se tornar contribuidores do museu!

Embora os ARGs representem uma tendência muito recente, eles aparecerão em salas de aula em um futuro próximo, assim, os professores devem compreender que estão sendo usados na educação de uma forma limitada atualmente. Por exemplo, um uso da realidade virtual para o ensino foi recentemente explorado pela Harvard University, no qual um ambiente 3D de realidade alternativa atualmente está sendo usado em um curso de direito. Esse ambiente é conhecido como *Second Life* [200-?]. Quando alguém começa a participar do *Second Life*, é criado um "avatar", ou um eu digital, que, dentro do ambiente, recebe a opção de construir prédios, comprar terras, criar escolas ou quaisquer outros espaços físicos que venham à mente. Os outros avatares que aparecem no mundo do jogador de *Second Life* estão sendo controlados em tempo real por outras pessoas na internet. Desse modo, todos os professores devem compreender o que a realidade alternativa pode fazer na educação assistindo ao vídeo de sobre o uso do *Second Life* na educação (THE EDUCATOR'S..., 2010).

Ao usarem o ambiente de *Second Life*, várias instituições de ensino superior começaram a formular opções de aprendizagem *on-line*. Tanto a Ohio State University como a Harvard University participaram. Como exemplo, um membro do corpo docente da Harvard Law School apresentou recentemente um curso sobre "O direito no tribunal da opinião pública". Assim, utilizando o formato da realidade virtual, os alunos que desejam ter uma verdadeira experiência em Harvard podem usar esse ambiente 3D para examinar o curso e obter créditos fazendo uma disciplina da universidade, em uma realidade virtual que apresenta prédios que lembram aqueles do *campus* de Harvard. Pode-se apenas imaginar onde o fenômeno do ARG poderá levar os educadores nos próximos cinco ou 10 anos, mas essa pode e, provavelmente, se tornará uma ferramenta poderosa para os proponentes de aprendizagem baseada em projetos.

Avaliando simulações para a sua sala de aula

Muitos cenários de simulações e de aprendizagem baseada em projetos em uma ampla variedade de turmas e disciplinas estão disponíveis por uma pequena taxa ou são inteiramente grátis. O *website* TechTrekers (c2012) apresenta um catálogo de centenas de jogos e simulações de ensino que os professores podem usar imediatamente na sala de aula em praticamente todas as áreas curriculares. Embora a maioria deles tenha como foco os anos finais do ensino fundamental e o ensino médio e sejam relacionados aos conteúdos de matemática e ciências, há também muitos jogos e simulações de estudos sociais, assim como jogos que tratam de várias outras disciplinas. Os professores devem passar algum tempo verificando os *links* desse *site*, já que muitas dessas simulações podem ser usadas em unidades de ensino em andamento.

Por exemplo, o *Online Math Applications* (aplicativos de matemática *on-line*) foi criado para ser um conjunto de atividades complementares de 6º a 9º ano, que encoraja os alunos dos anos finais do ensino fundamental a aplicar matemática em simulações do mundo real, incluindo exemplos de música, história, ciência e viagens.

Por outro lado, o *site* também apresenta simulações baseadas em projetos mais completas, as quais pretendem substituir o currículo por um período de tempo. A modelagem matemática, por exemplo, é destinada aos dois últimos anos do ensino médio e projetada para ser um curso de modelagem matemática baseado na *web* com um semestre de duração. O Quadro 4.1 apresenta algumas descrições de jogos, simulações e *links* que são mostradas no *website* TechTrekers.

Quadro 4.1 *Websites* de jogos e simulações de aprendizagem

Adventures of Jasper Woodbury *(As aventuras de Jasper Woodbury).* Fornece simulações de problemas do mundo real em matemática e raciocínio matemático, desenvolvido pelo Grupo de Cognição e Tecnologia da Vanderbilt University no começo da década de 1990.
Aha!Science (*Ciência*, da educação infantil até o 6º ano) e ***Imagine Mars*** (*Imagine Marte*, ensino fundamental). São simulações que encorajam os alunos de diversas faixas etárias a explorar a ciência e, em particular, a imaginar a implantação de uma colônia em Marte (www.thelearningcompany.com).
Amazon Interactive *(Amazônia interativa).* Este cenário, criado para os anos que vão do 4º ano do ensino fundamental até o 3º ano do ensino médio, leva os estudantes à Amazônia para estudarem a geografia e os povos dessa região. Em particular, explorarão a vida da tribo Quichua e como ela sobrevive dos recursos de sua terra.
Flight to Freedom *(Voo para a liberdade).* Este jogo ajuda os alunos a entenderem o que as pessoas escravizadas experienciaram ao tentarem fugir para o Canadá em busca de liberdade durante o período que antecedeu a Guerra Civil (http:// ssad.bowdoin.edu:9780/projects/flighttofreedom/intro.shtml).
The Fractals *(Os fractais).* Este *site* ajuda os alunos do ensino médio a explorarem os fractais.
Fractals Exploration *(Exploração de fractais).* Destina-se aos estudantes dos dois últimos anos do ensino médio e apresenta fractais do conjunto de Mandelbrot e dos conjuntos de Julia.

continua

Quadro 4.1 *Continuação*

The Hot Seat *(Situação difícil)*. Este cenário de jogo coloca os alunos em uma "situação difícil" durante uma entrevista de emprego, de modo que eles adquiram experiência nesse tipo de situação.
Mock Trials *(Tribunais simulados)*. Esta simulação foi desenvolvida por um escritório de advogados e apresenta um tribunal simulado com os filhos e filhas de empregados do *Titanic*, envolvidos em um processo sobre a responsabilidade pelo naufrágio.
Nature Virtual Serengeti *(Natureza do Serengeti Virtual)*. Esta simulação permite que os alunos experimentem um safári africano através da realidade virtual (www.xpeditiononline.com/09vsserengeti.html).
Tabula Digita. Este é um *videogame* educacional imersivo para o ensino de matemática no ensino médio e nos anos finais do ensino fundamental, e que se enquadra no *framework* da RaI. Inclui habilidades de resolução de problemas, fluência computacional e conceitos matemáticos importantes (888–982–2852 ou www.DimensionM.com).
TechTrekers. Este *website* (www.techtrekers.com) apresenta um catálogo de centenas de jogos e simulações educativas para as turmas dos anos finais do ensino fundamental e do ensino médio; esses jogos podem ser usados imediatamente pelos professores na sala de aula.
Whyville. Esta simulação (www.whyville.net) permite que os alunos criem um mundo artificial com todos os problemas e preocupações das nações do mundo real. Por exemplo, neste jogo baseado na *web*, os programadores optaram por introduzir uma doença infecciosa generalizada ("*Whypox*") sem permitir que os jogadores saibam que ela está por vir. Dessa forma, como os Centros para o Controle de Doenças e a Organização Mundial da Saúde, os alunos que jogam *Whyville* têm de enfrentar um desastre totalmente inesperado e ainda assim construir suas civilizações.
WolfQuest. Este jogo, criado pelo Minnesota Zoo, permite que os alunos aprendam sobre a ecologia dos lobos por meio da exploração do Yellowstone National Park (no papel de lobo!).

A Learning Company

Muitas empresas fornecem jogos e simulações para quase todos os tópicos lecionados nas escolas públicas. Por exemplo, diversos programas oferecidos para os anos iniciais do ensino fundamental em STEM (ou seja, na sigla em inglês, ciência, tecnologia, engenharia e matemática) pela Learning Company (c2014), e a maioria deles inclui vários jogos e simulações que podem ser incorporados à aprendizagem baseada em projetos. Todos esses currículos são apresentados em um ambiente de ensino digital, e os alunos podem avançar em seu próprio ritmo na maior parte dessas atividades. Contudo, todos esses currículos também proporcionam atividades de ensino práticas, que o professor pode usar como minilições para a turma inteira dentro do *framework* da ABP.

Por exemplo, *Aha!Science* é um currículo complementar de ciências que vai da educação infantil até o 6º ano do ensino fundamental e que se foca nos conceitos-chave das ciências. O *design* modular deste currículo permite que os professores extraiam porções do currículo para o uso, e vários módulos de ensino, planos de lição e *quizzes* são apresentados para atividades complementares de intervenção ou para enriquecimento do currículo. Jogos e simulações no currículo dão oportunidade de aplicar o método científico por meio da prática em ambientes envolventes do mundo real. O registro em diário *on-line* é um recurso que facilita as reflexões dos alunos sobre ciências de uma forma contínua.

Em particular, essa empresa fornece uma simulação de ABP *online* sobre ciências chamada *Imagine Mars*, na qual os alunos executam um projeto para criar uma comunidade artificialmente sustentada no planeta Marte (LABOY-RUSH, 2010) (as informações sobre *Imagine Mars* também estão disponíveis no *website* da Learning Company). Nessa unidade de ABP, os alunos terão que considerar de modo reflexivo o que constitui uma comunidade bem-sucedida da Terra, pesquisar as condições da superfície de Marte, determinar o que é necessário para a sobrevivência naquele planeta, investigar recursos que poderiam ajudar a sustentar uma comunidade e, finalmente, criar modelos de comunidades para Marte, os quais serão, então, compartilhados. Em um estudo, os alunos que utilizaram essa unidade de ABP baseada em simulação aumentaram seus escores em matemática e em habilidades de processo científico para resolução de problemas (SATCHWELL; LOEPP, 2003).

Aha!Math é outro currículo fornecido pela empresa. Esse currículo é construído sobre os pontos focais do currículo do National Council of Teachers of Mathematics e é igualmente alinhado aos Padrões Estaduais Comuns de matemática e a vários outros padrões estaduais (p. ex., os padrões TEKS, do Texas). Há mais de 400 tarefas curriculares, abrangendo 19 unidades de ensino. Visto que é apresentado em um ambiente digital, cada aluno receberá exatamente o ensino de que necessita em um *framework* de ensino diferenciado, e os alunos podem avançar em seu próprio ritmo na maior parte das unidades de ensino (excetuando-se os jogos e as simulações). Estas unidades de ensino, que vão da educação infantil até o 3º ano do ensino fundamental, consistem inteiramente em jogos e simulações, enquanto as unidades que vão do 3º ao 6º ano são estruturadas em módulos de ensino com atividades e *quizzes*, bem como uma variedade de jogos e simulações.

Conclusão: jogos e simulações na ABP

Conforme mostra essa discussão, os novíssimos jogos e simulações prometem melhorar significativamente todo o ensino, particularmente o ensino na ABP, já que ambos os formatos se focam diretamente em altos níveis de envolvimento dos alunos. Os professores que estão explorando a ABP devem considerar o uso de vários jogos e simulações e procurar recursos gratuitos na internet para os projetos de ABP.

OPÇÕES DE ENSINO BASEADAS EM TECNOLOGIA PARA A INSTRUÇÃO DE ABP

Além dos jogos e das simulações como ferramentas de ensino, muitas outras opções evoluíram recentemente e são frequentemente incorporadas a projetos de ABP, tais como *webquests*, *blogs* de turma, *wikis* e redes sociais dentro da sala de aula. Embora essas opções de ensino possam ser igualmente usadas no ensino tradicional, elas são particularmente apropriadas em projetos de ABP, pois facilitam bastante um novo processo de ensino e pesquisa. Conforme discutido no Capítulo 1, tanto essas inovações de ensino baseadas em tecnologia quanto a ABP tentam, em geral, mudar a dinâmica de ensino e de aprendizagem de uma lição centrada no professor, com o estudante como receptor passivo do ensino, para uma exploração centrada no aluno, mais dinâmica e envolvente, e um processo de resolução de problemas em que o professor facilita a aprendizagem que os estudantes escolhem realizar (BENDER; WALLER, 2011). Essa dinâmica de ensino em constante modificação é, provavelmente, responsável pelos níveis mais elevados de envolvimento dos alunos no ensino da ABP e é, certamente, uma característica das discussões de ABP presentes na literatura (BARELL, 2010; BARON, 2010; COLE; WASBURN-MOSES, 2010; DRAKE; LONG, 2009; GRANT, 2002;

LARMER; MERGENDOLLER, 2010; MALONEY, 2010).

Considerando o tempo extremamente limitado que os professores têm para aprender novas técnicas, as opções de ensino brevemente discutidas foram selecionadas porque a sua aprendizagem é bastante fácil. Os professores que não utilizaram muita tecnologia em seu ensino anteriormente podem, com relativa facilidade, desenvolver e utilizar *blogs*, *webquests* ou *wikis* para o ensino conforme discutido. Portanto, essas ideias podem representar um caminho para os professores, que até então não eram orientados ao uso de tecnologia, avançarem no ensino das habilidades do século XXI na sala de aula.

Webquests em projetos de ABP

Embora as *webquests* sejam usadas em educação desde 1995, aproximadamente (SALEND, 2009), muitos professores parecem não estar familiarizados com elas por causa da disponibilidade limitada da internet em suas escolas. Em sua essência, a *webquest* é uma tarefa de pesquisa tipicamente dada aos indivíduos ou pequenos grupos de alunos, a qual requer a busca de informações na internet sobre um tópico particular (SKYLAR; HIGGINS; BOONE, 2007). *Webquests*, como o exemplo no Capítulo 1, são tipicamente orientadas por perguntas específicas, tarefas atribuídas ou questões identificadas pelo professor e que envolvem a busca de informações específicas sobre um tópico em particular (OKOLO et al., 2007; SKYLAR; HIGGINS; BOONE, 2007). Os alunos seguem *links* que tenham sido identificados e examinados pelo professor, de modo que possuam informações específicas que sejam necessárias para a conclusão do projeto. Também, a maioria das *webquests* inclui algumas opções para a escolha dos alunos, além de sugestões para explorações menos estruturadas da internet, que devem resultar em informações adicionais para aprimorar a tarefa final de *webquest*.

Em uma webquest, *os estudantes seguem* links *da internet identificados pelo professor para responderem a perguntas específicas de compreensão sobre um tópico em particular.*

A maioria das *webquests* são basicamente semelhantes e costumam incluir uma variedade de componentes como os seguintes:

- uma orientação ou introdução com informações de base, especificidades sobre as tarefas que os alunos precisam cumprir, processos que devem realizar, incluindo as recomendações de *links* para exploração;
- uma lista de recursos ou *links* que devem ser verificados para a obtenção de informações;
- um mecanismo de avaliação que declare claramente as expectativas, e um método para resumir a experiência.

Para ilustrar esses pontos, um exemplo de *webquest* para uma aula de história para o ensino fundamental é fornecida no Quadro 4.2. Observe que essa *webquest* liga o conteúdo sobre a Guerra Civil aos vários eventos anteriores, como o Compromisso do Missouri, de 1820, o caso *Dred Scott* e a Crise de Anulação dos anos de 1820.

Quadro 4.2 Um exemplo de *webquest* sobre a Guerra Civil

(Recomendada para alunos do 6º ao 9º ano)

Perguntas da *webquest*: Quais foram as maiores causas da Guerra Civil? A Guerra Civil produziu algum impacto sobre a nossa percepção em relação à autoridade federal *versus* a autoridade estadual? Essa pergunta ainda causa perplexidade em nosso país?

Tarefa inicial: Trabalhando em duplas, os alunos completarão cada uma das seguintes tarefas solicitadas na internet, escrevendo suas respostas em cada *site*. Eles também podem completar outras pesquisas sobre tópicos relacionados e usar as informações para responder as perguntas. Cada resposta deve ter pelo menos um parágrafo de extensão.

I. Tarefa do *link* I:

(www.visit-gettysburg.com/the-battle-of-gettysburg-timeline.html)
(http://americanhistory.about.com/od/civilwarmenu/a/cause_civil_war.htm)

1. Nesses dois *sites*, procure pelos eventos mencionados como sendo as causas da Guerra Civil. Quais eventos são vinculados ao início da Guerra Civil pelo autor/criador do *site* visit-gettysburg.com?
2. O que é Compromisso do Missouri? Quando ele foi revogado? Como ele está relacionado à Guerra Civil de acordo com o autor/criador do *site* visit-gettysburg.com?
3. O que é um abolicionista? Que impacto você acredita que o caso *Dred Scott* teve sobre os abolicionistas nos estados do norte dos Estados Unidos?
4. Considerando os eventos causais apresentados na linha do tempo do *site* visit-gettysburg.com, qual foi a principal causa da Guerra Civil?
5. Os demais *websites* listados apresentam outras causas? Elas deveriam estar na linha do tempo do *website* visit-gettysburg.com?

II. Tarefa do *link* II:

(http://answersinhistory.wordpress.com/2007/01/06/the-nullification-crisis/)

1. O que foi a Crise de Anulação? Quais eram os dois lados em conflito e por quê?
2. Quais questões foram representadas pelos dois lados na Crise de Anulação?
3. Essas questões refletem aquelas que, mais tarde, levaram à Guerra Civil?
4. A questão dos direitos dos estados *versus* a autoridade federal foi uma possível causa da Guerra Civil?

III. *Link* adicional solicitado:

Solicita-se que cada dupla de alunos identifique pelo menos um *link* da *web* que apresente informações sobre as causas da Guerra Civil. Após a análise das informações, eles também devem fornecer instruções específicas sobre quais partes do *link* analisaram (isto é, como chegar à parte que eles leram) e três perguntas que os outros alunos devem ser capazes de responder após analisar esse *link*.

Dicas:
Use o Google Maps para analisar alguns dos principais campos de batalha. Selecione um vídeo do YouTube sobre as causas da Guerra Civil.
Identifique artigos jornalísticos recentes que discutam as causas da Guerra Civil.
Analise as informações da Wikipedia sobre a Guerra Civil. Há informações do seu trabalho que poderiam ser acrescentadas à Wikipedia? Discuta outros acréscimos com seu professor.

IV. Tarefa final:

Após a maioria das duplas de alunos ter completado a Tarefa 1, o professor os colocará em seis grupos maiores, cada um com no mínimo três e no máximo cinco alunos. A tarefa para cada um dos grupos maiores será projetar um segmento de vídeo digital de 5 minutos relacionado às causas da Guerra Civil. O tópico específico selecionado por cada grupo e o *storyboard* para seus vídeos devem ser aprovados pelo professor com antecedência.

Questões para reflexão a serem abordadas em seu vídeo:
Use as seguintes questões para a reflexão e como base para algumas informações incluídas em sua apresentação.

1. Quais questões foram consideradas como causas da Guerra Civil durante os últimos 150 anos? As perspectivas sobre essa causas mudaram?
2. Hoje em dia, os vários grupos de defesa ainda debatem a(s) causa(s) da Guerra Civil? Que posição esses grupos defendem?
3. De 2011 até 2015, os norte-americanos recordarão vários eventos da Guerra Civil, pois esses anos representam os 150 anos de duração da guerra. O que você recomendaria como uma lembrança adequada desse evento seminal da história norte-americana?

Nesta *webquest*, pode-se solicitar que os alunos mais avançados completem todas as tarefas, enquanto os alunos com habilidades acadêmicas mais limitadas podem completar apenas as primeiras três atividades. Além disso, essa *webquest* é iniciada como atividade em conjunto com colegas, a qual ajudará os alunos a continuar na tarefa durante o trabalho. Essa *webquest* particular culmina no desenvolvimento de um projeto multimídia, o qual pode ser um artefato requerido em um projeto de ABP maior para a aula de história dos Estados Unidos.

Os professores devem observar que, nesta *webquest*, os elementos dos Padrões Estaduais Comuns são óbvios (a relação entre esta tarefa e os padrões do Texas é descrita no apêndice). Ainda que muitos Padrões Estaduais Comuns em todos anos escolares pudessem ser relacionados aos itens desta *webquest*, as notas abaixo devem ser suficientes para mostrar que elas podem abordar os Padrões Estaduais Comuns com relativa facilidade. Essas notas usam o formato de notação dos Padrões Estaduais Comuns (COMMON CORE, c2014). Por exemplo, os seguintes Padrões Estaduais Comuns são abordados nesta *webquest* pela primeira tarefa, bem como pela tarefa multimídia. Além disso, muitos outros Padrões Estaduais Comuns poderiam ser listados, já que eles são abordados por outras seções da *webquest*.

- RH.6–8.7. Integrar informações visuais (p. ex., quadros, gráficos, fotografias, vídeos ou mapas) com outras informações impressas.
- RL.4.9. Integrar informações de dois textos diferentes...
- RL.4.2. Comparar e contrastar informações de primeira e de segunda mão...
- SL.4.2. Acrescentar exibições de áudio e vídeo para aprimorar as ideias e os temas...

Por fim, além de relacionar tarefas e artefatos da *webquest* a Padrões Estaduais Comuns específicos, o fornecimento da rubrica para avaliação da *webquest* ajudará os alunos na compreensão de sua tarefa. Elas auxiliam a estruturar e planejar seu trabalho e, finalmente, a determinar quando ele está concluído. Assim, as rubricas ajudam os alunos a focarem seu tempo e energia durante a *webquest* e resultará, tipicamente, em um melhor produto. O Quadro 4.3 apresenta uma rubrica de exemplo de *webquest* da Guerra Civil.

Quadro 4.3 Uma rubrica para avaliação da *webquest* sobre a Guerra Civil

Avaliação	Indicadores	Conceito
Ruim/satisfatório	Todas as nove perguntas iniciais foram respondidas. Um *website* adicional foi identificado. Uma apresentação foi completada, de modo que abordou adequadamente cada pergunta.	D
Bom	Todas as nove perguntas iniciais foram respondidas. Dois ou mais *websites* adicionais foram identificados. Uma apresentação foi completada, de modo que abordou cada pergunta.	C
Muito bom	Todas as nove perguntas iniciais foram respondidas com evidente cuidado na consideração das respostas alternativas. Quatro ou mais *websites* adicionais foram identificados e perguntas foram desenvolvidas, as quais poderiam ser usadas para auxiliar futuros alunos em seus estudos. Uma apresentação foi realizada, de modo que abordou cada questão e propôs outras perguntas bem pensadas.	B
Excelente	Todas as nove perguntas iniciais foram respondidas com evidente cuidado na consideração das respostas alternativas. Quatro ou mais *websites* adicionais foram identificados e perguntas foram desenvolvidas, as quais poderiam ser usadas para auxiliar futuros alunos em seus estudos. Uma apresentação foi realizada, de modo que abordou cada questão, propôs outras perguntas bem pensadas e foi construída de uma maneira criativa.	A

A fim de maximizar o envolvimento e a motivação dos alunos, as *webquests* devem ser especificamente elaboradas tanto com a pesquisa quanto com a diversão em mente. Elas devem se concentrar em *sites* interessantes e exigir mais do que meramente encontrar respostas às perguntas. Devem apresentar *sites* que mostrem segmentos de vídeo, animações, sons, mapas, fotos ou outros tipos de mídias digitais. Também, conforme os alunos identificam *websites* adicionais relacionados ao tópico em questão, os professores podem analisar as informações desses *sites* e, no fim, incorporá-los às futuras *webquests* sobre o mesmo tópico. Nesse sentido, a pesquisa dos alunos na *web* pode beneficiar bastante os professores que desenvolvem *webquests* sobre um tópico em particular.

A criação de uma *webquest*

Criar uma *webquest* leva algum tempo, já que os professores primeiro devem encontrar *links* e desenvolver perguntas ou atividades específicas para os alunos realizarem nesses *links*. Embora a simples utilização de um *website* para responder perguntas sobre um tópico de pesquisa certamente seja adequada em *webquests*, identificar *links* que exijam dos alunos atividades de verdade também deve ser incluída. Isso pode incluir realizar um *quiz* rápido sobre o tópico ou completar um inventário sobre seus sentimentos ou opiniões relativas ao tópico. Esse tipo de atividade baseada na *web* resultará em níveis mais elevados de envolvimento dos alunos. Por fim, embora as atividades devam ser variadas, as questões orientadoras devem se focar diretamente nos tópicos a serem dominados. Tanto professores quanto alunos podem desenvolver essas questões e, de novo, as pesquisas na *web* podem ser muito úteis no desenvolvimento e na melhoria das *webquests* previamente desenvolvidas. Há uma variedade de *websites* disponíveis que podem ser usados pelos professores no desenvolvimento de *webquests*, conforme apresenta o Quadro 4.4.

Quadro 4.4 *Websites* para ajudar no desenvolvimento de *webquests*

www.Internet4classrooms.com/using_quest.htm. Descreve cinco componentes de *webquests*, incluindo introdução, descrição da tarefa, processo para realização, critérios e rubricas de avaliação e conclusão. Os *links* adicionais são fornecidos para o desenvolvimento de *webquests*.

www.kn.pacbell.com/wired/fil. Oferece modelos gratuitos para a criação de *webquests*. As instruções passo a passo tornam esses modelos bastante simples para o uso do professor.

http://questgarden.com. Criado por Bernie Dodge, o desenvolvedor de *webquests*, esse *site* requer um registro de sócio, que custa 20 dólares por dois anos de assinatura. Oferece modelos fáceis para a criação de *webquests* e facilita o envio de documentos, imagens e planilhas para a *webquest*. Também encoraja os usuários a compartilharem seu trabalho. Em vez de criar uma *webquest* inteiramente nova, os professores podem usar *webquests* previamente elaboradas e adaptá-las para as suas necessidades individuais. Uma versão para avaliação gratuita de 30 dias está disponível caso os professores estejam interessados em experimentar o *website* antes de fazer a assinatura.

https://www.teacherweb.com. Ajuda a criar *webquests* e páginas de *web*. A assinatura custa 27 dólares anuais.

webquest.org/index.php. Fornece *links* para muitos vídeos curtos que descrevem o desenvolvimento e o uso de *webquests* em educação, feitos por um docente da San Diego State University. Há opções para encontrar *webquests* existentes sobre uma variedade de tópicos e, também, para o desenvolvimento de suas próprias *webquests*.

www.zunal.com. Fornece *webquests* e não requer assinatura.

Como a complexidade das *webquests* varia consideravelmente, há diferenças de opinião sobre a relação entre as *webquests* e o ensino na ABP, conforme discutido no Capítulo 1. Algumas *webquests* podem, na verdade, representar projetos de ABP por si próprias, enquanto outras, mais limitadas em escopo, são consideradas como componentes de um projeto de ABP maior. Este livro apresenta uma quantidade de *webquests* que devem ser consideradas como componentes de projetos de ABP, já que, na visão deste autor, a aprendizagem baseada em projetos é muito mais do que uma simples *webquest*. Contudo, como exemplo de uma *webquest* que poderia representar por si só um projeto de ABP completo, os professores devem analisar uma *webquest* sobre a Guerra Civil que tem sido usada há anos por professores do Havaí no *website* da American Civil War (2008).

As *webquests* variam consideravelmente quanto ao nível de estrutura que pode ser fornecida e, portanto, essa ideia de ensino proporciona aos professores uma oportunidade de diferenciar suas tarefas de *webquest*. Eles podem diferenciá-las ao fornecerem instruções mais detalhadas a alunos que requerem mais orientação e oferecer menos estrutura para outros. Também, uma variedade de *links* opcionais e atividades associadas podem ser oferecidas. Essa distinção entre *links* requeridos e opcionais possibilita que os grupos individualizem sua *webquest* e busquem subtópicos de seu interesse particular dentro do tópico geral que possam ser de seu interesse particular (COTE, 2007). Nessas *webquests*, após os *links* requeridos terem sido analisados e as tarefas completadas, os alunos podem ser encorajados a explorar, por si próprios, o tópico mais amplo, encontrando outras informações na internet.

Alguns professores elaboram diversas versões da mesma *webquest*, baseadas na capacidade, no estilo de aprendizagem, nos interesses e nos níveis de leitura. Os alunos com habilidades de leitura e tecnologia altamente desenvolvidas podem receber *links* adicionais para materiais sobre o conteúdo com nível de leitura mais exigente, enquanto outros que necessitam de mais ajuda poderiam receber *links* para materiais de leitura com nível menos exigente, voltados especificamente para o seu nível de leitura. Um *website* permite aos professores testarem a legibilidade de outros, e a utilização desse *site* antes de elaborar uma *webquest* irá ajudá-los a desenvolverem uma *webquest* que atende as necessidades de todos os seus estudantes (JUICYSTUDIO, c2004).

Os estudantes com habilidades de leitura e tecnologia altamente desenvolvidas podem receber links *adicionais para materiais sobre o conteúdo com um nível de leitura mais exigente, enquanto outros que necessitam de mais ajuda poderiam receber* links *para materiais de leitura com um nível menos exigente.*

Há muitas vantagens no uso de *webquests* no contexto do ensino na ABP. Elas são bastante versáteis e podem ser completadas na sala de aula, em laboratórios de informática, no centro de mídia da escola ou em casa (COTE, 2007). Dessa forma, mesmo que a capacidade de internet seja limitada dentro da sala de aula, o uso de *webquests* dentro da unidade de ABP é possível baseado no acesso à internet em outro local da escola ou em casa. Além disso, as *webquests* representam a aprendizagem autêntica, uma vez que essas buscas ajudam os alunos a aprender sobre várias aplicações tecnológicas do século XXI (COTE, 2007). Praticamente todos os alunos do ensino fundamental já usaram mecanismos de busca na internet em suas vidas, e ensiná-los a usar a *web* de maneira adequada é uma habilidade crucial do século XXI.

Diferentemente dos livros didáticos, cuja precisão tem sido avaliada por especialistas, além de serem aprovados pelos comitês estaduais de currículo, as informações na internet não sofrem censura alguma e muitas delas são imprecisas ou enganosas. Dessa forma, as *webquests* proporcionam uma excelente oportunidade ao ensino de importantes habilidades de avaliação de informações, tais como detectar a diferença entre fato e opinião ou determinar o propósito do autor ao escrever as informações encontradas na internet. Em uma era de sobrecarga total de informações, resgatar informações adequadas e avaliar sua precisão é extremamente importante. O Quadro 4.5 fornece uma série de questões que podem ser ensinadas aos alunos, de modo que eles as considerem quando obtiverem informações da internet. Os professores podem ser encorajados a usar essas questões e a fazer acréscimos ou editá-las, da forma que precisarem, para torná-las mais adequadas à sua sala de aula.

Quadro 4.5 Avaliação das informações da internet

As informações obtidas a partir da internet, como todas as outras, devem ser avaliadas para que sua utilidade na comprovação de um argumento ou na defesa de uma posição sobre um tópico seja determinada. As 12 questões abaixo irão ajudá-lo a considerar como você pode avaliar informações da internet, além de serem úteis para a avaliação de informações de todas as notícias ou de outras fontes.

1. A posição deste autor foi declarada de forma clara e sucinta? Há ambiguidade no que ele está tentando dizer?
2. Qual é a fonte das informações que você está usando? Ela é de um *website* (se for, lembre-se de copiar o endereço completo do *website* como sendo sua fonte)?
3. Esse *site* é uma fonte de notícias reconhecida ou outro tipo de fonte de internet (p. ex., o *blog* de alguém)?
4. As informações são creditadas ou citam outra fonte? Se forem, essa fonte é reconhecida?
5. Foram fornecidas evidências que apoiem a posição do autor nesse *website*? Qual é a qualidade dessas evidências? Quantos argumentos baseados em evidências diferentes o autor desenvolve para afirmar a sua posição?
6. Você encontrou contra-argumentos que não foram tratados por esse autor em outros lugares? Caso os tenha encontrado, você pode confiar na credibilidade de uma fonte que as omitiu? São confiáveis? Pode-se acreditar na posição geral do autor? Às vezes, este é chamado de "teste do cheiro", que basicamente significa o seguinte: a perspectiva ou o argumento dessa pessoa cheira muito mal para ser confiável?
8. Todos os lados desse assunto são discutidos igualmente? Há lados da questão ou tópico que não estão representados neste trabalho?
9. O autor do trabalho está identificado? Ele possui uma perspectiva particular que você consegue identificar? O autor é aberto e honesto na apresentação da sua perspectiva, e tornou o trabalho que você está usando explicitamente tendencioso?
10. Você identificou outras fontes que apresentam as mesmas ideias? Há um consenso sobre o assunto ou o tópico que você está estudando que possa identificar?
11. É apresentada a opinião ou a perspectiva de algum especialista? Caso seja, quem é o especialista? A sua área tem relação direta com a questão sendo tratada?
12. Este trabalho utiliza o aval de alguma celebridade? Que valor você pode atribuir a esse aval? A celebridade em questão tem a fama baseada em uma área de especialidade diretamente relacionada ao tópico?

Como a própria *webquest*, as habilidades envolvidas na avaliação das informações se correlacionam com muitos dos Padrões Estaduais Comuns. Por exemplo, os Padrões Estaduais Comuns a seguir são claramente representados em vários indicadores no Quadro 4.5 (veja o apêndice para padrões similares do Texas):

RH.6–8.1. Citar evidências textuais específicas para apoiar as análises das fontes primárias e secundárias.
RH.6–8.6. Identificar aspectos de um texto que revelem o ponto de vista ou o propósito de um autor (linguagem carregada, evitar ou incluir fatos particulares).

Blogs de sala de aula em projetos de ABP

Ainda que as *webquests* possam ser bastante empolgantes como ferramentas de pesquisa, elas são semelhantes à pesquisa feita por meio de esforços educacionais mais tradicionais, como o uso de livros ou bibliotecas. As *webquests*, como projetos de pesquisa baseados em enciclopédias ou textos, fundamentalmente envolvem os estudantes como alunos ou consumidores estáticos de informações existentes, em vez de criadores de informações ou solucionadores de problemas ativos. Por outro lado, os *blogs* de sala de aula oferecem aos professores a opção de fazer os alunos criarem conteúdos de verdade, à medida que completam tarefas *on-line* em um ambiente no qual todos os membros da turma podem ver e analisar o trabalho dos demais.

Um *blog* é um diário ou discussão *on-line* em que os participantes publicam suas contribuições para várias questões estudadas (SALEND, 2009; WALLER, 2011). No contexto da ABP, os professores podem desejar criar um *blog* que abranja um conteúdo factual ou para discutir questões conceituais mais profundas, as quais estão relacionadas ao conteúdo estudado. Os *blogs* podem ser limitados aos alunos em um grupo de ABP ou podem possibilitar que vários grupos de ABP participem da discussão por meio de comentários nas publicações dos demais. Todas as entradas de *blog* feitas pelos professores ou pelos alunos são catalogadas e tornam-se materiais de leitura ou estudo para os demais. Vários *websites* de *blogs* dão oportunidade aos alunos de se conectarem com professores e alunos de todo o mundo para discussões interativas sobre quase qualquer tópico. Alguns desses *websites* são apresentados no Quadro 4.6.

Quadro 4.6 *Websites* para a criação de *blogs* de turma

www.21classes.com. Opção de *blog* para professores, o qual oferece diversas camadas de proteção para os alunos da turma, incluindo proteção por senha e controles de professor auxiliares. Uma versão gratuita está disponível, além de uma versão paga que oferece níveis mais altos de segurança.

www.classblogmeister.com. Este *website* gratuito fornece um modelo para os professores criarem seus próprios *blogs* de sala de aula protegidos por senha.

www.edublogs.org/why-edublogs. Este *website* que hospeda *blogs* fornece orientação para *blogs* em educação em todos os anos escolares.

www.gaggle.net. Fornece ferramentas de *blog* e *e-mail*, gratuitos ou pagos, para professores e alunos. Possui numerosos filtros que permitem que os professores verifiquem a existência de termos impróprios e fornece controles adequados sobre aqueles que publicam no *site*.

Os *blogs* podem proporcionar muitos tipos de interações sociais baseadas em educação (BOSS; KRAUSS, 2007). Por exemplo, Davis (2010) relatou que alunos de uma escola de ensino médio da Carolina do Norte estavam usando *blogs* para fazer perguntas para professores e outros alunos sobre temas de casa de álgebra. Os alunos responderam às perguntas uns dos outros e, em muitos casos, pouparam bastante tempo do professor. Manzo (2010) relata que a natureza interativa dos *blogs* pode ser bastante motivadora para muitos alunos, e muitos professores consideraram o uso de *blogs* um incentivo poderoso para os alunos lerem mais sobre as áreas de conteúdo, particularmente para aqueles com mais dificuldades de leitura. Os *blogs* possibilitam conexões entre alunos da mesma turma, da mesma escola ou em salas de aula do outro lado mundo, e alguns *blogs* de educação mais interessantes envolvem contatos de longa distância. Imagine uma turma que está estudando a Revolução Americana no Arkansas discutindo este período da história com uma turma da Grã-Bretanha!

Muitos professores consideraram o uso de blogs *um incentivo poderoso para os alunos lerem mais sobre as áreas de conteúdo.*

Em vez de fazer os alunos postarem em *blogs* públicos, alguns professores optam por usar um *blog* seguro, especificamente destinado à sua sala de aula ou escola. Estes *blogs* são, tipicamente, estabelecidos dentro do contexto de uma única escola ou turma, e isso geralmente proporciona um grau adicional de segurança para os alunos, já que *blogs* seguros são protegidos por senha. Nestes *blogs*, o conteúdo é monitorado e controlado pelo professor.

Em suma, os *blogs* são uma opção do século XXI para fazer os estudantes interagirem socialmente com o conteúdo estudado e, como tal, ficam bastante motivados para estudar ao utilizarem essa ferramenta de ensino. Essa também é uma forma relativamente simples para os professores com habilidades tecnológicas limitadas começarem a usar ferramentas *web* 2.0 em sala de aula. Por fim, o uso de *blogs* enquadra-se perfeitamente ao paradigma mais amplo da ABP, já que tanto o conteúdo quanto as interações sociais são enfatizados quando a turma está usando *blogs* em conjunto.

O uso de *wikis* em projetos de ABP

Como observado anteriormente, o uso de *blogs* traz consigo o potencial para a participação mais ativa dos alunos na aprendizagem. Entretanto, atualmente, muitos professores estão indo além do uso de *blogs*, adotando o uso de *wikis* na sala de aula, pois, ao contrário dos *blogs* de turma, oferecem mais oportunidades para que os alunos trabalhem em conjunto. Em vez de simplesmente comentar sobre os trabalhos uns dos outros, as *wikis* permitem que os alunos trabalhem juntos na edição mútua dos trabalhos. Dessa forma, as *wikis* encorajam a colaboração na criação de conteúdo, à medida que os alunos exploram juntos seus tópicos de pesquisa (BELL, 2008; FERNANDO, 2007; ROWEN, 2005).

A maioria dos professores de hoje está familiarizada com a enciclopédia *on-line* Wikipedia, comumente usada. Essa *wiki* inclui entradas sobre praticamente qualquer tópico imaginável e é inteiramente criada pelos usuários, que podem editar quaisquer entradas na enciclopédia e, assim, alterar o conteúdo. Pode conter algumas imprecisões sobre tópicos específicos, mas, devido ao elevado número de usuários, elas são corrigidas rapidamente por usuários do mundo todo.

Uma *wiki* na sala de aula funcionaria, no geral, da mesma forma. Ao usarem na aula, os alunos podem escrever criativamente sobre qualquer tópico, editar trabalhos que os outros alunos publicaram, desenvolver um vídeo digital e enviá-lo, ou preparar um documento, com todos os alunos editando os trabalhos dos colegas. Uma *wiki* é, em essência, um *website* privado ou semipúblico criado pelo professor ou pelos estudantes, que inclui conteúdo que aborda um tópico específico (WALLER, 2011). Texto, fotos e quase qualquer mídia digital podem ser incluídos na *wiki*, a qual proporciona a oportunidade de os alunos criticarem e editarem mutuamente os trabalhos (BELL, 2008). As *wikis* já são amplamente usadas na indústria como forma de fazer os empregados colaborarem em problemas grandes e de difícil resolução. Por exemplo, o exército dos Estados Unidos usou uma *wiki* no Afeganistão para compilar informações geográficas, além de outras, que foram úteis para as tropas que atuaram nesse conflito (BELL, 2008).

Uma wiki *é, em essência, um* website *intencionalmente construído, criado pelo professor ou pelos alunos, que inclui conteúdo que aborda um tópico específico.*

Na sala de aula, a opção de gerar e editar informações cooperativamente resulta em maior entusiasmo para a aprendizagem. De fato, quando os alunos percebem que seus trabalhos serão publicados em uma página *wiki*, isso os encoraja a passar mais tempo desenvolvendo suas ideias (BELL, 2008; ROWEN, 2005). No que tange a acessibilidade, podem ser publicadas de diversas maneiras, disponíveis apenas para membros designados da *wiki* (isto é, os alunos de uma determinada turma e seu professor), até para todas as pessoas na internet. Como outras tecnologias modernas, as *wikis* resultam em alunos que criam conteúdo em vez de analisá-lo passivamente, e essa é uma das grandes vantagens da utilização das *wikis* na educação (ROWEN, 2005; WALLER, 2011).

As *wikis* na sala de aula proporcionam opções educacionais que não eram possíveis há uma década, e os professores estão adotando essa tecnologia, já que os alunos gostam desse novíssimo tipo de aprendizagem em grupo. Além da criação de conteúdo cooperativa, a maior parte das *wikis* de sala de aula oferece uma variedade de opções aos professores. Primeiro, praticamente qualquer mídia digital (p. ex., fotos, vídeos, quadros/tabelas) pode ser importada para uso dos alunos. Segundo, a maior parte das *wikis* proporciona a análise do histórico de entradas da *wiki* para os professores (BELL, 2008). Ao usarem essa função, é possível ver quais estudantes fizeram contribuições específicas de conteúdo e em que momentos. Isso pode proporcionar uma opção para a atribuição de notas pela participação em sala de aula. Entretanto, muitos professores exigem a participação na *wiki*, mas não atribuem notas a ela, pois averiguar um histórico complicado de registros de múltiplas entradas feitas por 25 alunos diferentes em uma *wiki* de turma pode ser bastante trabalhoso.

Por fim, criar uma *wiki* é bastante fácil. Diversos *websites* fornecem opções para professores criarem *wikis* gratuitamente para uso educacional (PBWORKS, c2014; WIKISPACES, c2013). Tipicamente, essas *wikis* incluem todas as funções básicas *i* e podem ser dominadas por novatos em cerca de 30 ou 45 minutos.

Há variações consideráveis em como as *wikis* podem ser usadas em sala de aula. Alguns professores usam-nas para cada projeto de ABP durante o ano letivo. Outros têm preferido usar uma *wiki* de sala de aula e continuar ampliando-a durante todo o ano letivo. Isso pode ser feito facilmente por meio do fornecimento de páginas adicionais para termos de vocabulário, conceitos ou demonstrações digitais para cada unidade de ensino separada ou cada projeto de ABP durante o ano. Também, o conteúdo que os professores desenvolvem para as *wikis* pode ser facilmente transferido de uma para outra caso ensinem o mesmo conteúdo (ou similar) durante anos. O Quadro 4.7 apresenta a descrição de uma *wiki* que pode ser usada para um projeto de ABP em estudos sociais, história ou em uma aula que combine história/estudos sociais/inglês.

Exemplos de *wikis* na sala de aula

Apresentamos aqui diversos exemplos de outras *wikis* recentemente desenvolvidas em uma oficina conduzida por este autor na Hapeville Charter Middle School, em Atlanta, Geórgia. Michael Phelps é um professor de ciências da Hapeville Charter Middle School durante o ano letivo. Durante o verão, é um caçador de tornados, o qual tem um negócio em que segue e fornece fotografias emocionantes de tornados para vários veículos midiáticos. Em uma recente oficina sobre técnicas de ensino de ABP, Phelps criou uma *wiki* sobre tornados, concluindo o trabalho inicial em aproximadamente 35 minutos. Na página desta *wiki* de sala de aula, ele incluiu diversas fotos dos tornados que já estavam em seu *website*. Também incluiu algumas informações introdutórias sobre o propósito da *wiki*, sobre tornados em geral, algumas orientações para os alunos sobre como editar páginas na *wiki* e algumas questões instigantes a serem consideradas. Finalmente, na página da *wiki*, listou diversos *websites* introdutórios para os alunos darem uma olhada. Utilizando as funções da *wiki*, Phelps "bloqueou" a página para prevenir a edição desse conteúdo específico.

Quadro 4.7 Descrição de *wiki* sobre a Guerra Civil

1. Use segmentos de vídeo quando puder. A *wiki* deve focar o interesse dos alunos no tópico em questão, e fotos digitais ou segmentos de vídeo são excelentes para fazer isso acontecer. YouTube e TeacherTube são locais ótimos para encontrar vídeos a fim de introduzir sua *wiki*. Os alunos irão acessar numerosos segmentos de vídeos durante esta unidade de ABP, mas como a *wiki* tende a ser uma das primeiras tarefas requeridas na unidade de ABP, um segmento de vídeo do tipo visão geral é preferível neste momento. O autor deste livro recomendaria algo como o que é encontrado neste *website*:

   http://kms.kapalama.ksbe.edu/teams/kauila/civilwar/civilwarprocess2005.html

   Usando esse *site*, eu utilizaria umas poucas linhas da *wiki* para sugerir que esses alunos passem entre 5 e 10 minutos, trabalhando em duplas, clicando pelo processo do *website* e pelo trabalho deles. É vantajoso mostrar trabalhos excelentes feitos por outros alunos, já que isso, muitas vezes, irá motivá-los a trabalhar com mais afinco. Usar o trabalho dos alunos desse projeto de *webquest* de ABP é uma forma de fazê-lo. (Uma observação: sugere-se que cada leitor analise o trabalho dos alunos presente no botão de 2007 e, mais especificamente, a canção que resume a Batalha de Kennesaw Mountain. Pessoalmente, vivo nas proximidades desse campo de batalha e já o visitei muitas vezes. Em um breve segmento de vídeo, esses alunos do Havaí cantam uma canção escrita por eles e que descreve com precisão o ataque das forças da União à Kennesaw,

continua

Quadro 4.7 *Continuação*

em 27 de junho, bem como os comandantes de cada exército daquela batalha e o fato de que os Confederados venceram as tropas da União, fazendo-os recuar até a base da montanha. Proporcionar aos alunos a oportunidade de publicar essa canção para o mundo todo é um exemplo de ensino de excelência!).

2. Apresentar um parágrafo com relação à organização. Após os alunos terem passado algum tempo assistindo a esses segmentos de vídeo, os professores devem apresentar um parágrafo sobre a página da *wiki*, descrevendo a sua finalidade. Eis um exemplo.
"A Guerra Civil foi um evento decisivo na história dos Estados Unidos, e muitos desses problemas e desentendimentos representados pelos dois lados do conflito continuam a impactar a história do país nos dias de hoje. Esta *wiki* apresentará várias visões desse conflito, bem como algumas oportunidades para que você expresse sua opinião informada sobre problemas e questões que foram resolvidos, ou que permaneceram sem solução, a partir dessa guerra. Esta *wiki* continuará a crescer conforme formos construindo as informações sobre as causas da guerra, o conflito e os problemas em torno dela".
3. A seguir, caso seja possível encontrar *websites* em que os alunos realmente "façam" algo que não seja somente ver informações, eu os incluiria na página da *wiki*. Para a Guerra Civil, há vários *quizzes* rápidos disponíveis na internet. Em muitos *sites*, os estudantes podem resolver *quizzes* para medir seu entendimento inicial sobre a guerra. Eu sugeriria este:
http://history.howstuffworks.com/american-civil-war/civil-war-quiz1.htm
4. Depois que esses três itens (*webquest* feita por outros estudantes ou segmento de vídeo, parágrafo introdutório e *quiz* rápido) forem apresentados na página da *wiki* da turma, eu sugeriria ao professor o "bloqueio" desse conteúdo para evitar que os estudantes o editem. Os alunos serão convidados a editar outras seções da *wiki*, mas não o conteúdo dessa página introdutória.
5. Os professores devem criar imediatamente algumas informações para que os alunos as adicionem a *wiki* ou as editem. Visto que praticamente todas as disciplinas ensinam vocabulário relacionado às unidades individuais de sua área respectiva, uma página de vocabulário proporciona excelente oportunidade inicial para os estudantes acrescentarem conteúdo a *wiki* e para editarem mutuamente seus trabalhos. Antes de fazer a introdução a *wiki*, eles devem criar uma página de vocabulário, acrescentar os seus termos sem as definições e permitir que os estudantes as forneçam na *wiki*.
6. Como os segmentos de vídeo proporcionam uma boa opção instrucional para o conteúdo de ensino e enfatizam as habilidades de comunicação do século XXI, eu recomendaria aos professores começar uma terceira página na *wiki* para os segmentos de vídeo criados pelos estudantes. É muito importante disponibilizar uma câmera de vídeo digital, mas os alunos podem acrescentar conteúdo a *wiki* de várias maneiras, como as seguintes:

- Escrever uma peça de um único ato com um soldado da União e um dos Confederados discutindo os seus pontos de vista sobre as razões da guerra.
- Representar uma "entrevista coletiva para a imprensa" com um aluno atuando no papel de Jeff Davis (presidente dos Confederados) ou de Abraham Lincoln, discutindo os seus pontos de vista sobre as razões da guerra.
- Fazer uma discussão entre o General Robert E. Lee (comandante Confederado na Virgínia) e o General U. S. Grant (comandante da União) sobre por que comandaram qualquer uma das batalhas em que se enfrentaram.
- Fazer um debate entre Harriet Tubman (uma ex-escrava que ajudou outros escravos a fugir) e o presidente Jeff Davis sobre o significado da Guerra Civil para os EUA.

A seguir, para facilitar a participação dos alunos, criou outra página que incluiu termos de vocabulário sobre o tópico. Ele convidou seus alunos a participarem da criação dessas definições, de modo que o conteúdo do vocabulário na segunda página da *wiki* não foi bloqueada. Ele queria que os alunos fornecessem as definições desses termos e editassem as dos colegas. Utilizando apenas essa simples *wiki*, Phelps essencialmente possibilitou que os alunos "ensinassem" o conteúdo do vocabulário da unidade uns para os outros por meio da função de ediçao e não teve de usar tempo de aula para fazê-lo! Ele utilizará essa *wiki* durante o próximo ano escolar.

Muitas ideias de ensino foram geradas pelos professores nessa oficina. Uma professora havia feito um projeto de ABP sobre ecologia com seus alunos no ano anterior. Esse projeto envolveu a transformação de um simples gramado no terreno da escola em um jardim/espaço verde com plantas selecionadas, um banco e um caminho. Os alunos selecionaram as flores, árvores e arbustos para o espaço verde, baseando-se no clima, na disponibilidade de luz solar (já que o gramado era parcialmente coberto por sombras) e a média das precipitações de chuva. Essa professora percebeu que uma *wiki* de turma seria um ótimo lugar para a publicação dos resultados do projeto de ABP anterior, incluindo fotos digitais do "antes e depois" do espaço. No ano seguinte, ela pode fazer os alunos desenvolverem um guia em vídeo sobre as plantas do jardim.

Outro professor desenvolveu uma ideia interessante para a utilização de uma *wiki* de sala de aula para a matemática do 7º ano. Ele começou a criar uma *wiki* sobre a resolução de problemas matemáticos e se deu conta de que proporcionava as mesmas explicações para os vários tipos de problemas ano após ano (p. ex., instruções para resolver uma variável desconhecida na equação $3x + 5 = 29$). Ao criar uma explicação em vídeo digital que descreve as etapas envolvidas na solução desse problema, ele pôde colocar esse vídeo curto em sua *wiki* de turma e usá-lo para o ensino inicial ou para a revisão desse tipo de problema. Além disso, também planejou usar os serviços de seus alunos mais avançados para desenvolver vídeos digitais sobre a resolução de outros tipos de problemas. Assim, ele possibilita que alguns alunos façam os vídeos como um projeto de aula, e após a revisão desse conteúdo, pode incluir os vídeos adicionais em sua *wiki* de turma.

Em cada um desses exemplos, os professores não haviam usado *wikis* anteriormente no ensino, embora alguns fossem usuários mais avançados de tecnologia do que outros. Por exemplo, Phelps já tinha o *website* de sua empresa com muitas fotos e vídeos de tornados adequados para a inclusão em sua *wiki*, enquanto o professor de matemática jamais havia considerado utilizar *wikis* no ensino. Mesmo assim, todos foram capazes de iniciar uma *wiki* e começar a planejar páginas adicionais, bem como usos adicionais para suas *wikis* de turma após cerca de 45 minutos de prática. Por causa da natureza intuitiva e da relativa facilidade de desenvolvimento e uso das *wikis*, este autor encoraja todos os professores a considerarem essa tecnologia como uma opção de ensino do século XXI. Muitos *websites* estão disponíveis para ajudar e alguns deles são apresentados no Quadro 4.8.

Khan Academy

Desde 2010, a Khan Academy (2014) tem proporcionado uma opção de ensino poderosa e impressionante, gratuita para alunos e professores do mundo todo. Este *website* é dedicado à aprendizagem a qualquer hora e em qualquer lugar, fornecendo ensino específico sobre quase qualquer tópico imaginável. Muitas destas lições são associadas a demonstrações em vídeo que mostram a solução do problema. Em suma, este é um recurso que pode e deve ser usado por praticamente todos os professores do mundo.

Quadro 4.8 *Wikis* na sala de aula

http://ethemes.missouri.edu/themes/1246. Fornece uma lista de *sites* que podem ajudar no desenvolvimento de *wikis* ou na compreensão de como elas podem ser usadas na sala de aula.
www.iste.org. É o *website* da International Society for Technology in Education, um grupo sem fins lucrativos, mantido por seus membros, dedicado ao uso eficaz da tecnologia em salas de aula, da educação infantil até o final do ensino médio, bem como na educação superior. A organização fornece 24 padrões para os alunos dominarem e, apesar de tecnologias como as *wikis* não serem mencionadas pelo nome, elas estão inclusas nas discussões gerais.
http://legacy.teachersfirst.com/content/wiki. Inclui informações sobre como criar uma *wiki* para o uso em sala de aula.
http://wikisineducation.wetpaint.com. Possui muitas informações sobre *wikis*. É um serviço pago, bastante popular com professores e inclui uma grande quantidade de vídeos desenvolvidos por usuários.
www.wikispaces.com/content/wiki-tour. Fornece um *tour* em vídeo que descreve o uso de *wikis* na sala de aula. É uma boa introdução para professores.

Durante o ensino, os professores muitas vezes apresentam as mesmas etapas de solução para tipos particulares de problemas em vários momentos durante a unidade de ensino. Embora isso sempre tenha acontecido ao longo da história da educação, fazer os professores apresentarem a mesma explicação ou demonstração de um problema múltiplas vezes durante uma unidade de ensino não é uma utilização eficaz da competência dos professores. Felizmente, a tecnologia moderna oferece outra opção: demonstrações em vídeo de vários tipos de problemas, associados a diferentes tipos de exercício educacionais. Além disso, esses exercícios e demonstrações em vídeo são combinados com diversos métodos para acompanhar o progresso dos alunos (p. ex., um mapa de conhecimento mostrando aos estudantes onde eles estão, o que eles já realizaram e o que eles devem fazer a seguir) e para proporcionar reforço positivo pela resolução do problema (isto é, distintivos pelos vários níveis dentro do currículo *on-line*).

O *website* da Khan Academy (2014) usa um formato de ensino de jogo para encorajar os alunos a desfrutar de leitura, estudos sociais, ciência, economia, astronomia e matemática. O desenvolvimento inicial foi realizado por um professor da Califórnia, Sal Khan, e hoje esse trabalho cresceu drasticamente e é parcialmente financiado pela Fundação Bill e Melinda Gates. Em suma, a Khan Academy fornece quase um currículo de escola pública completo, incluindo trabalhos de ensino médio e de nível universitário, e é inteiramente grátis! O *website* pode ser usado individualmente por alunos, que progridem em seus estudos no seu próprio ritmo, ou pela turma inteira de um professor. O *site* desafia os alunos a avançarem até onde quiserem no conteúdo e, quando experimentam dificuldades, eles podem acessar 2.700 demonstrações em vídeo sobre conteúdos específicos que estejam estudando. Por exemplo, em matemática, os vídeos incluem demonstrações de problemas que vão da simples soma até o cálculo diferencial e integral. Todas essas demonstrações em vídeo podem ser visualizadas sem modificações, e cada uma delas esmiúça um conteúdo particular em fáceis instruções passo a passo. Os estudantes podem usá-las individualmente, ou em duplas, para resolver um problema em particular.

Vários recursos possibilitam aos professores tanto o acompanhamento individualizado dos alunos quanto da turma inteira, e testemunhos informais sugerem que muitos alunos ficam tão entusiasmados ao usarem a Khan Academy (baseando-se em sua opção de ganhar insígnias de reconhecimento pelas realizações) que chegam a ultrapassar o nível de sua turma atual. No contexto de um projeto de ABP, os alunos podem buscar esclarecimentos sobre vários pontos necessários no desenvolvimento de artefatos de projeto usando a Khan Academy em vez de buscar informações em outras fontes. Nesse sentido, a Khan Academy proporciona uma fonte excelente a todos os professores e, em particular, àqueles que estão implementando a ABP.

Redes sociais: Twitter e Ning na sala de aula

Imagine dar aulas para uma turma em que cada aluno está muito envolvido na aprendizagem e participa ativamente das discussões e das colaborações relacionadas ao conteúdo. Para muitos professores, essa é uma imagem poderosa e potente e, é claro, essa é uma das principais metas da ABP. As opções modernas de redes sociais prometem níveis extremamente elevados de envolvimento dos alunos e, por essa razão, as redes sociais devem ser consideradas como componente essencial da ABP no século XXI.

Ao longo deste livro, temos discutido a atual popularidade das redes sociais entre os estudantes (p. ex., Facebook, MySpace, Twitter). Como observado anteriormente, o adolescente médio passa cerca de 50 horas semanais envolvido com mídias digitais, e a maior parte dessas horas é gasta nas redes sociais (FRONTLINE, 2010). Em algumas escolas, os educadores têm relatado que praticamente qualquer aluno participa de algum desses *sites* de redes sociais, e que têm enfrentado dificuldades com alunos enviando mensagens de texto ou usando as redes sociais durante a aula. Quantos professores já se flagraram dizendo: "Guardem seus *smartphones* e vamos começar a trabalhar!".

Em vez de lutar pela atenção dos alunos, muitos professores de todas os anos começaram a incorporar as tecnologias de redes sociais em seu ensino, independentemente de adotarem ou não a ABP de imediato. Eles desenvolveram várias formas de usar as opções de redes sociais em educação, particularmente dentro da ABP, já que os projetos de ABP tendem a exigir, de qualquer modo, altos níveis de trabalho colaborativo. Como exemplo, alguns professores começaram a permitir que os alunos "trouxessem sua própria tecnologia" (BYOT, na sigla em inglês: *laptops* com acesso à internet, *smartphones*, *tablets*, etc.). Para os alunos sem dispositivos pessoais com acesso à internet, os professores disponibilizam computadores em sala de aula, muitas vezes colocando-os em duplas. Então, nas discussões com a turma inteira, ou de equipes de ABP, eles podem usar o Twitter para "tuitar" suas respostas e, usando o quadro interativo, elas podem ser compartilhadas com a turma inteira.

Muitos professores começaram a usar o Ning para facilitar essa colaboração de aprendizagem social na sala de aula (NING, 2014). Ele é um *site* de rede social pago que, embora não seja exclusivo para a educação, pode ser implementado como opção de rede social para uma única sala de aula. Permite que os professores (ou qualquer pessoa) configurem uma rede social e comecem a interação social que é tão importante para os alunos de hoje. Depois que uma rede Ning for configurada para a turma, os professores podem usá-la para discussões de vários tópicos ou para a criação de colaborações entre seus estudantes.

As redes sociais Ning têm sido usadas por professores, bem como por administradores, pais e estudantes como ferramentas de comunicação ou complemento para os currículos, permitindo que os educadores compartilhem ideias de ensino e melhores práticas. Recentemente, o Ning anunciou uma parceria com a Pearson Education para fornecer as redes Ning gratuitamente para os educadores, da educação infantil até o fim do ensino médio dos Estados Unidos e do Canadá. O Ning Mini é uma opção que fornece redes educacionais para até 150 membros, associado a um conjunto completo de ferramentas de colaboração *on-line*, como *blogs*, fotos e fóruns.

Nem o Ning nem qualquer outra ferramenta de redes sociais devem ser consideradas essenciais em ABP, mas muitos professores começaram a usá-las como componentes de projetos de ABP.

Moodle

O Moodle (2014) é um sistema pago de gerenciamento de cursos, projetado para ajudar professores e estudantes a desenvolver e formular seus próprios cursos ou *websites* baseados na internet. Ele é muito mais amplo do que as *wikis* descritas anteriormente, mas inclui, frequentemente, *wikis* e demais ferramentas de ensino baseadas em tecnologia descritas aqui. O Moodle é um acrônimo para Modular Object-Oriented Dynamic Learning Environment (Ambiente dinâmico de aprendizagem modular orientado a objetos), e seu uso se tornou popular entre professores que desejam criar conteúdo baseado na *web* associado aos seus cursos. Uma rede mundial de professores que utiliza esse sistema cresceu consideravelmente desde o seu início em janeiro de 2005 e, atualmente, há 35 milhões de usuários em mais de 50 mil locais ao redor do mundo. Em 2010, o Moodle 2.0 foi lançado, em uma versão que traz muito mais recursos, os quais foram solicitados pelos professores, tornando essa plataforma de cursos altamente eficaz e tenha uma excelente reputação.

Como as outras tecnologias e ideias neste capítulo, o ensino na ABP não depende apenas do Moodle. Embora essa abordagem de ensino certamente possa ser baseada nele, esta breve discussão é apresentada simplesmente para que os professores possam ver esse termo na literatura sobre ABP ou tecnologia educacional para o futuro.

TECNOLOGIA PARA A PUBLICAÇÃO DE PROJETOS DE ABP

Além das opções de ensino já observadas, as tecnologias modernas de comunicação oferecem muitas oportunidades para a publicação de trabalhos de alunos. A publicação pode implicar a publicação *on-line* de um ou mais artefatos ou em um projeto de ABP inteiro em um *website*, no qual possa ser vis-to e examinado pelos demais. O Capítulo 1 apresentou uma variedade de oportunidades de publicação que vão da publicação de um artefato em um jornal local até a apresentação dos achados de projeto de ABP para uma comissão ou um órgão governamental. De novo, saber que seu trabalho pode ser visto por um público muito maior tende a motivar os alunos a fazerem o seu melhor (DRAKE; LONG, 2009; GRANT, 2002; LARMER; MERGENDOLLER, 2010; MARZANO, 2007), e as opções de publicação baseadas em tecnologia, como as opções mais tradicionais, são fatores importantes para essa motivação.

Para os arquivos digitais (p. ex., texto, fotografias, gravações de áudio ou vídeo), a internet fornece variadas opções de publicação. A publicação pode ser tão simples quanto colocar os artefatos de ABP no *website* da escola, o que, geralmente, permite que todos os alunos, professores e pais vejam esse trabalho. Além disso, visto que a maioria dos *websites* escolares não são restritos aos usuários locais, a publicação de um artefato ou projeto de ABP em *websites* escolares realmente representa a exibição em escala mundial desse trabalho. Ainda, outras opções de publicação podem proporcionar mais visibilidade para projetos de ABP, pois muitos locais da internet de código livre incluem funções de pesquisa que podem direcionar os internautas do mundo inteiro para o material publicado. Eis algumas opções de publicação a serem consideradas e que parecem ser bastante motivadoras para os alunos.

A publicação pode ser tão simples quanto colocar os artefatos de ABP no website *da escola o que, geralmente, permite que todos os alunos, professores e pais vejam esse trabalho.*

YouTube

O YouTube (www.youtube.com) é uma coletânea de vídeos profissionais e amadores publicados *on-line* gratuitamente. Apesar de não ser destinado à educação, muitos professores já estão usando alguns vídeos como ferramenta de ensino por meio da publicação de projetos de ABP feitos por estudantes. Como ferramenta de ensino, os professores estão descobrindo cada vez mais que muitos dos vídeos do YouTube podem ser benéficos após uma análise cuidadosa. De fato, é bastante comum os professores baixarem vídeos do YouTube sobre tópicos específicos para sua *wiki* de turma, já que tais vídeos podem ser acréscimos excelentes para a âncora do projeto de ABP. A maioria dos vídeos do YouTube possui entre 2 e 5 minutos de duração, embora haja muitos mais longos, e os professores podem encontrar vídeos sobre muitos tópicos abrangidos pelas aulas das escolas públicas. Além disso, como uma oportunidade de publicação, o YouTube proporciona a professores e alunos a opção de disponibilizar digitalmente esses trabalhos de ABP para um fórum muito mais amplo do que o *website* da escola.

TeacherTube

O TeacherTube (www.teachertube.com) é um *site* similar ao YouTube, diferenciando-se pelo fato de ser especificamente destinado à educação. Inclui uma grande quantidade de vídeos curtos que podem ser usados no ensino, e embora a coleção seja muito menor do que a do YouTube, o TeacherTube inclui um grande número de vídeos sobre vários tópicos. Com um rápido exame do conteúdo com maior frequência de acesso em 7 de junho de 2011, este autor observou vídeos sobre os seguintes tópicos:

- Divisão de frações
- "Rap" do perímetro
- Grandes citações
- Lançamento do ônibus espacial Endeavor (2011)
- Problemas de multiplicação e de frações
- Guerra Revolucionária dos Estados Unidos
- Combustão do ferro
- Círculos de literatura
- Os 50 estados dos Estados Unidos

Embora a busca não garanta a obtenção de um vídeo que possa ser usado em sala de aula, muitas pesquisas semelhantes produzem resultados satisfatórios; assim como o YouTube, o TeacherTube pode oferecer a professores e alunos oportunidades para buscar informações a fim de introduzir ou completar seus projetos de ABP, e ambos os *sites* certamente proporcionam oportunidades para a publicação de trabalhos feitos por estudantes.

Segurança dos alunos, segurança midiática e letramento midiático

Quando se considera a publicação do trabalho de alunos em qualquer fórum, a segurança torna-se um problema. É uma preocupação crucial para os pais, assim como para cada educador em sala de aula do século XXI e, à medida que as experiências de aprendizagem migram cada vez mais para a ABP e para os outros ambientes de aprendizagem baseados em internet descritos aqui, os problemas de segurança tornam-se cada vez mais importantes. Além disso, quando os alunos publicam fotos de si mesmo, como eles ocasionalmente farão em arquivos de vídeo digitais em vários projetos de ABP, a segurança é extremamente importante.

Naturalmente, a segurança e a responsabilidade pessoal caminham de mãos dadas na internet, de modo que instruções para os estudantes sobre a sua segurança digital e o seu uso no ensino ou pessoal da internet, assim como o uso que fazem das redes sociais, são de extrema importância. Nesse sentido, a segurança no mundo digital envolve a questão do letramento tecnológico e midiático (BENDER; WALLER, 2011). Os alunos devem ser ensinados a buscar, desenvolver, avaliar e interpretar informações encontradas na internet e como esse ambiente não possui qualquer regulamentação, os educadores devem tratar da segurança e do uso adequado dessas novas oportunidades tecnológicas (PARTNERSHIP FOR 21ST CENTURY SKILLS, 2007, 2009).

Ao planejar atividades como *webquests*, publicação de projetos de ABP no YouTube ou o uso de uma rede social Ning em aula, deve-se orientar cuidadosamente os alunos. Os professores devem começar com a escolha cuidadosa de *websites*. Deve-se fazer sempre a pré-visualização do conteúdo dos *websites*, embora os alunos certamente irão acessar e obter informações de uma variedade de *sites* que os professores não pré-visualizaram. Inicialmente, o corpo docente da escola deve desenvolver políticas sobre o uso da internet, caso elas já não estejam em vigor. Elas devem estipular a responsabilidade pessoal dos alunos, que devem sair imediatamente de *websites* inapropriados, assim como determinar a quem devem notificar caso percebam que estão em um *website* inapropriado. Todos os professores devem discutir regularmente com os alunos sobre quais *sites* são apropriados para o uso na escola e quais não são.

Nenhuma informação sobre os alunos deve ser publicada em *blogs* abertos ou em *websites* publicamente disponíveis. Na verdade, endereços, *e-mails* pessoais, números de telefone ou quaisquer outras informações de contato dos alunos jamais devem ser publicadas no ambiente digital. Fotos devem ser publicadas apenas em grupos ou quando os alunos estão trabalhando nas várias atividades de ABP, e os professores devem examiná-las antes de postá-las. Em muitas escolas, esses projetos só podem ser publicados após a permissão dos pais, enquanto outras escolas garantem anualmente uma permissão mais "aberta" para a publicação dos projetos dos alunos. Também, em quaisquer vídeos que possam ser enviados para a *web*, os alunos devem ser encorajados a usar apenas os prenomes. É claro, nenhum aluno deve ter um perfil *on-line* publicado no *blog* da sala de aula ou no *website* da turma, a não ser que *sites* seguros e exclusivos da sala de aula ou da escola sejam usados.

Ao considerarem essas questões de segurança na internet, os professores devem ensinar ativamente essas precauções aos alunos. Elas podem incluir avisos relativos à publicação de quaisquer informações privadas, não apenas sobre *sites* relacionados à escola, mas também sobre *sites* de redes sociais, como o Facebook e o MySpace. Embora esses *sites* geralmente não estejam relacionados aos trabalhos da escola e, de forma geral, não devam ser usados em atividades escolares, uma discussão sobre os cuidados que devem ser tomados ao se publicar qualquer informação pessoal é sem dúvida apropriada no mundo de hoje.

UM EXEMPLO DE PROJETO DE ABP ASSENTADO EM TECNOLOGIA

Ainda que muitos outros exemplos de tecnologias que podem aprimorar o ensino baseado em ABP possam ser fornecidos, as ideias recém apresentadas devem ajudar os professores a iniciarem seu projeto de ABP assentado em tecnologia. Para resumi-las, um projeto de ABP de estudos sociais para uma turma dos anos finais do ensino fundamental é apresentado. Pode ser instrutivo compará-lo ao projeto apresentado no Capítulo 1, observando-se a maior aplicação de tecnologias de ensino modernas nesse projeto. O Quadro 4.9 apresenta um projeto de amostra de ABP, Planejando um Jardim Memorial da Guerra Civil, o qual representa uma oportunidade para uma turma dos anos finais do ensino fundamental, ou mesmo para uma turma de ensino médio, de ajudar a comunidade a comemorar a história local.

Quadro 4.9 Planejando um Jardim Memorial da Guerra Civil

Âncora de projeto

A cidade de Nova Berna, na Carolina do Norte, está planejando um extenso memorial para a Batalha de Nova Berna de 1862. Uma parte do campo de batalha foi comprada e um pequeno museu dedicado à Guerra Civil foi construído sobre o terreno e já está aberto ao público.

A Comissão do Campo de Batalha requisitou sugestões e planos detalhados do público sobre como planejar um jardim de meio acre que irá recordar e honrar todos os participantes, tanto da União quanto dos Confederados, ligados à Carolina do Norte daqueles tempos conturbados. Em particular, a Comissão observa os seguintes pontos a serem honrados e recordados no pequeno jardim.

1. A 26ª Infantaria da Carolina do Norte defendeu a posição Confederada que está preservada no campo de batalha com grande honra e coragem. O grupo era uma unidade de infantaria formada localmente por homens da Carolina do Norte, e muitos alunos dessa localidade talvez encontrem ancestrais (ou, pelo menos, indivíduos com o mesmo sobrenome deles) nesta unidade. Outras unidades confederadas incluíam a 7ª da Carolina do Norte, a 35ª da Carolina do Norte e Milícia Confederada da Carolina do Norte. Essas outras unidades podem ser mencionadas no memorial recomendado, mas isso não é uma exigência.
2. Nova Berna era o local onde ficava o acampamento *Trent River*, um assentamento de escravos fugitivos ou recém-libertos, e seus esforços para escapar devem ser lembrados e honrados neste jardim.
3. A Brigada Africana de Nova Berna foi formada no acampamento *Trent River* logo após aquela batalha. Era composta por ex-escravos da área de Nova Berna, na Carolina do Norte, que escolheram lutar com a União pela liberdade dos outros escravos. A Brigada Africana era, dessa maneira, composta por homens do local e deve ser honrada neste jardim. Embora muitas unidades da União de outros estados tenham lutado ou ficado estacionadas em Nova Berna durante a Guerra Civil, nenhuma das outras unidades da União era predo-

continua

Quadro 4.9 *Continuação*

minantemente formada por homens da Carolina do Norte. Essas outras unidades da União podem ser mencionadas nos planos, mas isso não é uma exigência.

A tarefa e o desafio para qualquer grupo ou turma de escola que deseja participar é desenvolver planos para um jardim de meio acre apropriado, incluindo um ou mais monumentos para honrar todas essas pessoas, assim como recordar suas perspectivas históricas, ainda que diferentes, sobre a Guerra Civil. A Comissão é extremamente sensível em relação às opiniões antagônicas sobre as causas da Guerra Civil e o que deve e não ser celebrado, de modo que eles exigem que quaisquer recomendações de projeto demonstrem consciência e sensibilidade profundas com respeito a essas questões complexas.
Na James City Middle School, os alunos do 8º ano que participam de uma aula que combina história e literatura optaram por realizar esse projeto entre setembro e outubro do ano letivo.

A questão motriz:

- Um local do jardim próximo ao novo museu pode servir como um memorial para esses grupos diversos?
- As perspectivas das pessoas que atuaram nesse evento histórico e que foram rejeitadas pela sociedade moderna (p. ex., a perspectiva dos senhores de escravos que podem ter lutado nas unidades Confederadas) devem ser honradas atualmente? Pode-se criar um memorial adequado para a sua bravura e seu sacrifício e, mesmo assim, não honrar uma causa (isto é, a escravidão) que foi rejeitada pela história recente?

O projeto

Apresente recomendações específicas, análises de custos e ideias de projetos para o jardim memorial de meio acre dedicado aos cidadãos importantes de Nova Berna e da Carolina do Norte que estiveram envolvidos no conflito. Esses elementos devem ser fornecidos à Comissão do Campo de Batalha até o dia 30 de novembro de 2012. Esse projeto será realizado no período de aula que combina história e literatura, com algum envolvimento do professor de ciências com relação às plantas adequadas ao memorial e às recomendações sobre o jardim memorial. Nesta aula, três grupos de ABP serão formados e cada um irá trabalhar de forma independente.

Tópicos de estudo

- Crise de Anulação
- Principais batalhas na Carolina do Norte (Nova Berna, Forte Macon, Bentonville, Forte Fisher, Plymouth)
- O Compromisso do Missouri
- O caso *Dred Scott*
- Outros eventos que levaram à Guerra Civil
- A *Underground Railroad*
- O atual debate sobre as causas da Guerra Civil
- Pessoas importantes (Abraham Lincoln, Jeff Davis, Harriet Tubman, Frederick Douglass, Sojourner Truth, os generais Robert E. Lee, U. S. Grant, William T. Sherman, Joe Johnson)
- Batalhas importantes em outros estados durante a Guerra Civil (p. ex., a 1ª e a 2ª *Bull Run*, Shiloh, Gettysburg, Vicksburg, Petersburg, a campanha de Atlanta)
- The Freedman's Bureau (O bureau dos libertos)

Atividades requeridas, artefatos e atribuição de notas

Todos os grupos devem completar as tarefas de número 1, 2, 4, 5, 7 e 8 e a tarefa de projeto de final.
Contudo, cada equipe de ABP pode optar por excluir duas das tarefas dos seguintes grupos: 3, 6 e 9. Todas as notas serão combinadas pelo professor em um número que varia entre 1 a 100, calculando a média dos escores dessa escala para cada aluno, a fim de gerar uma nota final para o semestre. Contudo, a nota para o projeto final será contabilizada duas vezes no cálculo da nota final; assim, essa nota possui duas vezes o peso das notas das tarefas a seguir.

1. Os alunos, trabalhando em duplas, completarão três das *webquests* listadas a seguir. Serão fornecidas rubricas para cada uma delas, as quais serão avaliadas pelo professor. Na *webquest*, os companheiros de dupla receberão a mesma nota.
   – Causas da Guerra Civil (apresentadas anteriormente)
   – Presidentes de 1820 a 1877
   – Batalhas cruciais da guerra
   – Expansão para o oeste e escravidão

continua

Quadro 4.9 *Continuação*

2. Todos os alunos irão completar um estudo de quebra-cabeça sobre as principais batalhas da Carolina do Norte que impactaram a Guerra Civil. Os grupos de quebra-cabeça receberão um *quiz* sobre essas informações, e o grupo com o escore médio mais alto ganhará uma festa com pizza a ser organizada pelo professor.
3. Todos os alunos serão solicitados a participar da *wiki* de turma sobre a Guerra Civil (conforme descrito anteriormente). Espera-se que os alunos usem essa *wiki* no desenvolvimento de suas ideias para as recomendações sobre o projeto do jardim de meio acre, assim como a conclusão de todos os outros trabalhos. Além disso, todos serão solicitados a desenvolver definições dos termos relacionados à Guerra Civil e a outros eventos da história dos Estados Unidos que estejam na *wiki* da turma. A participação dos alunos será avaliada por meio de anotações por escrito feitas pelo professor, baseadas no número de entradas na *wiki* e na qualidade factual e conceitual globais delas.
4. Os alunos irão manter, individualmente, um diário reflexivo em formato eletrônico (usando o Word) ao longo de todo o projeto. Eles devem refletir os pensamentos sobre as questões e os problemas que impactaram profundamente a vida de várias pessoas que vivenciaram esse período, com especial atenção ao sujeito da sua biografia (descrito na próxima tarefa). Essas entradas de diário não serão avaliadas, mas serão lidas pelo professor e, em alguns casos, poderão ser compartilhadas eletronicamente com outros membros da turma.
5. Os alunos, trabalhando individualmente, irão pesquisar sobre uma pessoa importante à sua escolha e escrever uma biografia sobre ela (com no mínimo cinco páginas). Eles também podem escolhê-la a partir de uma lista fornecida ou selecionar outra pessoa (com a aprovação do professor). Dois alunos de um mesmo grupo de ABP não poderão pesquisar sobre a mesma pessoa. Uma rubrica será fornecida para o desenvolvimento dessa biografia, a qual será avaliada pelo professor e, então, colocada na *wiki* da turma após sua finalização.
6. Cada aluno será solicitado a jogar *Flight to Freedom* (descrito anteriormente neste capítulo). Os alunos devem refletir sobre o jogo em seus diários, com atenção especial a quaisquer relações com a Carolina do Norte, ou locais desse estado, ligados à *Underground Railroad.*
7. Cada aluno irá produzir ou participar da produção de, pelo menos, um produto criativo (p. ex., uma peça de um único ato, um debate encenado, uma apresentação de PowerPoint, um quebra-cabeça ou um jogo, ou outro tipo de produto criativo) focado nas principais questões conceituais, como "Qual é o impacto da Guerra Civil sobre a história dos Estados Unidos?". Esses serão produtos finalizados, prontos para publicação em um local adequado (podem se sobrepor às outras tarefas da lista). Cada produto será mostrado à turma e avaliado pelos demais alunos em conjunto com o professor. Somente os alunos que trabalharem em um produto criativo em particular receberão nota por ele, mas todos os alunos da turma devem participar da criação de, pelo menos, um produto criativo.
8. Cada grupo de ABP desenvolverá dois artefatos de planejamento: (a) um cronograma de eventos para as oito semanas deste estudo, incluindo as metas específicas que os projetos devem atingir, e (b) uma lista de tarefas individuais para cada membro do grupo. Esse cronograma e lista de tarefas de atividades específicas serão solicitadas ao final da 1ª semana do projeto. Essas tarefas não serão avaliadas.
9. Cada grupo de ABP fornecerá um diagrama detalhado do jardim memorial como parte de sua recomendação para o jardim de meio acre, juntamente com a descrição do(s) monumento(s) a serem nele colocados. Um orçamento para desenvolvimento, paisagismo, recomendação para o(s) monumento(s), plantas adequadas, áreas com assentos e outras áreas designadas será elaborado. Esta parte deve ser concluída ao final da sexta semana do cronograma do projeto, e uma rubrica será fornecida para a avaliação desse plano. A turma inteira, usando essa rubrica, avaliará esses artefatos. Cada membro de seu grupo receberá a mesma nota por este artefato.

Projeto de ABP final

A Comissão do Campo de Batalha convidou a nossa turma para fazer uma recomendação completa para um jardim memorial de meio acre, e essas apresentações devem refletir e incluir muitos dos artefatos listados, conforme determinado pelo grupo de ABP e pelo professor. Essa recomendação será exibida à comissão por meio de uma apresentação de PowerPoint e de um conjunto de cópias impressas dos projetos para o jardim memorial. A recomendação de projeto, se for aceita, será apresentada na mídia local para que sejam feitos comentários a respeito. O professor irá atribuir a nota final para o projeto definitivo, e cada membro do seu grupo receberá a mesma nota por esse artefato.

Esse projeto de ABP é bastante vasto e pode ser usado em várias disciplinas, como inglês, história ou estudos sociais, ao se estudar a Guerra Civil e o contexto da época. Esse período abrange a história dos Estados Unidos desde os anos de 1820, a data da sucessão ameaçada da Carolina do Sul na Crise de Anulação, até 1877, o fim do período da reconstrução. Esse projeto de ABP também pode ser usado em uma aula que combine habilidades em história, ciências sociais, biologia e inglês. Um projeto dessa natureza representa um prazo mais longo (talvez entre nove semanas até um semestre), mas os professores devem observar que o conteúdo incorpora um prazo extenso em uma turma de história dos Estados Unidos. Observe também que as escolhas dos alunos proporcionadas na seção de tarefas implicam o desenvolvimento de vários artefatos ou a conclusão de diferentes tarefas. Tipicamente, esse tipo de escolha do aluno resulta em participação mais entusiasmada no projeto.

CONCLUSÕES

Este capítulo apresentou apenas algumas das mais simples aplicações de ensino de tecnologia que podem aprimorar a ABP. Certamente os professores são encorajados a explorar amplamente a tecnologia, conforme seu tempo e recursos da escola permitirem. Para reiterar um tema persistente, o ensino na ABP não é dependente do uso extensivo de tecnologia, e recomenda-se que os professores explorem estratégias de ensino baseadas em problemas independentemente da disponibilidade de tecnologia em sala de aula. Ao prepararem-se para o ensino do século XXI – quanto mais cedo melhor – os professores devem avançar rapidamente na adoção da ABP.

Dito isso, o uso judicioso das modernas tecnologias de ensino irão aprimorar bastante a experiência de aprendizagem de ABP e, assim, o uso da tecnologia no ensino está completamente justificado. A união entre a ABP e a tecnologia aumentou considera-velmente as oportunidades de aprendizagem (BOSS; KRAUSS, 2007; LARMER et al., 2009; SALEND, 2009), e essa interação promete continuar até, pelos menos, a próxima década. É claro, hoje muitos professores estão se esforçando para não serem deixados para trás nessa drástica transição para o ensino baseado em tecnologia (BENDER; WALLER, 2011), e a melhoria continuada em suas habilidades tecnológicas irá prepará-los melhor para o ensino na sala de aula do futuro. Na verdade, muitos educadores acreditam que isso representa uma mudança bastante drástica em relação ao ensino tradicional praticado no século XX, e mesmo simples aplicações tecnológicas (p. ex., o uso de *webquests* ou *wikis* na sala de aula) podem conduzir uma aula para a direção certa (BENDER; WALLER, 2011; BONK, 2010; HUBER, 2010). Tendo isso em mente, recomenda-se que os professores explorem qualquer uma dessas inovações tecnológicas a seu alcance e comecem a implementá-las em suas aulas o mais rápido possível. Isso facilita claramente o ensino na ABP e serve aos melhores interesses de todos os alunos na aula.

5

Estratégias de ensino na aprendizagem baseada em projetos

●●●●●●

Enquanto as novíssimas ferramentas de ensino baseadas em tecnologia discutidas no Capítulo 4 forçarão muitos educadores a aprender, por necessidade, diversas habilidades e outras estratégias de ensino recém surgidas, frequentemente descritas como componentes essenciais de ABP, não são tão novas. Por exemplo, a aprendizagem cooperativa é frequentemente mencionada como componente essencial da ABP (SCHLEMMER; SCHLEMMER, 2008) e essa estatégia de ensino tem sido usada em salas de aula nas últimas três décadas. Por isso, os professores podem estar muito mais familiarizados com essa opção de ensino do que com muitas alternativas tecnológicas mais novas. Os proponentes da ABP recomendam, tipicamente, o uso generalizado de trabalho cooperativo, porque reflete melhor as demandas do ambiente de trabalho do século XXI do que as tarefas individuais de resolução de problemas (BENDER; WALLER, 2011; PARTNERSHIP FOR 21ST CENTURY SKILLS, 2009; SCHLEMMER; SCHLEMMER, 2008). Por essa razão, os professores devem maximizar as tarefas cooperativas dentro do projeto geral de ABP.

Outras estratégias frequentemente descritas como componentes de ABP poderiam incluir *brainstorming*, agrupar os alunos para o ensino, táticas de investigação dirigidas pelos alunos, incluindo vários procedimentos de ensino metacognitivos, e táticas de ensino dirigidas pelos professores, como o ensino estruturado (BARELL, 2007, 2010; BOSS; KRAUSS, 2007; LARMER et al., 2009). De novo, embora muitas dessas estratégias não sejam particularmente novas para muitos professores, este capítulo apresenta sínteses dessas práticas de ensino, pois elas podem interagir na formação de uma experiência de ABP viável e realista. Além disso, a ABP tende a resultar no uso dessas estratégias mais frequentemente ou de forma criativa e um pouco diferente na sala de aula. Portanto, este capítulo apresenta uma discussão sobre estratégias de investigação dirigidas pelos alunos e estratégias de ensino dirigidas pelos professores para a ABP. Táticas de ensino que lidam especificamente com a avaliação de tarefas e a atribuição de notas para artefatos em um projeto de ABP serão discutidas no próximo capítulo.

Os proponentes da ABP recomendam o uso generalizado de trabalho cooperativo, porque reflete melhor as demandas do ambiente de trabalho do século XXI do que as tarefas individuais de resolução de problemas.

Dentro dessa discussão, um tema prioritário que todos os professores devem observar ao considerarem o *framework* da ABP é a mudança de papel do professor e do aluno (LARMER; ROSS; MERGENDOLLER, 2009). Na ABP, os professores se tornam facilitadores do ensino em vez de líderes ou pessoas que transmitem conteúdos. Conforme discutido nos capítulos anteriores, os professores precisarão aprender diversas habilidades novas para facilitar o ensino na ABP ou desenvolver de forma mais aprofundada suas habilidades nessa área de ensino relativamente nova. Por exemplo, embora muitos professores incluam projetos de alunos nas expectativas curriculares, incluindo projetos que vão além de uma única unidade de ensino (p. ex., o requisito do projeto de ciências anual), basear o currículo inteiro, ou uma parte substancial dele, em uma experiência de aprendizagem baseada em projetos exige um envolvimento bem maior do que aquelas tarefas tradicionais de projeto individual e ainda irão demandar novas habilidades.

O exemplo mais claro dessa mudança no papel do professor talvez seja a do professor de ciências sociais do ensino fundamental que, em vez de ministrar uma aula expositiva ou liderar uma discussão com a turma inteira sobre um tópico (ou seja, o papel tradicional de líder de ensino), agora tem um papel mais próximo a de um facilitador do ensino. Para esse professor, o novo papel pode incluir o seguinte:

- Assegurar que textos, internet e outros recursos estejam disponíveis na questão motriz escolhida pelos alunos.
- Sugerir pessoas da comunidade que poderiam ser entrevistadas a respeito de um determinado tópico.
- Localizar vídeos no centro de mídia.
- Apresentar opções para os cronogramas planejados pelos alunos e outros suportes para o planejamento de vários aspectos dos artefatos dentro do projeto de ABP.
- Facilitar discussões de grupo e realização de *brainstorming* sobre o tópico.
- Fornecer minilições sobre aspectos específicos do tópico escolhido ou problema.
- Orientar alunos individualmente ou em pequenos grupos sobre habilidades de trabalho em grupo e de aprendizagem cooperativa.
- Avaliar tarefas, tanto individualmente (ou seja, no papel tradicional do professor avaliador) como por meio do uso da avaliação do professor combinada com a avaliação dos alunos.
- Qualquer outro tipo de orientação, incentivo, aconselhamento e autoridade arbitrária para resolver conflitos.

Em termos do novo papel dos alunos, o ensino na ABP demandará muitas habilidades não muito enfatizadas em paradigmas de ensino mais tradicionais. Assim como o professor tradicional descrito anteriormente, os alunos de salas de aula igualmente tradicionais podem ter recebido algum treinamento nessas habilidades, mas a ABP resultará em uma demanda crescente por habilidades de aprendizagem dirigidas pelos alunos. Elas incluem:

- identificar e selecionar questões e problemas cruciais;
- obter novas opções de solução, a partir de *brainstorming*, para as questões ou problemas selecionados;
- trabalhar cooperativamente;
- criar comentários de avaliação para o trabalho de outros alunos que mostre tanto seus pontos fortes quanto suas deficiências; e
- determinar a importância ou o valor geral das várias contribuições dos outros alunos.

Conforme essas listas indicam, tanto professores quanto alunos precisarão dominar muitos papéis e habilidades de ensino inovadores. Assim, os professores devem observar que, dentro da ABP, o domínio dessas habilidade por parte dos alunos e dos educadores é considerado de extrema importância. Primeiramente, uma discussão sobre as habilidades de investigação dirigidas pelos alunos, seguida por uma discussão das táticas usadas pelos professores na ABP. Essa discussão inclui as estratégias de ensino de ABP que são tanto as mais recentes quanto as mais testadas e aprovadas.

HABILIDADES DE INVESTIGAÇÃO DIRIGIDAS PELOS ALUNOS NA ABP

Dentro de um *framework* da ABP, os alunos dirigem uma quantidade muito maior do seu tempo de ensino do que nas aulas tradicionais. Portanto, irão precisar de planejamento e habilidades de organização de tempo, de aprendizagem cooperativa e muitas outras para a participação bem-sucedida em aulas de ABP. De certa forma, a ênfase nessas habilidades é um ponto forte da abordagem da ABP, já que a investigação autodirigida resulta em maior independência na aprendizagem e, tipicamente, em altos níveis de participação (BARELL, 2007). Na verdade, os proponentes do ensino na ABP têm frequentemente observado que os novos papéis de ensino dos alunos representam, de forma mais adequada, as habilidades necessárias para a força de trabalho do século XXI do que as habilidades de aprendizagem da sala de aula tradicional (BARELL, 2007; PARTNERSHIP FOR 21ST CENTURY SKILLS, 2009; SCHLEMMER; SCHLEMMER, 2008). Contudo, para os alunos que não foram expostos à ABP, os professores precisarão fornecer algum ensino sobre esse conjunto de habilidades de aprendizagem e organizacionais. Não é adequado que os professores optem por implementar a ABP e pressuponham que os alunos saibam as habilidades necessárias para o ensino. Em vez disso, deve-se ensinar aos alunos, inicialmente, uma variedade de novas habilidades de aprendizagem, como aquelas brevemente mencionadas.

Dentro de um framework *da ABP, os alunos dirigem uma quantidade muito maior do seu tempo de ensino do que nas aulas tradicionais; por isso, eles irão precisar de planejamento e habilidades de organização de tempo, de aprendizagem cooperativa e muitas outras para a participação bem-sucedida em aulas de ABP.*

Por fim, embora o professor deva liderar no início da instrução dessas habilidades, os alunos irão dominá-las rapidamente e, então, praticá-las em unidades de ABP existentes. Portanto, essas são consideradas, mais apropriadamente, habilidades de aprendizagem dirigidas pelos alunos, já que elas os ajudam a organizar e dirigir sua própria aprendizagem nas tarefas de ABP. Além disso, a necessidade de instruções para essas habilidades diminuirá bastante ao longo do tempo, à medida que os alunos se tornem mais proficientes no uso delas.

Brainstorming e processamento em grupo

Quando uma âncora ou uma questão motriz é desenvolvida no começo de uma unidade de ABP, o primeiro processo em grupo no qual as turmas participam envolve a realização de *brainstorming* sobre ela, a fim de gerar ideias sobre como o grupo deseja iniciar e completar essa tarefa (BARELL, 2007; GRANT, 2002). Conforme os alunos tornam-se mais competentes em ambientes de aprendizagem de ABP, os professores podem lhes possibilitar e encorajá-los a desenvolver tarefas ou artefatos durante o processo de *brainstorming*, ainda que, inicialmente, seja provável que os professores desenvolvam essas tarefas de forma rudimentar e, então, ofereçam aos alunos opções em relação às tarefas que seu grupo gostaria de completar. Em essência, o *brainstorming* representa a capacidade do grupo de pensar coletivamente por meio de uma tarefa de ABP, explorando as suas ramificações e gerando uma lista de possíveis tópicos ou atividades que poderiam ser realizadas na finalização do trabalho. Como tal, as habilidades de *brainstorming* são cruciais no ensino da ABP (GRANT, 2002).

Quando o ensino migra para o maior uso de formatos de ensino – procedimentos de ensino que tendem a ser muito mais dependentes do bom funcionamento do grupo – a maioria dos professores descobre que é aconselhável ensinar diretamente as habilidades de *brainstorming* às suas turmas (GRANT, 2002). Isso deve-se ao fato de que o *brainstorming*, conforme é praticado em projetos de ABP, envolve muito mais do que a geração de ideias. No mínimo, o *brainstorming* envolve todo o conjunto de habilidades apresentado no Quadro 5.1.

Quadro 5.1 Habilidades de *brainstorming*

- Identificar, considerar e aderir ao grande tópico sem se afastar muito dele.
- Gerar ideias que difiram daquelas apresentadas anteriormente.
- Listar todas as ideias sem qualquer eliminação ou edição inicial dos conceitos.
- Encorajar os outros a pensar de modo independente e diferente sobre o tópico.
- Focar-se na geração do máximo de ideias possíveis sem perder de vista o grande tópico.
- Recusar-se a limitar a lista de ideias ou de conceitos, mesmo que uma grande lacuna lógica ou falha seja evidente.
- Respeitar todas as ideias dignas de consideração.
- Realizar uma fase de encerramento, na qual as ideias são comparadas e sintetizadas (ou seja, juntar duas ideias, caso elas representem uma ideia mais ampla e caso as pessoas que as tenham sugerido concordem em uni-las em uma só).
- Demonstrar encorajamento e respeitar todos os participantes da discussão.

Conforme essa lista de habilidades indica, o *brainstorming* inclui o ensino do respeito pela ideia dos outros, o encorajamento dos colegas e outras habilidades de processos em grupo que seriam benéficas para muitos alunos nas escolas atuais, independentemente da tarefa em questão. De novo, embora não se deva desperdiçar tempo indevidamente ensinando *brainstorming* durante cada unidade de ABP, investir algum tempo, ao menos inicialmente, irá beneficiar a turma e aprimorar a experiência inicial de ABP. É aconselhável gerar um pôster dessas habilidades de *brainstorming* (e outras que o professor possa querer enfatizar) e discuti-las com a turma, ou talvez apresentá-las como "regras de *brainstorming*!". Ao deixar esse pôster visível durante o ano todo, os professores podem usá-lo como referência se e quando problemas comportamentais surgirem entre os alunos. Algumas diretrizes adicionais para o ensino de habilidades de *brainstorming* são apresentadas no Quadro 5.2.

Quadro 5.2 Ensino de habilidades de *brainstorming*

1. Desenvolver um pôster que resuma as habilidades de *brainstorming* que você queira enfatizar (utilizando indicadores de exemplos do Quadro 5.1 neste capítulo).
2. Antes da sessão inicial de *brainstorming*, o professor deve apontar duas pessoas do grupo para desempenharem os papéis de registrador de ideias e de líder de discussões. O professor deve, então, explicar a eles os seus papéis.
3. Durante a etapa inicial do ensino (isto é, a primeira sessão de *brainstorming*), o professor deve analisar as diretrizes sobre o pôster e, então, liderar a discussão.
4. Mandar o registrador de ideias ao quadro-branco ou quadro interativo. A sua tarefa será escrever uma breve sinopse de cada ideia ou pensamento apresentado.
5. A tarefa do líder de discussão será garantir que todos sejam ouvidos e tentar envolver todos os participantes na sugestão de ideias.
6. O líder de discussões deve evitar que as ideias dos participantes sejam interrompidas ou criticadas durante o *brainstorming* inicial.
7. Realizar uma sessão de *brainstorming* com o registrador e o líder de discussões moderando a sessão. O professor deve intervir para ajudar a moderar o *brainstorming* somente se for necessário.
8. Em algum ponto, o líder de discussões deve sugerir ideias que possam ser unidas ou que pareçam afirmar a mesma ideia geral. Ele deve especificar porque recomenda a síntese dessas ideias e, então, pedir permissão aos participantes que as sugeriram originalmente para fundi-las.
9. Após o término da fase de síntese, o registrador deve anotar todas as ideias sintetizadas e as restantes que foram escritas no quadro, fazer cópias e distribuí-las a todos os participantes.
10. Nas futuras sessões de *brainstorming*, os alunos devem selecionar o registrador e o líder de discussão, e eles devem revisar as regras do *brainstorming* no pôster antes de cada sessão.

Planejamento de cronograma

Os alunos que embarcam em um projeto de ABP também estarão envolvidos no planejamento de habilidades de ensino dentro de um dado prazo durante a unidade de ABP especificada, e isso irá requerer algum conhecimento sobre como fazer o "cronograma" dos vários artefatos solicitados em um projeto. Embora variem consideravelmente de projeto para projeto, algumas orientações sobre os requisitos gerais do cronograma são tipicamente apresentados na descrição do projeto de ABP original. Por exemplo, no projeto de ABP sobre o planejamento de um jardim memorial da Guerra Civil (descrito no Quadro 4.9 no Capítulo 4), um total de 15 tarefas ou artefatos separados foram solicitados, e seis destas estipularam um prazo limite para a sua conclusão.

Ao ajudarem os alunos a aprender a habilidade de planejamento de cronograma, os professores podem querer usar um modelo como aquele apresentado no Quadro 5.3. É claro, ele pode ser adaptado conforme for necessário para abordar a quantidade e os tipos de tarefas ou artefatos solicitados.

Quadro 5.3 Exemplo de cronograma de aula para o projeto de jardim memorial da Guerra Civil

Este projeto requer a conclusão das seguintes tarefas e o desenvolvimento dos seguintes artefatos. Ao lado de cada um deles, o grupo de ABP deve estipular um prazo limite, e para as tarefas e os artefatos mais complexos (indicados com um asterisco), o grupo de ABP deve listar, também, um "prazo limite para o esboço da tarefa".

1. Quatro *webquests*:
   Causas da Guerra Civil ________________
   Presidentes de 1820 a 1877 ________________
   Batalhas cruciais da guerra ________________
   Expansão para o oeste e escravidão ________________
2. Quebra-cabeça sobre a batalha da Carolina do Norte ________________
3. Entradas semanais da *wiki* da turma (verificar para cada aluno a cada semana)
   ____
4. Entradas semanais do diário dos alunos (verificar para cada aluno a cada semana) ________________
5. Data para entrega do esboço da biografia de uma pessoa importante* ________________
   Data para a entrega da biografia final ________________
6. Conclusão do jogo *Flight to Freedom* (ao final da 3ª semana, listar os alunos no grupo de ABP à medida que concluírem esta tarefa) ________________
7. Produtos criativos*: Listar cada produto completado e sua data. ________________
   Deve ser completado na 6ª semana do projeto. Prazo para a entrega do esboço data ________________
   Data para entrega do projeto final ________________
8. Cronograma do planejamento (dentro da 1ª semana) ________________
9. Tarefas de planejamento feitas pelos alunos (dentro da 1ª semana) ________________
   ____
10. Diagrama (prazo de entrega: duas semanas antes do fim do projeto) ________________
11. Apresentação para a Comissão Campo de Batalha (prazo de entrega: quarta-feira da 9ª semana) ________________
   ____

Os alunos que embarcam em um projeto de ABP também estarão envolvidos no planejamento de habilidades de ensino dentro de um dado prazo durante a unidade de ABP especificada, e isso irá requerer algum conhecimento sobre como fazer o "cronograma" dos vários artefatos solicitados em um projeto.

EXEMPLO DE CRONOGRAMA DE AULA PARA O PROJETO DE JARDIM MEMORIAL DA GUERRA CIVIL

Há uma vantagem adicional para o ensino de desenvolvimento de cronogramas. Embora tenham sido apresentadas na discussão anterior como ferramentas de planejamento organizacional para os alunos usarem quando estiverem mapeando um projeto de ABP, os cronogramas, em alguns casos, também podem ser tarefas eficazes de artefatos dentro de um projeto de ABP. Por exemplo, em uma aula de biologia do ensino médio que estuda bactérias, um cronograma que vai da descoberta da bactéria até o desenvolvimento de antibióticos pode ser um artefato excelente para um projeto de ABP. É claro, estudos sociais e história oferecem muitas oportunidades de ensino por meio de cronogramas que os alunos desenvolvem, já que muitas coisas desse currículo estão ligadas a unidades temporais de estudo. Contudo, muitos exemplos em praticamente todas as disciplinas podem envolver o desenvolvimento de cronogramas como ferramentas de planejamento educacional ou artefatos de projeto. Em geral, os professores devem buscar maneiras de permitir que os alunos desenvolvam cronogramas em vários projetos de ABP, já que essas habilidades também são facilmente transferidas para mundo do trabalho do século XXI.

Na verdade, Larmer, Ross e Mergendoller (2009) combinaram a ênfase no planejamento de cronograma com o conceito de gerenciamento de grupo em um projeto de ABP. Essa ideia incorpora tanto o planejamento de cronogramas requerido quanto algumas questões de gerenciamento que envolvem um projeto de ABP. Assim, esse tipo de ferramenta de gerenciamento de projeto inclui informações que vão além do cronograma, como prazos para entrega dos esboços de artefatos ou produtos, quem são os responsáveis pela confecção deles e quem avalia esses produtos para o grupo. Um exemplo de ferramenta para o gerenciamento de projetos é apresentado no Quadro 5.4.

Quadro 5.4 Programação de responsabilidades para o gerenciamento do projeto

Artefatos ou tarefas de grupo	Data de esboço	Data final	Quem avaliará

Tarefas individuais	Quem fará isso	Data de esboço	Data final	Quem avaliará

Outras ferramentas de planejamento metacognitivo

Além das habilidades de planejamento de *brainstorming* e de cronogramas, os alunos com notas baixas ou medianas podem se beneficiar bastante da aprendizagem de outras habilidades de planejamento metacognitivo. Por causa da expectativa, intrínseca à ABP, de que os alunos responsabilizem-se pelo planejamento de muitas atividades de ensino, o domínio de algumas ferramentas comuns de planejamento do ensino é muito útil, e várias ferramentas metacognitivas podem ser úteis para ajudar os alunos a entender o processo de planejamento, assim como o conteúdo de ensino.

As ferramentas de planejamento metacognitivo ajudam os alunos a pensar sobre seu nível de compreensão do conteúdo e a monitorar seu próprio progresso em direção à meta geral da ABP. Embora essas ferramentas não sejam materiais conceituais a serem aprendidos, o seu uso pode facilitar imensamente a investigação dirigida pelos alunos, tanto individualmente quanto para o grupo de ABP.

Os professores têm usado ferramentas cognitivas em sala de aula há muitos anos e, embora a maioria dos alunos dos anos iniciais do ensino fundamental tenham sido expostos a elas, eles podem não ter sido desafiados a desenvolvê-las para tarefas específicas por si mesmos, ou a decidir sobre a sua utilização em uma determinada situação. Os alunos podem carecer da capacidade de selecionar ferramentas específicas para tipos distintos de planejamento de tarefas em grupo. Desse modo, os professores de ABP podem ser chamados a ensinar sobre ferramentas comuns de planejamento metacognitivo e ensinar os alunos sobre o seu uso (BARELL, 2007). Eis alguns exemplos que têm sido recomendados dentro do contexto do ensino na ABP.

Quadros SQA: Como ferramenta metacognitiva comumente usada, os professores na ABP podem compartilhar a ideia de utilizar um simples quadro SQA com seus alunos (BARELL, 2007; BARON, 2010). O quadro SQA, originalmente desenvolvido pela Ogle (1986), foca-se em três questões que ajudam os estudantes a entender onde estão em relação a um conteúdo específico:

S Saber (O que eu sei sobre isso atualmente?)
Q Querer saber (O que eu quero saber ou compreender?)
A Aprendido (O que eu aprendi nesse processo?)

Esse método de SQA envolve a colocação de um quadro em branco diante de um ou mais alunos para fazê-lo(s) discutir as primeiras duas questões antes da leitura de uma breve seleção de textos. Ao identificar o que os alunos já sabem sobre um tópico, o grupo de ABP estará ativando o conhecimento já adquirido. Também, pedir que identifiquem o que eles gostariam de saber, na 2ª questão, convida-os a exercitar um pouco a escolha relativa à tarefa, em relação ao que gostariam de estudar. Os alunos iriam, então, abordar a última questão (O que eu aprendi?) depois que tivessem lido e discutido um texto sobre seu tópico geral.

É claro, foram propostas variações desse quadro, que permitem aos alunos utilizá-lo em tarefas de longo prazo, como fazer *brainstorming* do trabalho de ABP no início do projeto, ou utilizá-lo como um prelúdio para uma minilição dentro do próprio projeto. O Quadro 5.5 apresenta um quadro SQP, uma modificação desse quadro SQA, que poderia ser usado em uma tarefa mais longa dentro de uma unidade de ABP. Observe que a última questão foi um pouco modificada (O que eu preciso aprender?) a fim de considerar o fato de que nem todas as informações desejadas podem ser dominadas durante uma leitura rápida de um único trecho. Assim, o quadro SQP pode ser usado como uma ferramenta preliminar que os alunos revisitam durante um projeto de prazo mais longo. Finalmente, esse quadro SQP inclui diversos espaços para observações sobre pontos interessantes na parte inferior, já que, quanto mais complexo o tópico, maior a probabilidade de que alguns itens ou pontos factuais não se enquadrem facilmente nas três áreas de questões que estão no topo. Em ABP, os professores e os alunos devem se sentir à vontade para adaptar esta ideias de quadro SQA da forma que melhor se encaixar às necessidades de grupo.

Quadro 5.5 Um quadro SQP para uma unidade de ABP

Saber O que eu sei?	**Querer** O que eu quero saber?	**Precisar** O que preciso saber?
Outros pontos importantes:		

Mapas conceituais: Os mapas conceituais, às vezes chamados de mapas semânticos ou redes semânticas, apresentam a relação entre os conceitos em um tipo de forma pictórica significativa. Vários proponentes da ABP recomendam o uso de mapeamento conceitual durante o ensino na ABP para enfatizar as habilidades de pensamento de alto nível (BARELL, 2007; SCHLEMMER; SCHLEMMER, 2008). O desenvolvimento de um mapa conceitual pode ajudar os alunos a fomentar a compreensão mais aprofundada do conteúdo, assim como fornecer uma ferramenta para auxiliá-los a lembrar-se do conteúdo, já que as representações pictóricas de informações são associadas a níveis mais elevados de retenção. Um mapa conceitual que poderia ser usado no projeto do jardim memorial da Guerra Civil descrito no Capítulo 4 é apresentado no Quadro 5.6.

Quadro 5.6 Mapa conceitual sobre o projeto do jardim memorial da Guerra Civil

Grupos impactados historicamente pela guerra	**Causas potenciais da Guerra Civil**		
	Escravidão	Diferenças econômicas ou secionais (norte *versus* sul)	Interferência federal na governança estadual
Descendentes dos escravizados			
Descendentes dos soldados confederados			
Descendentes dos soldados da União			
Público em geral da Carolina do Norte			
Público em geral			

Observe que esse mapa conceitual não pretende apresentar todo o conteúdo abrangido pelo projeto, mas, em vez disso, foca-se em um aspecto significativo dessa unidade – as causas potenciais do conflito em relação às percepções variáveis dos diversos grupos historicamente impactados pela Guerra Civil. Um mapa conceitual dessa natureza pode ajudar no ensino dessas relações entre a perspectiva e a compreensão que se pode ter da polêmica história desse período.

A CRIATIVIDADE DOS ALUNOS DENTRO DE PROJETOS DE ABP

Conforme discutido no Capítulo 4, muitos proponentes da tecnologia ou da ABP em sala de aula sugerem que os próprios significados de ensino e aprendizagem estão mudando e que os alunos estão se tornando agentes criativos do processo de aprendizagem no século XXI (BENDER; WALLER, 2011; BOSS; KRAUSS, 2007; FERRITER; GARRY, 2010). No contexto da sala de aula do século XXI, o ensino é transformado em aprendizagem facilitada em vez de aprendizagem conduzida, e a aprendizagem muda para a criação de conteúdo em vez de consumo passivo de conteúdo. Nas salas de aula do futuro, o conteúdo é criado pelos alunos, sendo novamente sintetizado de modos diferentes para abordar problemas específicos, autênticos e altamente significativos. Assim, a investigação dirigida pelos alunos, no contexto da ABP, deve enfatizar o ensino que ajuda os alunos a gerar conteúdo de alta qualidade e, então, apresentá-lo para demonstrar a compreensão profunda de questões e tópicos discutidos.

O Capítulo 4 mencionou o uso de câmeras digitais em uma variedade de projetos de ABP, e o projeto do jardim memorial da Guerra Civil, descrito nesse mesmo capítulo, envolveu uma tarefa final baseada em tecnologia – uma apresentação de PowerPoint, incluindo exemplos de vídeos digitais. Como esses exemplos ilustram, a natureza de investigação dirigida pelos alunos dos projetos de ABP frequentemente resultam na síntese real de informações em formato digital, que aborda um problema específico ou uma questão motriz. Diferen-temente da aprendizagem passiva que caracterizou as salas de aula tradicionais de outrora, os alunos em salas de aula de ABP são criadores de conhecimento (BOSS; KRAUSS, 2007; LARMER; ROSS; MERGENDOLLER, 2009; PARTNERSHIP FOR 21ST CENTURY SKILLS, 2009; SCHLEMMER; SCHLEMMER, 2008).

Embora essa criação de conhecimento muitas vezes envolva o uso inovador das modernas tecnologias, isso nem sempre acontece. Por exemplo, as tarefas tradicionais, como resenhas de livros, dissertações e ensaios de opinião, poderiam ser artefatos dentro de um projeto de ABP, e uma maior ênfase na ABP não deve significar o abandono total de tarefas desse tipo, já que muitos alunos acreditam ser significativas. Esta seção descreve uma variedade de produtos finais que podem evoluir a partir de um trabalho de ABP que tanto pode ser baseado em tecnologia ou não.

A maior ênfase na ABP não deve significar o abandono total de formatos de tarefa que muitos alunos acreditam ser significativos.

Desenvolvimento de *podcast*

Uma opção de criação tecnológica em um *framework* de ABP envolve a geração de um *podcast* por parte dos alunos (SALEND,

2009). Os *podcasts* são arquivos de mídia digital que podem apresentar informações no formato de um programa de entrevistas de rádio. Embora o termo *podcast* refira-se originalmente aos arquivos de áudio, arquivos de vídeo digital também são considerados *podcasts*. Geralmente, os *podcasts* são bem curtos (p. ex., de 2 a 5 minutos) e incluem informações sobre tópicos altamente específicos. Esses arquivos podem ser encontrados em muitos locais na internet e, normalmente, podem ser baixados para computadores individuais na sala de aula ou, em alguns casos, para dispositivos de áudio como aparelhos de MP3 e iPods.

Visto que os alunos adoram usar essas tecnologias mais novas, os professores têm descoberto muitas formas criativas de baixar e usar *podcasts*, e a empolgação que eles geram motiva de verdade os estudantes a trabalharem para entender o tópico de maneira mais completa (SALEND, 2009). Além disso, permitir que os alunos desenvolvam *podcasts* como artefatos em uma tarefa de ABP os motiva, já que qualquer *podcast* pode ser enviado para o *website* da escola, ou para a internet, conforme discutido no Capítulo 3. A tarefa criativa do projeto de jardim memorial da Guerra Civil, descrita no Capítulo 4, forneceu uma opção de tarefa para a criação de um projeto em vídeo, e quase todos os exemplos recentes de ABP enfatizam essa opção baseada em tecnologia.

Os podcasts *são arquivos digitais de áudio ou vídeo que representam "episódios" informativos, os quais abordam um tópico do conteúdo em particular e, geralmente, podem ser criados pelos alunos e subsequentemente baixados em um computador.*

Como muitas outras habilidades descritas nesta seção, os professores inicialmente terão de ensinar os alunos sobre como desenvolver um *podcast* adequado e eficaz. Entretanto, essa tarefa não é tão intimidante quanto parece, já que, de muitas maneiras, o desenvolvimento de um *podcast* de áudio ou vídeo é semelhante ao desenvolvimento de um texto com temática abrangente, um ensaio de opinião ou uma monografia, e essa similaridade certamente deve ser observada ao ensinar os alunos a desenvolverem um *podcast*.

As diretrizes apresentadas no Quadro 5.7 irão ajudar nesse ensino. Além disso, essas habilidades organizacionais são muito semelhantes às etapas de preparação no desenvolvimento de uma apresentação de PowerPoint ou qualquer outro tipo de apresentação de evidências. Finalmente, conforme mostrado por essas diretrizes para a geração de conteúdo de *podcast*, os alunos que participam desse processo também aprenderão habilidades relacionadas à avaliação de evidências, à apresentação de um argumento eficaz e à interpretação de informações da internet ou de outras fontes. Essas são e continuarão a ser habilidades cruciais face ao mundo sobrecarregado de informações do século XXI.

Outras opções de tarefas criativas para alunos da ABP

Ainda que a criação de *podcasts* por parte dos alunos já tenha sido discutida na literatura educacional (COTE, 2007; SALEND, 2009), outros produtos também oferecem opções de criação. Por exemplo, em alguns projetos de ABP, os alunos desenvolveram quebra-cabeças ou jogos que poderiam ser usados para ensinar conteúdos

Quadro 5.7 Desenvolvendo um *podcast* eficaz

1. Selecione um tema amplo relacionado ao tópico a ser tratado.
   Ele pode envolver ou não o conteúdo inteiro de um projeto de ABP mais longo, de modo que o grupo pode querer estabelecer alguns parâmetros sobre o que será incluído e o que ficará de fora.
2. Liste as ideias principais desse tópico e organize-as em alguma ordem específica (temporal, causa e efeito ou ideias relacionadas). É provável que cada uma dessas ideias principais se torne um segmento de conteúdo em um *podcast*.
3. Despois que as ideias principais estiverem listadas e organizadas, encontre informações factuais relacionadas a cada uma delas. Nesse contexto, procure evidências factuais e argumentos ou ideias que o grupo queira apresentar e que estejam relacionados às ideias principais.
4. Em um pedaço de papel, ou utilizando um *software* computacional, o grupo deve organizar as ideias principais, bem como as evidências e os argumentos de sustentação, em tópicos.
5. A seguir, utilizando os tópicos, o grupo deve desenvolver um *storyboard*. Ainda com os tópicos como base, o grupo deve considerar quais evidências pictóricas ou sonoras devem ser encontradas para dar sustentação aos argumentos listados. Então, coloque os tópicos em um grande pôster em ordem sequencial e desenhe ou liste exemplos de vídeos ou áudios para cada um deles.
6. A seguir, busque conteúdo selecionado de vídeo e/ou áudio que sustentam as ideias amplas ou os argumentos relacionados a esse conteúdo. As evidências visuais que sustentam a perspectiva de uma pessoa são sempre bem-vindas e podem ajudar o grupo a "defender o argumento".
7. Demonstre disposição de criticar as evidências que embasam a sua perspectiva, já que essa posição crítica tende a ajudá-lo a defender suas ideias perante o público. Discuta a qualidade das evidências (opinião de especialistas, evidências baseadas em pesquisas sérias, opinião de pessoas de fora, opiniões ou alegações sem sustentação, etc.) e tenha disposição de retificar ou mudar a sua perspectiva à medida que avaliar as evidências.
8. Inclua em seu *storyboard* evidências que não apoiam o seu argumento. Você deve apresentar evidências contrárias, já que a integridade demanda uma apresentação completa, e seu público não irá considerar a perspectiva geral caso você não dê atenção devida a todas as evidências e ideias aceitáveis.
9. Você pode reduzir a importância das evidências que vão de encontro aos seus principais argumentos de duas formas: (a) critique a qualidade das evidências de alguma forma, ou (b) adote uma argumentação sobre o "peso das evidências", sugerindo que, embora haja algumas evidências contrárias, a maior parte apoia o seu argumento.
10. Junte todas as partes e edite-as para que se encaixem perfeitamente em um *podcast*, de áudio ou vídeo, com duração de 2 a 5 minutos.

específicos. A criação de um simples jogo de palavras cruzadas que utiliza vocabulário de uma unidade de ABP pode aprimorar bastante o ensino e, enquanto alguns alunos podem receber crédito por esse artefato em um projeto de ABP, os outros poderiam simplesmente usá-lo como ferramenta de aprendizagem dentro da unidade de ABP. O desenvolvimento de vários jogos de tabuleiro também pode apresentar oportunidades para os alunos desenvolverem criativamente algo que ajude na aprendizagem do conteúdo.

A criação de vários ARGs poderia, da mesma forma, proporcionar uma opção criativa para os alunos demonstrarem sua aprendizagem. No jogo de realidade alternativa *Second Life* [200-?] discutido no Capítulo 4), qualquer jogador recebe a oportunidade de criar um "local de destino", fantasioso, excêntrico ou histórico. Por exemplo, muitos locais de destino que lidam com o estudo de piratas são apresentados, e poderiam ser usados como ferramenta de aprendizagem em uma unidade de história sobre esse tópico. Alternativamente, os alunos poderiam ser desafiados a criarem outro mundo pirata que refletisse um ou mais piratas favoritos associados com a história de uma determinada área.

É claro, muitos professores forneceram oportunidades de escrita criativa que não baseadas em tecnologia para os alunos ao longo dos anos em uma ampla variedade de áreas curriculares. Os alunos com boas habilidades linguísticas e de letramento poderiam se beneficiar de projetos de escrita criativa à medida que desenvolvem um artefato para o projeto de ABP. Eles podem ir da escrita de peças de um único ato à poesia ou conto, de forma que demonstrem o conhecimento em uma área específica. De novo, os professores têm usado esses tipos de tarefas de produção criativa há muitos anos, e eles se enquadram muito bem ao *framework* da ABP. Certamente, essas opções de tarefas devem ser incluídas, de alguma forma, em praticamente todos os projetos de ABP a fim de enfatizar a criatividade e o pensamento criativo ao longo de todo o currículo escolar.

ESTRATÉGIAS DIRIGIDAS PELOS PROFESSORES NA ABP

Agrupamento de alunos para o ensino na ABP

Visto que a ABP dá grande ênfase à aprendizagem social, muito do trabalho é feito em grupos (BARELL, 2010; BOSS; KRAUSS, 2007; LARMER; ROSS; MERGENDOLLER, 2009) e vários autores recomendam tamanhos de grupos diferentes. Larmer e colaboradores (2009) recomendam quatro alunos como sendo um tamanho funcional para os projetos de ABP, apesar de outros autores já terem discutido outros que vão de oito a 12 (BARELL, 2010; BENDER; CRANE, 2011). Essas recomendações resultarão em números diferentes de grupos de ABP dentro da turma, e mais grupos de ABP redundam em mais monitoramento de diferentes projetos para o professor. Ainda assim, os professores monitoram trabalhos em grupo o tempo todo em suas aulas e essa não é uma tarefa que deixará de ser feita no *framework* de ABP. Também, os professores devem ter flexibilidade para usar grupos maiores para alguns projetos de ABP e grupos menores para outros projetos.

Entretanto, nem todas as considerações de agrupamento envolvem tamanho. Schlemmer e Schlemmer (2008) descreveram uma variedade de opções de agrupamento, baseado nos níveis de capacidade dos alunos, no interesse ou no estilo de aprendizagem dos grupos. Em alguns projetos de ABP, pode ser vantajoso formar grupos que envolvam alunos de diferentes grupos de ABP para várias minilições ou tarefas específicas.

Finalmente, os professores devem entender que nem todas as tarefas em um determinado projeto de ABP envolverão trabalho em grupo ou trabalho cooperativo. Por exemplo, a participação em uma *wiki* de turma poderia ser considerada como tarefa individual, enquanto outros trabalhos poderiam envolver a formação de duplas. Outras vezes, os alunos estarão colaborando com seu grupo de ABP ou, possivelmente, com toda a turma durante as minilições sobre um tópico determinado.

Trabalho individual na ABP

Em um *framework* de ABP há muitas oportunidades para que os alunos participem de projetos individuais. Por exemplo, para estudantes com talento artístico que trabalham em um projeto de ABP, a criação de projetos de pinturas, desenhos ou esculturas como artefatos que demonstrem o conhecimento e se relacionem ao projeto de ABP mais amplo às vezes é necessária. Certamente, a ABP oferece oportunidades para diferenciar as lições baseando-se nos talentos individuais dos alunos de um grupo, e os professores devem usar tarefas diferenciadas a fim de aumentar a motivação dos alunos para participar do projeto de ABP.

A ABP oferece oportunidades para diferenciar as lições baseando-se nos talentos individuais dos alunos de um grupo, e os professores devem usar tarefas diferenciadas a fim de aumentar a motivação dos alunos para participar do projeto de ABP.

Por exemplo, quase todos os professores mais velhos já trabalharam com alunos artisticamente talentosos que também demonstram baixa motivação para participar de trabalhos em grupo. No planejamento das atividades de ensino diferenciadas dentro de uma tarefa de ABP, esses alunos devem receber uma oportunidade para usar seus talentos artísticos em um trabalho individual que forneça um artefato para o grupo como um todo. Outros alunos podem ser habilidosos ou altamente motivados para participar de atividades de turma quando há música envolvida. Eles podem trabalhar individualmente, desenvolvendo letras sobre o tópico do projeto de ABP que se "encaixem" em seu ritmo favorito, em uma música popular ou em um gênero musical. Por exemplo, um resumo dos pontos principais de um tópico em "ritmo de música *country*", ou uma síntese das mesmas informações em ritmo de *hip-hop*, pode ser desenvolvido pelos alunos no projeto de ABP. Oferecer aos alunos a escolha dos gêneros musicais a serem usados pode motivá-los a participarem daquela atividade e irá resultar, tipicamente, em um melhor produto. Uma vez que uma música ou um ritmo "rico em conteúdo" é desenvolvido, ele pode ser gravado em videoteipe para compor um artefato para o projeto de ABP como um todo.

Trabalho com parceiros na ABP

Assim como o trabalho individual recém-descrito, a ABP proporciona muitas oportunidades para trabalhos com colegas ou companheiros dentro do contexto de um projeto mais amplo. A tática testada e aprovada de *Think-Pair-Share* (Pense-Par-Compartilhe) (ADAMS; HAMM, 1994; JOHNSON; JOHNSON, 1999; JOHNSON; JOHNSON; SMITH, 1991, 2007) enquadra-se muito bem no *framework* da ABP. *Think-Pair-Share* é uma estratégia de aprendizagem cooperativa que integra indivíduos e companheiros, e faz o compartilhamento do trabalho com parceiro com o grande grupo (SCHLEMMER; SCHLEMMER, 2008). Para usar a estratégia, os professores colocam uma questão ou um problema em particular para toda a turma. Cada aluno é solicitado a pensar individualmente, por uma quantidade de tempo específica, a fim de formular uma solução ou uma opinião pessoal. Os alunos são, então, colocados em duplas, onde compartilham uns com os outros suas próprias respostas para o problema colocado. Essa etapa de formação de duplas proporciona uma oportunidade para os alunos articularem suas ideias e ouvirem as ideias dos outros. Essa fase possibilita que eles tenham tempo para construir, em conjunto, significados a partir do conteúdo, assim como para refletir sobre sua própria compreensão e, finalmente, sintetizar seus conceitos com informações dos colegas. Além disso, essa etapa do processo pode proporcionar experiências para que sejam consideradas reflexivamente pelos alunos em seus diários dentro de um projeto de ABP.

Finalmente, as duplas são chamadas a compartilhar seus achados com o grande grupo de ABP ou, talvez, com a turma inteira. Com o intuito de prepará-los para essa apresentação mais ampla, alguns professores oferecem um modelo, como o mostrado no Quadro 5.8, para ajudar os alunos a registrar seus pensamentos durante a atividade com o parceiro. Esse tipo de modelo ajudará os alunos a processar seus próprios pensamentos ao trabalharem com seu parceiro, assim como garantir a responsabilidade pela conclusão da atividade de *Think-Pair-Share* e fornecer documentação do esforço dos alunos ao professor.

Quadro 5.8 Um modelo de *Think-Pair-Share*

Think (Pense)

Examine as informações que você tem sobre o tópico e, então, liste diversas ideias que você possui sobre ele. Escreva o suficiente para ajudá-lo a se lembrar de toda a ideia.

1. ______________________________

2. ______________________________

3. ______________________________

Pair (Par)

Converse com seu parceiro e explique cada uma de suas ideias. Então, peça para que seu parceiro explique as ideias dele para você. Enquanto conversam, registre as novas ideias que vocês descobrirem juntos.

1. ______________________________

2. ______________________________

3. ______________________________

Share (Compartilhe)

Olhando para todas essas ideias, você e seu parceiro têm de decidir quais são mais importantes. Vocês podem compartilhar uma ou duas ideias com todo o grupo (mas não mais do que duas!). Liste aqui quais vocês pretendem compartilhar.

1. ______________________________

2. ______________________________

ESTRATÉGIAS DE APRENDIZAGEM COOPERATIVA DENTRO DA ABP

Uma vez que os alunos são colocados em seus grupos para a experiência de ABP, eles trabalharão cooperativamente em uma grande quantidade de tarefas. Embora o ensino na ABP inclui trabalhos que podem ser feitos individualmente ou com parceiros (p. ex., *webquests*, participação em *wikis*, pesquisa de biblioteca ou texto, etc.), muito do trabalho da ABP envolve resolução cooperativa de problemas com grupos de outros alunos. Assim, espera-se que os alunos de ABP aprendam de forma colaborativa e cooperativa, assim como independentemente (JOHNSON; JOHNSON, 2010; JOHNSON; JOHNSON; SMITH, 2007; TSAY; BRADY, 2010).

Como a ABP, a aprendizagem cooperativa é alicerçada na ideia de que os alunos aprendem de forma mais eficaz por meio de contextos e interações sociais com colegas para construir a compreensão conceitual uns dos outros (ADAMS; HAMM, 1994; JOHNSON; JOHNSON; SMITH, 2007; TSAY; BRADY, 2010). Essa é uma das vantagens do ensino cooperativo que, provavelmente, resulta em níveis mais elevados de envolvimento dos alunos. Especificamente, os professores reconheceram há bastante tempo que os alunos muitas vezes prestam mais atenção em outros alunos na turma do que nos professores, e a aprendizagem cooperativa, como a ABP, aproveita esse fato (ADAMS; HAMM, 1994; JOHNSON; JOHNSON, 2010; TSAY; BRADY, 2010).

Assim como no ensino na ABP, as práticas de aprendizagem cooperativa são voltadas para que os alunos trabalhem juntos para construir a compreensão conceitual uns dos outros.

Embora muitos professores atualmente usem tarefas de aprendizagem cooperativa de maneira isolada, o ensino é também uma parte integral dos projetos de ABP. Na verdade, várias tarefas de aprendizagem cooperativa podem ser implementadas como minilições em um projeto de ABP de longo prazo. Também, essas tarefas de aprendizagem cooperativa podem permitir que os professores diferenciem o ensino ao permitirem que alguns alunos que enfrentam dificuldades concluam essas tarefas para apoiar sua compreensão do conteúdo, enquanto alunos mais avançados podem pular algumas tarefas cooperativas em uma unidade de ensino na ABP, a fim de empregar mais tempo em outros artefatos e tarefas. Diferentemente dos projetos de ABP em geral, muitas tarefas de aprendizagem cooperativa podem ser facilmente concluídas em um único período de ensino (JOHNSON; JOHNSON, 2010; JOHNSON; JOHNSON; SMITH, 2007; TSAY; BRADY, 2010). Outras tarefas de aprendizagem cooperativa podem ser distribuídas por dois ou mais dias.

Ensinando habilidades de aprendizagem cooperativa

O professores que estão adotando o ensino na ABP devem compreender que os alunos irão precisar de habilidades de aprendizagem cooperativa para que a instrução de ABP seja eficaz. Não é adequado colocar meramente os alunos em grupos cooperativos para a ABP e presumir que esses alunos sabem como trabalhar juntos de forma competente em um contexto de resolução de problemas. A aprendizagem cooperativa bem-sucedida é mais estruturada do que o tipo ocasional de tarefa de projeto de grupo em uma sala de aula tradicional, e além do *brainstorming*, a aprendizagem cooperativa deve incluir habilidades como o processamento em grupo, a responsabilidade individual e de grupo e as habilidades interpessoais (JOHNSON; JOHNSON, 2010; JOHNSON; JOHNSON; SMITH, 2007; TSAY; BRADY, 2010). Os professores podem precisar de um tempo extra com alguns alunos para ensiná-los sobre estratégias de gerenciamento de conflitos, estratégias para a tomada de decisões ou habilidades eficazes de comunicação pessoal (JOHNSON; JOHNSON, 2010; TSAY; BRADY, 2010) a fim de tornar as experiências de aprendizagem cooperativa bem-sucedidas para todos os membros da turma.

Também, para que os grupos de aprendizagem cooperativa funcionem, deve-se proporcionar tempo suficiente para que os estudantes trabalhem juntos, ensejando questões, desafios, críticas e sugestões (TSAY; BRADY, 2010). Embora possa haver a necessidade de os alunos trabalharem individualmente nos projetos em algum momento, também deve haver ampla interação face a face entre os membros do grupo. Isso proporciona uma oportunidade para os alunos aprenderem uns com os outros, fazerem perguntas sobre o conteúdo e a estratégia e monitorarem o progresso do grupo cuidadosamente.

Finalmente, a aprendizagem cooperativa proporciona ao professor uma oportunidade para enfatizar a interdependência do grupo no ensino na ABP. Cada membro de um grupo de aprendizagem cooperativa deve ser encorajado a compreender que o sucesso ou o fracasso do grupo depende das contribuições de cada membro e que todos os membros do grupo devem lidar com as consequências, caso um dos membros não participe (JOHNSON; JOHNSON, 2010). Com isso observado, tanto a responsabilidade individual como do grupo deve ser enfatizada nas tarefas de aprendizagem cooperativa e é provável que, quanto menor for o grupo, mais responsável cada aluno se sentirá pelo produto final.

Um quebra-cabeça dentro de um projeto de ABP

Como discutido anteriormente, os projetos de ABP são imensamente facilitados quando todos os alunos participantes têm boas habilidades de aprendizagem cooperativa. Embora seja provável que todas as turmas (bem como todos os alunos individualmente) demonstrem curvas de aprendizagem diferentes em relação a essas habilidades, à medida que avançam em seu domínio, recomenda-se que os professores que estão implementando a ABP comecem pelo ensino das habilidades de aprendizagem cooperativa, inserindo-as nas unidades de ensino mais tradicionais primeiro. A meta é ensinar essas importantes habilidades de interação aos alunos antes de iniciar uma unidade de ABP plena. Os professores poderiam começar esse ensino cooperativo com uma simples atividade de quebra-cabeça.

A tática de quebra-cabeça foi uma das primeiras abordagens de aprendizagem cooperativa descritas na literatura (ADAMS; HAMM, 1994; JOHNSON; JOHNSON; SMITH, 2007), e os defensores da ABP a têm recomendado especificamente para o ensino de ABP (SCHLEMMER; SCHLEMMER, 2008). Nessa estratégia de aprendizagem cooperativa, os grupos de alunos são formados, mas apenas parte do conteúdo da matéria é fornecido aos participantes de cada grupo. Portanto, os membros de um grupo de quebra-cabeça são vistos como "especialistas" em um tópico em particular, mas eles devem, no fim, encaixar suas informações umas nas outras (como em um jogo de quebra-cabeça) para ajudar cada aluno no grupo a entender todo o conceito. Nessa abordagem, cada integrante depende de todos os outros para obter o conteúdo necessário.

Utilizando o projeto de ABP sobre o jardim memorial da Guerra Civil descrito no Quadro 4.9 do Capítulo 4, por exemplo, uma tarefa de aprendizagem cooperativa do tipo quebra-cabeça poderia ser criada para ensinar um conteúdo específico dentro daquele vasto projeto. Por exemplo, essa unidade de ensino de ABP provavelmente incluiria algum conteúdo sobre batalhas importantes da Guerra Civil ocorridas na Carolina do Norte. Um professor poderia usar o quebra-cabeça para ensinar esse conteúdo durante uma atividade, com duração de vários dias, dentro da unidade de ABP. Na maior parte dos casos, dividir a turma entre quatro e seis grupos funciona bem para esse tipo de atividade, e eles podem ser criados a partir do grupo de ABP ou da turma como um todo.

Para começar o quebra-cabeça, os membros de cada grupo começariam a escolher ou a receber um conteúdo específico para estudar, nesse caso, as batalhas individuais da Guerra Civil ocorridas na Carolina do Norte. Primeiro, os alunos poderiam fazer um *brainstorming* como uma atividade com a turma inteira sobre as batalhas da Guerra Civil ocorridas na Carolina do Norte, e discutir a importância relativa de cada uma delas. Então, poderiam formar os diferentes grupos de quebra-cabeça. Dentro de cada grupo, os alunos receberiam uma batalha em particular a ser estudada e, dessa forma, cada um se tornaria "especialista" nela. As equipes de especialistas seriam então formadas, incluindo participantes de todos os grupos de quebra-cabeça que estão estudando a mesma batalha. Uma equipe de especialistas poderia estudar a batalha do Forte Fisher, em Wilmington, que fechou o último porto de navios saqueadores de toda a Confederação. Outra equipe poderia estudar a primeira batalha de Nova Berna, na qual a União conquistou a costa da Carolina.

Depois que cada grupo de especialistas reunir todas as informações e, de alguma maneira, discuti-las em conjunto, os grupos de quebra-cabeça originais serão formados novamente. Nesse ponto, cada especialista do grupo de quebra-cabeça apresentaria suas informações ao resto da equipe, juntando, dessa forma, todas as informações em um quebra-cabeça.

O grupo de quebra-cabeça de aprendizagem cooperativa usaria, então, as informações de cada especialista para fazer uma apresentação completa sobre as batalhas importantes ocorridas na Carolina do Norte. Um exemplo de plano de aula do tipo quebra-cabeça para uma sala de aula de 8º ano é apresentada no Quadro 5.9. O exemplo do quebra-cabeça poderia facilmente se enquadrar no projeto de ABP descrito no Capítulo 4, e devemos salientar a natureza ativa desse procedimento de aprendizagem. Nesse exemplo, os alunos dominariam o conteúdo usando um formato de aula do tipo quebra-cabeça, em vez de receber passivamente informações do professor.

Quadro 5.9 Exemplo de plano de aula do tipo quebra-cabeça

Padrão de história da Carolina do Norte para o 8º ano

Descrever as batalhas cruciais da Guerra Civil ocorridas na Carolina do Norte que impactaram o estado, assim como o resultado da Guerra Civil.

Observação: Este padrão fornece o conteúdo que o exemplo de quebra-cabeça acima pretende abranger. Enquanto a lista de batalhas a seguir precisa ser abrangida, espera-se que os alunos determinem por que elas são extremamente importantes para história da Guerra Civil. Assim, as sentenças relativas à importância de cada batalha serão aqui fornecidas apenas para propósitos de esclarecimento, e esses pontos não seriam fornecidos aos estudantes inicialmente.

A batalha de Nova Berna (14 de março de 1862). A União capturou uma cidade portuária na Carolina do Norte, estacionou ali 16 mil soldados e a utilizou como um ponto de controle para as ações no leste da Carolina até o fim da guerra.

A batalha de Forte Macon (21 de março de 1862). A União bombardeou o Forte Macon e, desse modo, capturou o porto de Beaufort/Morehead City, a partir do qual eles bloqueavam todos os portos do pedaço da costa do Atlântico que ia da Baía de Chesapeake, na Virgínia, até o sul da Flórida.

A batalha de Plymouth (19 de abril de 1864). Os confederados recapturaram uma cidade portuária sob a posse da União, em Albemarle Sound, utilizando uma nova arma: um encouraçado confederado – o Ram Albemarle. Em apenas dois meses, o Albemarle afunda quatro navios e ameaça romper o bloqueio sobre os portos litorâneos. É visto como ameaça potencial à sua capital, Washington (DC), já que o encouraçado parecia ser impossível de afundar. Entretanto, o Ram Albemarle foi destruído por uma audaciosa investida da União que bombardeou o navio, afundando-o na doca de Plymouth.

A batalha de Forte Fisher (17 de janeiro de 1865). A União capturou este forte e fechou o porto de Wilmington, que ficava 20 milhas rio acima, impedindo o acesso de bloqueadores. Wilmington era o último porto aberto dos confederados; por isso, esta batalha teve influência direta sobre o fim da guerra, que aconteceu apenas três meses depois.

A batalha de Bentonville (de 17 a 19 de março, 1865). Última batalha de grande escala da Guerra Civil, com 60 mil soldados da União sob o comando do General Sherman, derrotando os 39 mil confederados sob comando do General Joe Johnson. Ela levou à rendição do exército de Johnson um mês depois, apenas duas semanas após a rendição do General Robert E. Lee, em Virgínia.

Procedimentos de quebra-cabeça

1. Dentro de um projeto de ABP, os alunos receberam informações por meio do seu livro-texto sobre a Guerra Civil na Carolina do Norte, assim como várias fontes de internet que forneceram material sobre as batalhas no estado. Inicialmente, durante uma minilição em que será feito um *brainstorming* com toda a turma, os estudantes devem discutir e determinar a importância de várias batalhas da Guerra Civil ocorridas na Carolina do Norte. Os alunos selecionam essas batalhas com base nas discussões.
2. Cinco grupos de quebra-cabeça diferentes, cada qual incluindo cinco alunos, serão formados. Cada participante receberá uma batalha em particular, na qual se tornará um "especialista".
3. Os "grupos de especialistas" se encontram para estudar e discutir suas respectivas batalhas. Essa parte será realizada em três sessões de 20 minutos, no primeiro período de história, em três dias consecutivos. Nos primeiros dois dias, os alunos pesquisarão a batalha e identificarão, individualmente, os pontos cruciais para discussão posterior. É permitido usar texto, recursos da internet e recursos do centro de mídias para investigar essas batalhas.
4. No último período de 20 minutos, cada aluno apresenta os pontos cruciais que anotou e, então, o grupo determina quais os pontos devem ser ensinados para a turma toda. Ao final desse período, cada grupo de especialistas deve ter um parágrafo "final" ou conjunto de pontos que devem ser ensinados para todos os membros da turma com relação às suas respectivas batalhas. Nesse momento, os grupos de especialistas são desfeitos.
5. Nos próximos dois dias, os alunos trabalharão em seus grupos de quebra-cabeça, ensinando uns aos outros as informações cruciais sobre cada batalha. Assim, as informações sobre todas essas batalhas extremamente importantes são fornecidas para todos os alunos da turma ao final do último período de 20 minutos de quebra-cabeça.

Vantagens da aprendizagem cooperativa

As abordagens de aprendizagem cooperativa, como a de quebra-cabeça, têm mostrado sua eficácia (JOHNSON; JOHNSON; SMITH, 2007; MARZANO; PICKERING; POLLOCK, 2001; TSAY; BRADY, 2010; WACHANGA; MWANGI, 2004). Como a aprendizagem cooperativa encoraja os alunos a adotarem uma abordagem prática e bastante ativa, as pesquisas têm mostrado ganhos de até 28% no desempenho acadêmico para os alunos em grupos de aprendizagem cooperativa (MARZANO; PICKERING; POLLOCK, 2001).

As pesquisas têm mostrado ganhos de até 28% no desempenho acadêmico para os alunos em grupos de aprendizagem cooperativa.

Nos grupos de aprendizagem cooperativa, os alunos familiarizam-se com o novo conteúdo e também aprendem importantíssimas habilidades de trabalho do século XXI ao trabalharem com colegas de origens, atitudes culturais e níveis acadêmicos variados. Os alunos que participam desse paradigma de ensino aprendem a interagir de forma bem-sucedida com os demais, à medida que constroem e sintetizam informações para explicar novos conceitos e desenvolver soluções para os problemas (ADAMS; HAMM, 1994; TSAY; BRADY, 2010). As atividades de aprendizagem cooperativa forçam os alunos a sintetizar suas próprias informações com as de seus colegas, ao mesmo tempo em que avaliam as informações como um todo (TSAY; BRADY, 2010). Assim, aprendem a ouvir opiniões dos outros e a participar do trabalho em grupo de modo eficaz, resultando em ganhos acadêmicos demonstráveis associados ao ensino de aprendizagem cooperativa (JOHNSON; JOHNSON; SMITH, 2007; TSAY; BRADY, 2010; WACHANGA; MWANGI, 2004). Obviamente, muitas dessas vantagens da aprendizagem cooperativa vão ao encontro das metas gerais do ensino na ABP; por isso, essa abordagem, apesar de já existir há um bom tempo, enquadra-se muito bem ao emergente paradigma de ensino da ABP.

ENSINO ESTRUTURADO DENTRO DA ABP

As minilições conduzidas pelo professor, como componentes da ABP, foram descritas no Capítulo 3, e podem incluir praticamente qualquer técnica de ensino usada em aulas mais tradicionais. Entretanto, uma estratégia de ensino que se adequa particularmente bem à minilição dentro do *framework* da ABP é a estruturação. A estruturação é uma forma de enquadrar o ensino em novos tópicos com suportes instrucionais, ao mesmo tempo em que relaciona o novo conteúdo ao que foi ensinado anteriormente, a fim de se construir compreensões conceituais mais aprofundadas (COLE; WASBURN-MOSES, 2010).

Em particular, quando alguns alunos demonstram uma compreensão limitada de determinados conteúdos, o professor pode optar por realizar uma minilição estruturada separadamente para eles, ministrando um ensino estruturado sobre aquele tópico em particular. Em muitos casos, os alunos que enfrentam dificuldades precisam que lhes seja mostrado como um conceito específico se relaciona com o material aprendido anteriormente, e o ensino estruturado é uma forma de se fazer isso. O mecanismo de apoio à aprendizagem usado para fazer a ligação entre esses dois conceitos é a estrutura, e pode envolver a leitura em voz alta feita pelo professor, a demonstração do problema feita pelo professor, um mapa conceitual impresso ou um conjunto de instruções sobre como completar uma operação matemática em particular, como a adição de números de dois dígitos com reagrupamento, em relação à adição de dois dígitos sem reagrupamento.

As estruturas não são destinadas a se tornarem apoios permanentes para o aluno, mas mecanismos de "ligação" que ajudam um estudante a avançar, a partir do seu nível de compreensão atual, para uma nova e mais aprofundada compreensão conceitual do conteúdo (COLE; WASBURN-MOSES, 2010; SCHLEMMER; SCHLEMMER, 2008). Portanto, se um item impresso, como uma lista de "passos a serem realizados neste tipo de problema" for inicialmente utilizada, ela deve ser retirada da sua função de suporte ou estrutura depois de os alunos ter internalizado esses passos.

A estruturação é uma forma de enquadrar o ensino em novos tópicos com suportes instrucionais, ao mesmo tempo em que se relaciona o novo conteúdo ao que foi ensinado anteriormente, a fim de se construir compreensões conceituais mais aprofundadas.

Tanto a estruturação como a ABP, em geral, compartilham uma meta comum em termos de busca pela construção de uma compreensão conceitual mais profunda por parte dos alunos, e ambas tendem a enfatizar o envolvimento ativo do aluno com as atividades da lição. Portanto, enquadrar as lições estruturadas na unidade de ABP, assim como minilições sobre um pequeno segmento do conteúdo, é bastante adequado, e os professores provavelmente acabarão fazendo uma série de minilições estruturadas dentro de uma unidade de ABP. De fato, os proponentes da ABP têm recomendado especificamente o ensino estruturado como um importante componente instrucional dentro do *framework* da ABP (BENDER; CRANE, 2011; SCHLEMMER; SCHLEMMER, 2008).

A demonstração dessas conexões mentais entre os conceitos pode ser facilmente construída em uma lição estruturada de 10 ou 15 minutos. Desse modo, ao trabalharem com alguns alunos com dificuldades, enquanto os demais trabalham em outras tarefas da unidade de ABP, o professor pode ajudá-los com os materiais mais novos ou mais complexos. Frequentemente, após empregar muito pouco tempo de ensino na minilição estruturada, as conexões mentais corretas são feitas, e o aluno com dificuldades tem um daqueles momentos de aprendizagem do tipo "eureca!", em que compreende o conceito pela primeira vez. Portanto, os professores certamente devem desenvolver opções de minilições estruturadas na maior parte dos projetos de ABP.

CONTROLE DA SALA DE AULA: ATIVIDADES PRÉ-PLANEJADAS OU ENSINO IMPROVISADO?

Considerando essa quantidade de abordagens de ensino tecnológicas, conforme discutido no Capítulo 4, e as abordagens de ensino não tecnológicas aqui apresentadas, alguns professores podem se perguntar o quão similares o planejamento para o ensino de ABP e para as unidades de ensino mais tradicionais podem ser. É claro, nem todas as ideias de ensino apresentadas neste livro sobre a ABP (ou em qualquer outro livro) serão implementadas em cada unidade de ABP, e a maioria provavelmente não será incluída na primeira unidade de ensino na ABP de um professor, a não ser que ele já esteja familiarizado com essas ideias de ensino. Mesmo assim, os professores devem estar seguros de que o ensino na ABP ainda é ensino e, assim, os professores mais velhos podem adotar a ABP confiantes de que suas habilidades de ensino - aprimoradas e refinadas ao longo dos muitos anos em sala de aula - ainda serão muito relevantes para o ensino dentro do paradigma de ensino da ABP. Embora outras habilidades (p. ex., habilidades tecnológicas melhoradas) também possam se tornar necessárias, os professores geralmente irão desenvolvê-las à medida que avançam no *framework* de ensino na ABP. De novo, conforme recomendado antes, todos os professores devem começar o ensino na ABP agora, iniciando com um assunto e ideias de ensino que os coloquem em sua zona de conforto e, a partir daí, possam adotar técnicas de ensino mais novas.

Contudo, a questão do controle da sala de aula é crucial quando os professores começam a adotar o ensino na ABP. Quando recebem essas opções, bem como a ideia de que as decisões dos alunos estarão conduzindo a maior parte do ensino na ABP, a maior parte dos professores se pergunta sobre o "controle" geral da sua sala de aula. Pode-se ouvir perguntas como estas:

- O planejamento da ABP será similar ao planejamento das unidades mais tradicionais ou irei ensinar de forma improvisada?
- Como posso me preparar para a ABP?
- Eu vou saber o que acontecerá na sala de aula todos os dias?

Os professores mais velhos podem adotar a ABP confiantes de que suas habilidades de ensino ainda serão muito relevantes dentro do paradigma de ensino na ABP.

Os professores podem ficar tranquilos em relação a essas perguntas. Conforme descrito no Capítulo 3, o ensino e o planejamento de ABP envolvem maior esforço do professor em relação ao planejamento no começo. Considerando essa quantidade de opções de ensino, os professores que estão começando na ABP podem conceber facilmente um projeto inicial de ABP de longo prazo, com duração de quatro, seis ou nove semanas, e ficar tranquilos de que sua aula funcionará de forma eficaz. Nesse contexto, os professores podem identificar, inicialmente, o projeto geral de ABP e talvez um par de questões motrizes, e então orientar os alunos na seleção de uma delas. Então, os professores irão mapear cuidadosamente os Padrões Estaduais Comuns a serem tratados. A seguir, desenvolverão um esboço de projeto como o que é mostrado no Quadro 4.9, e ele apresentará um número de tarefas de projeto, artefatos ou opções de tarefas para os alunos completarem.

Larmer, Ross e Mergendoller (2009) encorajam os professores a planejar as unidades de ABP tendo em mente o(s) produto(s) final(is). Nesse sentido, uma vez que uma grande ideia de projeto é identificada e os padrões de conteúdo são considerados, os professores devem passar para algum tipo de descrição do produto final, dos produtos e artefatos que demonstrarão o domínio do conteúdo. Por fim, nesse contexto, os professores podem selecionar as estratégias de ensino específicas que querem empregar, a partir da gama de opções instrucionais apresentadas neste capítulo e no Capítulo 4. Desse modo, antes do projeto de ABP começar, os professores têm alguma ideia das estratégias que pretendem utilizar em vários momentos dentro da sala de aula e, no início de cada período, terão pleno entendimento do que acontecerá dentro e entre os vários grupos de ABP. Na verdade, em nenhum momento durante um projeto de ABP, o professor deve começar um período sem uma ideia firme do que irá acontecer dentro de cada grupo de ABP na sala de aula (BARELL, 2007, 2010; BOSS; KRAUSS, 2007; LARMER; ROSS; MERGENDOLLER, 2009).

Tendo sido isso observado, visto que os alunos estão tomando mais iniciativa no desenvolvimento de atividades de ensino, a flexibilidade é uma chave para o ensino de ABP bem-sucedido (BARELL, 2007; BOSS; KRAUSS, 2007). Ele deve incluir algumas opções flexíveis dentro do planejamento. Como todo professor mais velho sabe, dentro de um projeto de quatro, nove ou 16 semanas, ainda haverá ocasiões em que o professor deve oferecer uma minilição não planejada para algum aluno, ou em que um único grupo de ABP precisa de mais um dia para completar a atividade de quebra-cabeça, um projeto de arte ou um artefato do projeto. Assim, um pouco de flexibilidade na programação é necessário durante quase todos os projetos. Além disso, professores e alunos devem usar um planejamento de cronograma eficaz, conforme descrito anteriormente, para garantir que a maior parte do trabalho programada seja completada de forma apropriada e que a programação seja realista e permita a conclusão de todo o projeto de ABP dentro do prazo estipulado.

Ao desenvolverem completa e cuidadosamente o plano de projeto antecipadamente, utilizando muitas dessas técnicas de ensino, os professores podem abrandar a sensação de inquietação que podem sentir em relação ao controle da sala de aula, à medida que adotam a ABP. Os alunos exercerão um controle muito maior sobre as perguntas que fazem, como eles estudam determinados tópicos e que atividades escolhem para completar, mas o professor pode e irá exercer o controle sobre a turma, enquanto liberam os alunos para fazer algumas escolhas sobre sua própria aprendizagem.

CONCLUSÕES

Este capítulo e o anterior apresentaram muitas possibilidades de ensino que podem ser implementadas no contexto da ABP, incluindo opções baseadas nas modernas tecnologias de ensino, assim como tarefas de ensino testadas e aprovadas, que hoje são igualmente encontradas na maioria das salas de aula. Cada professor encontrará seu próprio nível de conforto dentro dessa variedade de opções de ensino e, a partir desse ponto, desenvolverá novas habilidades de ensino e profissionais dentro do contexto do planejamento do projeto de ABP.

Entretanto, além da tarefa principal de ensino, espera-se que os professores tenham, igualmente, responsabilidade pela avaliação e atribuição de notas ao trabalho dos alunos. Embora a atribuição de notas eficaz seja sempre um desafio, a avaliação e a atribuição de notas dentro do paradigma da ABP implica, contudo, todas as opções, com suas respectivas vantagens e desvantagens, como acontece nas salas de aula mais tradicionais. O próximo capítulo apresenta um leque de opções de atribuição de notas, baseado nas sugestões de ensino aqui apresentadas, e deve ajudar os professores no processo de avaliação e de atribuição de notas no contexto do ensino na ABP.

6

Opções de avaliação para a aprendizagem baseada em projetos

A avaliação dentro de um *framework* da ABP é um pouco diferente da avaliação em paradigmas mais tradicionais da educação e, por essa razão, muitas alternativas de avaliação são fornecidas em quase todas as discussões de ABP (BARELL, 2007; BOSS; KRAUSS, 2007; LARMER; ROSS; MERGENDOLLER, 2009; SALEND, 2009). Primeiro, visto que essa abordagem enfatiza a compreensão conceitual mais aprofundada e a resolução de problemas, as avaliações tendem a ser mais reflexivas do que na sala de aula mais tradicional. Ainda que a avaliação pela lembrança de material factual seja certamente um componente de avaliação da ABP, como em todas as áreas da educação, outras formas de avaliação são usadas mais frequentemente na ABP, e enfatizam a compreensão mais aprofundada, incluindo a autorreflexão, a avalição de portfólio, a avaliação autêntica e a avaliação de colegas, além das avaliações de professores.

Visto que a ênfase na ABP envolve a compreensão conceitual mais aprofundada e a resolução de problemas, as avaliações tendem a ser mais reflexivas do que na sala de aula tradicional.

A seguir, a avaliação dentro do trabalho da ABP tende a ser um pouco mais ampla do que na sala de aula tradicional. Como a ABP enfatiza as habilidades para o local de trabalho do século XXI, muitos aspectos da avaliação e da testagem do trabalho inclusos aqui não são tão enfatizados no ensino tradicional. Por exemplo, embora as rubricas sejam frequentemente usadas nas salas de aula de hoje, elas são ainda mais salientadas nas avaliações de ABP. Na verdade, as rubricas parecem ser a prática de avaliação mais enfatizada pela literatura da ABP (BARELL, 2007; BOSS; KRAUSS, 2007; LARMER; ROSS; MERGENDOLLER, 2009). Os capítulos anteriores apresentaram vários exemplos de rubricas, e a discussão a seguir fornece orientação adicional sobre a formulação de rubricas no contexto da ABP.

As avaliações de ABP frequentemente incluem várias alternativas de avaliação, como autoavaliação, avaliação de colegas ou reflexões pessoais, pois essas avaliações reflexivas são bastante comuns em muitos ambientes de trabalho da atualidade. Além disso, considerando-se a variedade de estratégias de avaliação recomendadas, é provável que as notas individuais e as grupais (p. ex., casos nos quais a mesma nota é conferida para cada membro do grupo) serão parte da maioria das unidades de ABP. Na verdade, a maioria dos projetos de ABP resulta em uma variedade de notas individuais e coletivas, geradas por grupos diferentes.

Essa variedade de práticas de atribuição de notas, combinada com os dois tipos de notas (individuais e coletivas), torna a tarefa de atribuir uma única nota semestral para um aluno um pouco mais complexa do que na aula tradicional, na qual praticamente todas as notas representam avaliações do professor de esforços individuais. Na maioria dos projetos de ABP, os professores têm de considerar a síntese das notas dos vários artefatos criados, tanto individualmente como em grupos.

O uso de notas individuais e coletivas deve ser considerado no trabalho de ABP.

Este capítulo apresenta opções para a avaliação e a atribuição de notas para os artefatos individuais e coletivos dentro de um projeto de ABP, assim como opções para a atribuição de notas semestrais para o projeto de ABP como um todo. Primeiro, a questão da abrangência do conteúdo e do desempenho acadêmico nos Padrões Estaduais Comuns (ou padrões estaduais), uma questão crucial para todos os professores hoje, é brevemente discutida em termos de como os alunos respondem ao ensino na ABP em programas de avaliação de âmbito estadual.

A seguir, o uso de rubricas é discutido. A maioria dos professores já utiliza rubricas em algum nível, e a implementação na ABP não é particularmente diferente do que em outros paradigmas educacionais. Ainda assim, um modelo e orientações para o desenvolvimento de rubricas dentro da ABP são apresentados. Depois, as vantagens da autoavaliação e da avaliação de colegas são discutidas juntamente com sugestões para os professores considerarem ao utilizarem esses formatos de avaliação. A avaliação de portfólio é discutida a seguir, já que muitos projetos de ABP envolvem a síntese de mais de uma nota (isto é, provavelmente haverá múltiplas notas para artefatos diferentes) e os portfólios proporcionam uma maneira de resumir um conjunto de trabalhos maior ou mais longo.

Finalmente, uma seção sobre a atribuição de notas a projetos de ABP é apresentada. Ela inclui sugestões práticas sobre a mescla de trabalhos, valendo nota ou não, e que poderia ser incluída em um projeto de ABP, além de sugestões para transformar essas notas em uma nota semestral.

ABRANGÊNCIA DO CONTEÚDO *VERSUS* APRENDIZAGEM EM UMA ERA BASEADA EM PADRÕES

Conforme foi brevemente discutido nos capítulos anteriores, muitos professores sentem-se pressionados a abranger os padrões de ensino representados nos Padrões Estaduais Comuns (COMMON CORE, c2014) ou nos padrões educacionais adotados pelo estado em que atuam. Assim, os professores devem planejar as unidades de ensino dentro de um determinado semestre ou ano para ter certeza de que todos esses padrões serão abrangidos, preocupando-se, compreensivelmente, com como a questão da abrangência do conteúdo é abordada dentro da ABP. Em certo sentido, esta pode ser considerada a essência do trabalho do professor; essa questão representa a intersecção de ensino e da avaliação. O professor está abrangendo os padrões de conteúdo da sua disciplina de modo que as avaliações estaduais demonstram que os alunos estão atingindo ou excedendo as metas de rendimento baseadas nesses padrões?

Essa questão crucial pode apresentar uma barreira para a implementação da ABP se os professores sentirem que a utilização dessa abordagem de ensino poderia impedi-los de abranger os padrões de conteúdo exigidos. De fato, este autor se surpreendeu com a pouca quantidade de livros ou artigos sobre a ABP que abordam essa questão fundamental, muito cara aos corações dos professores de hoje. Para explorar essa questão em relação à avaliação, os educadores devem considerar honestamente o que o ensino tradicional significa em termos de "abrangência de conteúdo" como está relacionada à aprendizagem dos alunos e, subsequentemente, como a abrangência do conteúdo exigida pode funcionar em um *framework* da ABP.

A questão da abrangência do conteúdo pode apresentar uma barreira para a implementação da ABP se os professores sentirem que a utilização dessa abordagem de ensino poderia impedi-los de abranger os padrões educacionais exigidos.

No ensino tradicional, os professores planejam as unidades de ensino de forma que todos os capítulos exigidos do livro-texto sejam tratados e ensinados dentro de um determinado ano, e na medida em que o livro-texto selecionado aborda completamente os padrões estaduais de uma determinada área de conteúdo, a abrangência de todos os capítulos assegura que todos os padrões de conteúdo exigidos foram "ensinados" ou abrangidos. Entretanto, todos os professores mais velhos provavelmente concordariam que há uma diferença considerável entre ensinar um padrão de conteúdo (ou seja, abrangência do conteúdo) e o domínio do padrão de conteúdo por parte dos alunos, particularmente para aqueles com dificuldades em uma determinada aula. Em suma, a abrangência de conteúdo não equivale automaticamente à aprendizagem em qualquer formato de ensino, e essa distinção é crucial à medida que os professores consideram a adoção do ensino na ABP.

É claro que, quando os professores se focam exclusivamente na abrangência de conteúdo, é provável que alguns alunos fiquem para trás em termos do domínio que têm de tópicos específicos durante o semestre ou o ano. Os professores podem se sentir pressionados a avançar para a próxima unidade de ensino a ser abrangida em um curso de um ano de duração, mesmo quando percebem que alguns alunos não dominaram o conteúdo da unidade de ensino que estavam estudando. Se o professor avança para a próxima unidade, pode ser que alguns alunos jamais dominem o conteúdo da unidade anterior, e o *déficit* acadêmico aparecerá nas avaliações estaduais subsequentes. Dada a crescente ênfase sobre o ensino baseado em padrões e a abrangência do conteúdo desde o ano 2000, praticamente todos os professores em atividade já se debateram com essa questão.

Os professores podem se sentir pressionados a avançar para a próxima unidade de ensino a ser abrangida em um curso de um ano de duração, mesmo quando percebem que alguns alunos não dominaram o conteúdo da unidade de ensino que estão estudando.

Para considerar a abrangência do conteúdo em termos de um currículo baseado em ABP, os professores devem entender duas coisas. Primeiro, ao desenvolverem projetos de ABP para o semestre ou ano, todos os padrões educacionais dos Padrões Estaduais Comuns ou dos currículos aprovados por qualquer estado (já que nem todos os estados adotaram os Padrões Estaduais Comuns) podem ser abordados dentro do contexto de uma unidade de ABP. Conforme os professores planejam cinco, seis ou oito projetos para que uma turma os realize ao longo do ano letivo, eles irão mapear os Padrões Estaduais Comuns ou os padrões educacionais de seu estado (ver o exemplo no apêndice) em todos eles, para garantir a abrangência de conteúdo, assim como provavelmente já faziam ao planejarem unidades de ensino para o ano. Desse modo, a abrangência de conteúdo na ABP tende a ser, pelo menos, tão completa quanto a do ensino tradicional.

Contudo, os professores devem entender um segundo ponto: é provável que o seu ensino resulte em um maior rendimento em unidades de ABP porque os alunos envolvem-se muito mais com o currículo. As pesquisas têm esclarecido cada vez mais a eficácia da ABP para o ensino de conteúdo baseado em padrões. Como relatado anteriormente, as pesquisas têm mostrado que a ABP, quando comparada com o ensino baseado em padrões mais tradicional, resulta em um rendimento acadêmico mais elevado, conforme demonstrado por avaliações baseadas em padrões de âmbito estadual (BOALER, 2002; GEIER et al., 2008; STEPIEN; GALLAGHER; WORKMAN, 1992; STROBEL; VAN BARNEVELD, 2008).

Dessa forma, os professores podem estar certos de que os resultados de avaliação para as aulas baseadas em ABP mostrarão melhor rendimento. De fato, essa base de pesquisas é uma das principais razões para a ABP receber ênfase crescente em todos os Estados Unidos e no mundo todo. Por essa razão, os professores podem ficar tranquilos, ao adotarem o ensino baseado em ABP, de que os alunos, em média, irão se sair melhor em avaliações baseadas em padrões de âmbito estadual do que o fariam em salas de aula tradicionais.

O maior envolvimento dos alunos na ABP resulta em um rendimento muito mais elevado do que no ensino tradicional, e os resultados da avaliação para o ensino baseado na ABP mostrarão esse melhor rendimento.

RUBRICAS DENTRO DOS PROJETOS DE ABP

As rubricas têm sido usadas em salas de aula há muito tempo, e muitos professores estão familiarizados com essas ferramentas de ensino e de avaliação. Elas ajudam na estruturação das tarefas (conforme tem sido enfatizado ao longo de todo este livro) e também podem ser usadas para avaliar quase todo o trabalho em uma unidade de ABP. Portanto, não chega a surpreender o fato de que muitos proponentes da ABP recomendam as rubricas como sendo, talvez, uma das mais importantes ferramentas de avaliação em unidades de ABP (BARELL, 2007; BOSS; KRAUSS, 2007; LARMER; ROSS; MERGENDOLLER, 2009). Entretanto, talvez alguns professores ainda não estejam cientes dessas ferramentas, de modo que algumas informações preliminares podem ser necessárias aqui.

Simplificando, uma rubrica é um procedimento, ou guia de pontuação, que lista critérios específicos para o desempenho dos alunos e, em muitos casos, descreve diferentes níveis de desempenho para esses critérios. Uma boa rubrica deve abordar todos os componentes relevantes de um artefato ou outro tipo de tarefa dentro de um projeto de ABP, assim como um conjunto de critérios específicos para o trabalho dos alunos. As rubricas devem ser construídas para produzir resultados consistentes sobre o mesmo produto ou artefato, mesmo se a avaliação baseada em rubricas for completada por diferentes avaliadores. Devido ao alto nível de especificidade exigido pelas rubricas, elas fornecem excelente orientação para os projetos de alunos dentro do *framework* da ABP e, por essa razão, devem ser compartilhadas com os alunos antes ou à medida que as tarefas de ABP forem realizadas (BOSS; KRAUSS, 2007).

Uma rubrica é um procedimento, ou guia de pontuação, que lista critérios específicos para o desempenho dos alunos e descreve diferentes níveis de desempenho para esses critérios.

Além de proporcionar excelente orientação aos alunos, as rubricas possuem diversas vantagens adicionais. As boas rubricas proporcionam detalhes suficientes para os indivíduos autoavaliarem seu trabalho durante o processo de desenvolvimento ou de conclusão do trabalho. Também ajudam os colegas e os professores a tomarem decisões de avaliação. Visto que o ensino na ABP enfatiza a motivação e a auto-orientação mais do que outros tipos do ensino tradicional, as rubricas se enquadram muito bem nesta abordagem (BARELL, 2007; BELLAND; FRENCH; ERTMER, 2009; BOSS; KRAUSS, 2007; LARMER; ROSS; MERGENDOLLER, 2009). Por exemplo, Larmer e colaboradores (2009) recomendam que uma rubrica seja elaborada e usada em praticamente todo artefato ou tarefa em um projeto de ABP. Além disso, mais do que utilizar rubricas para avalia-ção de artefatos individuais, elas também podem ser usadas, particularmente em projetos de ABP mais curtos, como mecanis-mo para avaliação geral de todo o projeto de ABP.

Vários tipos de rubricas

As rubricas podem ser holísticas ou analíticas/descritivas. Essencialmente, uma rubrica holística é geralmente elaborada para fornecer uma classificação geral do trabalho de um aluno, e é frequentemente associada com critérios que, tomados em conjunto, resultam em uma única nota para esse trabalho. Uma rubrica dessa natureza foi apresentada anteriormente no Quadro 4.3.

Por outro lado, uma rubrica analítica proporciona múltiplos indicadores que permitem a análise de várias partes da tarefa como um todo. Além disso, a maioria das rubricas analíticas inclui, da mesma forma, alguma escala que delineia os níveis de desempenho em cada descritor individual ou componente da tarefa (SALEND, 2009). Co-

Uma rubrica holística é geralmente elaborada para fornecer uma classificação geral do trabalho de um aluno, e é frequentemente associada com critérios que, tomados em conjunto, resultam em uma única nota.

mo as rubricas analíticas fornecem mais orientação aos alunos, elas são geralmente preferíveis às rubricas mais holísticas. Além disso, o desenvolvimento de rubricas analíticas para vários artefatos de ABP não é difícil, de modo que a maioria das rubricas desenvolvidas e usadas pelos professores são desse tipo.

Na maior parte dos casos, o desenvolvimento de rubricas é completado na fase de planejamento e elaboração da ABP, antes do projeto real começar a ser realizado em sala de aula. Larmer, Ross e Mergendoller (2009) enfatizam que os professores devem planejar os artefatos ou os projetos de ABP como um todo, com sua finalidade em mente. Assim, os professores iniciam um projeto de ABP com um conjunto exato de expectativas relacionadas ao que os alunos devem fazer para completar o projeto, o que necessariamente irá envolver o planejamento de rubricas para a avaliação de vários artefatos muito antes de uma unidade de ABP começar.

Uma rubrica analítica proporciona múltiplos indicadores que permitem a análise de várias partes da tarefa como um todo.

Desenvolvendo rubricas

As rubricas analíticas fazem referências cruzadas a diversos aspectos da tarefa com variados níveis de desempenho (BARELL, 2007; LARMER; ROSS; MERGENDOLLER, 2009). O Quadro 1.3 apresenta uma rubrica analítica associada a um projeto de ABP inteiro. É claro, elas podem ser bastante complexas, ou relativamente simples, e podem ser associadas a um projeto inteiro, a um artefato específico ou a uma tarefa dentro de um projeto de ABP.

Como mostra o Quadro 1.3, a maioria das rubricas pode ser representada como uma grade com componentes de tarefa, várias tarefas ou objetivos diferentes listados ao lado e níveis de desempenho listados no topo. No Quadro 1.3, uma grade de quatro linhas por quatro colunas é representada com quatro aspectos de tarefa diferentes listados no lado esquerdo e quatro níveis diferentes de desempenho listados no topo. Também, dentro de cada seção da grade, podem-se encontrar indicadores específicos da conclusão da tarefa. Embora o número de tarefas e níveis de desempenho possam variar de uma rubrica para outra, a maioria das rubricas são representadas como grades, com três, quatro ou cinco componentes de tarefa identificados e três, quatro ou cinco níveis diferentes de desempenho delineados no topo.

O Quadro 6.1 apresenta outro tipo de rubrica analítica que permite que os professores avaliem os aspectos individuais do trabalho sem diferenciar níveis específicos de desempenho. Essa rubrica se relaciona com a avaliação do projeto de ABP descrita no Capítulo 4, sobre o projeto de jardim memorial da Guerra Civil. Essa rubrica foca na avaliação da proposta de ABP inteira e poderia ser usada pelo professor e pelos colegas na avaliação final dos projetos de ABP em aula ou pela Comissão do Campo de Batalha para selecionar um projeto de jardim memorial da Guerra Civil em particular.

Quadro 6.1 Rubrica para o projeto de ABP do jardim memorial

Descrição da tarefa: Os alunos irão desenvolver uma apresentação de PowerPoint (ou uma apresentação multimídia similar) que descreva sua proposta para o projeto do jardim memorial. As apresentações devem ser de, aproximadamente, 10 ou 15 minutos.

Questão	Indicadores	Comentários avaliativos e pontos concedidos
Questões de conhecimento e sensibilidade em relação aos antecedentes históricos (20% da nota) Plano do jardim (40% da nota)	• Conhecimento completo da escravidão e de outras causas da guerra demonstrados • Representação das perspectivas do sul e da União • Inclusão de todas as perspectivas exigidas • Inclusão de um esquema bem elaborado do projeto proposto • Componentes de projeto tematicamente relacionados às perspectivas apresentadas • Estrutura artística adequada e agradável para o projeto como um todo está evidenciada • Imagens verticais e horizontais estão incorporadas ao plano	
Valor educacional (20% da nota)	• É provável que o plano proposto resulte em um maior entendimento da rica história da área do campo de batalha • Apresentação de fatos históricos para educar o expectador sobre as diferentes perspectivas • O plano celebra a história comum por meio da valorização de todas as perspectivas razoáveis	
Impacto da apresentação (10% da nota)	• Essa apresentação é adequada ao uso em outra apresentação à comunidade para solicitar apoio para o plano • Os apresentadores fizeram contato visual e responderam diretamente às perguntas com conhecimento de causa • Multimídia, imagens digitais, arte e outros auxílios visuais foram bem desenvolvidos e incluídos de forma apropriada	
Eficácia geral (10% da nota)	• Essa apresentação é convincente e atraente • Essa apresentação me convenceu	

Com essas rubricas como exemplos, é relativamente fácil começar a elaboração de uma rubrica que ajudará os alunos no processo de aprendizagem e sirva como ferramenta de avaliação e atribuição de notas. Há um número de questões, como as seguintes, que ajudarão os professores na elaboração de rubricas (BARELL, 2007; LARMER; ROSS; MERGENDOLLER, 2009).

- A rubrica pretende avaliar um projeto de ABP inteiro ou apenas uma tarefa ou um artefato dentro do projeto?
- Qual o tamanho máximo que uma rubrica pode ter?
- Indicadores específicos e significativos podem ser fornecidos para o construto a ser tratado?
- Quais são os indicadores e como posso agrupá-los de uma forma significativa?
- Qual escala eu desejo usar para avaliar cada indicador?
- Eu devo relacionar essa escala de avaliação à nota geral de ABP do aluno e, se assim for, como?

Como essas questões indicam, elaborar rubricas não é difícil, e os professores mais velhos já devem ter elaborado muitas ao longo dos anos. Os dois principais componentes de uma rubrica são os indicadores avaliativos, colocados em combinações significativas, geralmente na parte de baixo, do lado esquerdo, e a escala de avaliação, que é geralmente representada no topo da grade. Em vez de os indicadores ficarem no lado esquerdo da rubrica, algumas simplesmente apresentam os nomes de aspectos específicos da tarefa ou mesmo os nomes das tarefas específicas dentro de um projeto de ABP mais amplo. O Quadro 6.2 apresenta diversos *websites* que oferecem auxílio adicional para os professores que estão desenvolvendo rubricas para o ensino de ABP. Muitos incluem exemplos de rubricas que os professores podem recuperar e baixar como base ou modelo para o desenvolvimento de rubricas em suas próprias aulas.

Quadro 6.2 *Websites* para auxiliar no desenvolvimento de rubricas

www.csufresno.edu/irap/assessment/rubric.shtml. Está ligado à California State University, em Fresno. Inclui exemplos de rubricas para uma variedade de assuntos, incluindo escrita e literatura, e faz diferença entre rubricas holísticas, que resultam em uma nota somativa para um projeto, e rubricas analíticas, que envolvem a análise mais aprofundada de porções ou segmentos específicos dentro de uma tarefa de ABP.

www.educationworld.com/a_curr/curr248.shtmo. Apresenta informações sobre rubricas para todas as faixas etárias escolares, indo da definição de uma rubrica a muitas rubricas de amostra. Os autores deste *site* também recomendam *sites* adicionais específicos que irão ajudar os professores na construção de rubricas.

www.introductiontorubrics.com/samples.html. É associado a um livro sobre rubricas e apresenta muitas rubricas de amostra, além de modelos para três, quatro e cinco níveis de desempenho. Diversos tipos diferentes de rubricas são apresentados, o que ajudará os alunos a entender as opções de avaliação que as rubricas fornecem.

http://rubistar.4teachers.org. Permite que os professores criem uma rubrica gratuita especificamente para os projetos de aprendizagem baseada em projetos. Foi desenvolvido pela University of Kansas e ajudará os professores em uma variedade de matérias e tópicos, incluindo matemática, leitura, escrita, ciências, projetos orais e outros tópicos. Também inclui uma opção para tornar a rubrica interativa, permitindo que o professor crie *feedback* detalhado para os alunos, além da funcionalidade interativa de combinar com outras ferramentas de gestão de aula, como o Moodle.

www.rubrics4teachers.com. É associado ao *site* da Western Governor's University, o *Teacher Planet* (Planeta dos professores), e é destinado a auxiliar os professores com instruções sobre projeto e multimídia, incluindo o desenvolvimento de rubricas. Muitos exemplos de rubricas podem ser baixados gratuitamente e adaptados para o seu uso particular. As rubricas são fornecidas para quase todas as áreas.

AUTOAVALIAÇÃO REFLEXIVA EM ABP

Conforme mencionado anteriormente, os proponentes da ABP tendem a salientar a autoavaliação para os alunos que participam de projetos de ABP (BARELL, 2007; LARMER; ROSS; MERGENDOLLER, 2009; PARTNERSHIP FOR 21ST CENTURY SKILLS, 2009). As habilidades de autoavaliação tendem a melhorar o trabalho dos alunos ao longo do tempo, e ensiná-las os prepara claramente para o mundo do trabalho do século XXI. Por essas razões, a autoavaliação reflexiva tende a ser mais enfatizada na ABP do que na instrução mais tradicional (BARELL, 2007; LARMER; ROSS; MERGENDOLLER, 2009).

O Capítulo 1, por exemplo, apresentou a opção da autoavaliação reflexiva por meio do registro em diário em um projeto de ABP. O registro em diário cria uma atmosfera em que os alunos podem refletir sobre sua aprendizagem, e quando professor e aluno discutem as entradas de diário juntos, elas podem proporcionar alguma base para a autoavaliação ou mesmo para notas específicas. Entretanto, há pelo menos duas perspectivas sobre o uso das entradas de diário na atribuição de notas. Uma delas sugere que as entradas de diário sejam usadas como ponto de reflexão e como base de discussão com o professor, mas não devem ser usadas para gerar uma nota. Essa perspectiva sugere que uma meta importante do registro em diário é encorajar o pensamento livre, e que atribuir notas pode restringir esse processo de pensamento para alguns alunos. Outros professores, contudo, têm uma perspectiva diferente e atribuem notas às entradas de diário. Essa, é claro, é uma decisão profissional que o professor deve fazer, e não há perspectiva "errada" nessa questão. Entretanto, se um professor quiser preservar o registro em diário como uma tarefa que não recebe nota em um projeto de ABP, há outras opções de autorreflexão que podem ser usadas para a atribuição de notas nesse mesmo projeto, como discutiremos a seguir.

Autoavaliações numéricas em ABP

Alguns professores optam por usar uma escala numérica na qual os alunos avaliam o próprio trabalho, e essa avaliação autorreflexiva pode ser facilmente traduzida em notas. Por exemplo, uma simples avaliação de escala numérica Likert pode ser bastante benéfica para os alunos ao auxiliá-los a avaliar seu trabalho em um artefato ou dentro de um projeto de ABP inteiro. Um exemplo é apresentado no Quadro 6.3.

Quadro 6.3 Uma autoavaliação de escala numérica Likert

Por favor, avalie seu desempenho nas questões abaixo, com 5 significando excelente, ou "não poderia ter feito melhor", e 1 significando "precisa de melhoria considerável". Seu professor irá discutir suas avaliações com você quando terminar, e lhe serão concedidos pontos quando sua avaliação concordar com a do professor na mesma questão.

Nome do aluno ______________ **Data da autoavaliação** ___/___/______

Nome da tarefa sendo avaliada ______________

Pesquisei este tópico completamente no prazo determinado.	1	2	3	4	5
Esta tarefa apresenta múltiplas fontes de pesquisa.	1	2	3	4	5
Apresento um conjunto razoável de resumo das informações.	1	2	3	4	5
Meu trabalho sintetiza bem essas informações.	1	2	3	4	5
Este trabalho mostra avaliação crucial das evidências.	1	2	3	4	5
Apresento vários lados do argumento ou evidências.	1	2	3	4	5
Meu trabalho é organizado, claro e compreensível.	1	2	3	4	5
Este trabalho é apresentado no formato mais apropriado.	1	2	3	4	5
No geral, eu avaliaria meu trabalho como:	1	2	3	4	5

Assinatura: ______________

Ao assinar este trabalho, você está indicando que essa é uma avaliação honesta e precisa. O professor irá analisar e discutir essa avaliação com você e assiná-la após a reunião.

Assinatura do professor ______________

Mais do que uma entrada de diário, uma avaliação de escala numérica como essa encoraja os alunos a não apenas avaliar o seu trabalho, mas a determinar, em certo sentido, a qualidade global de seu trabalho em áreas específicas. Quando um indicador sobre o trabalho de alguém é considerado por um aluno, relacionado aos critérios "excelentes" expressos na avaliação no Quadro 6.3 (ou seja, não poderia ter feito melhor), esse aluno tende a determinar com mais precisão o valor de seu esforço e do trabalho como um todo. É claro, muitos irão aumentar suas notas, enquanto outros podem se avaliar de forma muito severa, mas essas avaliações simplesmente representam oportunidades para o professor discutir a qualidade do trabalho com os alunos, assim como orientá-los na autoavaliação.

Observe que essas orientações para a autoavaliação indicam que serão concedidos pontos ao aluno com base em sua concordância com o professor em relação aos itens de avaliação. Esse tipo de estrutura de recompensa tende a aumentar a precisão do aluno nessas tarefas de autoavaliação. Além disso, é recomendável que eles assinem no final dessas avaliações, já que essa prática pode aumentar o senso de importância das avaliações. Na verdade, solicitar uma assinatura ajuda-os, mesmo nos anos iniciais, a compreender que estão comprometidos a fazer o seu melhor.

Uma vantagem adicional das autoavaliações numéricas envolve a necessidade de gerar notas sobre tarefas individuais ou sobre o projeto de ABP como um todo. É muito mais fácil transferir informações de avaliação de escala numérica para uma nota numérica do projeto do que fazê-lo com um conjunto de afirmações autorreflexivas de diário. É claro, atribuir notas não deve ser a prioridade principal na autoavaliação, mas a tarefa de atribuir notas muitas vezes é, apesar disso, necessária ao final dos projetos de ABP quando as notas devem ser geradas para todos os alunos. Assim, muitos professores incluem avaliações de estudantes com escala numérica de Likert dentro do projeto geral da ABP.

Autoavaliações abertas em ABP

Embora uma escala Likert possa ajudar os alunos a refletirem sobre seu trabalho em relação aos indicadores específicos em questão, ela pode não mostrar como ou por que avaliaram a si mesmos daquela maneira em qualquer indicador em particular. Assim, alguns professores preferem mais perguntas abertas de autoavaliação que obtenham uma resposta específica dos alunos sobre um ou mais aspectos do seu trabalho. Essas podem ser perguntas como: "Por que um aluno acredita que obteve sucesso em uma tarefa ou como esse trabalho poderia ser melhorado?". Nesse sentido, as perguntas abertas, em que um aluno tem de construir uma resposta escrita, são as formas mais úteis de autoavaliação. Como a escala numérica de avaliação já descrita, esse tipo de item de avaliação fará o aluno refletir mais profundamente sobre um aspecto específico do seu trabalho. Uma autoavaliação aberta dessa natureza é apresentada no Quadro 6.4.

As ferramentas de autoavaliação usadas em ABP variarão consideravelmente de projeto para projeto ou de turma para turma, e os professores não estão limitados a essas três opções de autoavaliação (registro em diário, avaliações de escala numérica ou perguntas abertas). Por exemplo, os professores podem desejar combinar itens numéricos da escala Likert e perguntas abertas em uma autoavaliação a fim de ajudar o aluno na avaliação de seu trabalho. Embora existam muitas opções, os professores devem lembrar de um imperativo: na ABP, a autoavaliação reflexiva é fortemente encorajada, já que ela ensina uma habilidade de autoavaliação que, na maioria dos casos, melhora o desempenho e transfere-se diretamente ao mundo do trabalho do século XXI.

Quadro 6.4 Perguntas para uma autoavaliação

1. Eu listei ao menos três pontos do conteúdo, aspectos, ou ideias dentro do conteúdo que esse artefato deve exibir de alguma forma? Liste-os abaixo.
2. Esse artefato está completo? O que deve ser adicionado?
3. Posso adicionar quaisquer informações a ele sem que seja demais?
4. Eu posso exibir esses conceitos de alguma outra forma mais facilmente? Que outro formato eu poderia usar?
5. Esse projeto é organizado e claro para o expectador? Há ambiguidades nesse trabalho?
6. Os conceitos exibidos aqui relacionam-se entre si, e estão claros nesse artefato?
7. Esse artefato reflete um trabalho pelo qual eu terei orgulho de apresentar a toda *comunidade escolar*?
8. Com base nas respostas a essas perguntas, que nota eu daria a mim mesmo nesse artefato, usando um escala de 0 a 100, com 100 representando uma tarefa perfeita que não poderia ser melhorada?

AVALIAÇÕES REFLEXIVAS DE COLEGAS

Outra opção de avaliação tipicamente incluída em projetos de ABP é o uso de avaliações de colegas (BARELL, 2007; BOSS; KRAUSE, 2007; LARMER; ROSS; MERGENDOLLER, 2009). Ainda que as avaliações de colegas não sejam essenciais a todos os projetos de ABP, elas são recomendadas por grande parte da literatura da ABP (BARON, 2010; DAVID, 2008; GHOSH, 2008; LARMER; MERGENDOLLER, 2010). Conforme os alunos se envolvem em mais tarefas de ensino na ABP em equipe, frequentemente começam a oferecer *feedback* informal entre si dentro das equipes de ensino, mesmo quando não há solicitação de avaliação de colegas. A própria natureza da experiência de ABP permite que quase todos os alunos queiram melhorar os produtos da ABP ajudando seus companheiros de equipe em um grupo, e as avaliações podem ser vistas como uma extensão desse fenômeno que acontece naturalmente (BELLAND; FRENCH; ERTMER, 2009; LABOY-RUSH, 2010; MERGENDOLLER; MAXWELL; BELLISIMO, 2007).

> *Conforme os alunos se envolvem em mais experiências de ABP em equipe, frequentemente começam a oferecer* feedback *informal entre si dentro das equipes de ensino, mesmo quando não há solicitação de* feedback *formal.*

Entretanto, quando os professores optam por usar avaliações de colegas, eles devem estar bem cientes do fato de que alguns alunos não avaliaram seus colegas anteriormente e podem não ter as habilidades necessárias específicas para a avaliação eficaz. Assim, os professores que desejam usar a avaliação de colegas terão de ensinar essas habilidades nos primeiros projetos de ABP. Algumas diretrizes gerais para a realização de avaliações de colegas são apresentadas no Quadro 6.5, e os professores podem adaptá-las e usá-las para seu ensino conforme for necessário. É claro, como muitas dessas competências do século XXI de tarefas em grupo, essas habilidades de local de trabalho ficarão mais arraigadas quanto mais os alunos trabalharem em um formato de ABP. Esses alunos se tornam cada vez mais competentes na condução de avaliações de colegas significativas.

Quadro 6.5 Diretrizes para avaliações de colegas

Ao conduzir avaliações de colegas, o único foco deve ser o fornecimento de auxílio ao aluno ou grupo de alunos que desenvolvem o produto, o relatório, a apresentação ou o artefato. Lembre-se sempre de que nossa meta nas avaliações de colegas é apoiar esses alunos e oferecer nossos melhores conselhos sobre como o produto deles poderia ser melhorado. Não se esqueça de que estamos criticando o produto e não o(s) aluno(s) que o desenvolveu(ram). Eis algumas diretrizes que devem ajudar.

1. Sempre analise o produto ou o artefato de forma cuidadosa ao realizar sua avaliação.
2. A seguir, prepare observações de avaliação por escrito antes de falar com o aluno cujo trabalho você está avaliando. Isso permite que você analise as observações e os pontos para verificá-los e para remover qualquer crítica severa.
3. Inicialmente, sempre busque coisas positivas para dizer. Isso ajuda a avançar a avaliação de discussão e facilitar a discussão das críticas negativas.
4. Permita com que mesmo os pontos negativos soem o mais positivo possível. Exemplo: "Apesar de ter gostado do jeito que você fez ____________, eu fiquei preocupado com um aspecto dele(a)".
5. Seja específico em relação aos comentários positivos e negativos.
   Exemplos: "Esse foi um grande segmento de vídeo digital quando você discutiu __________ (tópico aqui)."
   "Sinto que isso poderia ter sido feito melhor se você tivesse apresentado também informações sobre _________."
6. Seja sucinto em seus comentários. Geralmente, um parágrafo de seis a 10 sentenças é mais do que suficiente para registrar tanto os pontos fortes como os pontos fracos de um artefato.
7. Esteja preparado para explicar quaisquer comentários negativos e dar exemplos daquilo que você acredita que irá melhorar o artefato.
8. Depois que seus comentários por escrito estiverem preparados, compartilhe-os com o professor e busque orientação sobre como sua formulação pode ser melhorada. Então, compartilhe essa avaliação com o aluno.
9. Jamais entre em uma discussão sobre as observações que você fez. Embora sempre se deva deixar que os estudantes façam comentários com relação a sua crítica, você deve relatar quaisquer divergências de avaliação mais sérias ao professor.

Com essas diretrizes de avaliações de colegas observadas, os professores podem se sentir à vontade para implementar uma avaliação de colegas de escala numérica, um tipo de avaliação de colegas de pergunta aberta ou uma combinação das duas. O Quadro 6.6 apresenta um modelo para a avaliação de colegas utilizando uma escala Likert, e os professores devem observar as semelhanças óbvias entre essa avaliação e a avaliação de escala Likert do Quadro 6.3. Como foi mostrado, depois dos indicadores para a avaliação terem sido desenvolvidos pelo professor, revisá-los rapidamente e mudá-los de um indicador de autoavaliação para um de avaliação de colegas é um procedimento bastante simples.

Quadro 6.6 Amostra de avaliação de colegas de escala

Por favor, avalie o trabalho de ____________________ nas questões a seguir, com 5 significando excelente, ou "não poderia ter feito melhor", e 1 significando "precisa de melhoria considerável". Seu professor irá discutir suas avaliações com você quando terminar, e lhe serão concedidos pontos quando sua avaliação concordar com a do professor na mesma questão.

Nome do aluno do grupo de ABP ____ **Data**___/___/_____

Nome da tarefa sendo avaliada ____

Essa pessoa ou grupo de ABP:

Pesquisou completamente o tópico.	1	2	3	4	5
Apresentou múltiplas fontes de pesquisa.	1	2	3	4	5
Apresentou um conjunto razoável de resumos das informações.	1	2	3	4	5
Sintetizou bem essas informações.	1	2	3	4	5
Mostrou avaliação crucial das evidências.	1	2	3	4	5
Apresentou vários lados do argumento ou evidências.	1	2	3	4	5
Preparou um trabalho organizado, claro e compreensível.	1	2	3	4	5
Apresentou o trabalho no formato mais adequado.	1	2	3	4	5
No geral, eu avaliaria esse trabalho como:	1	2	3	4	5

Assinatura: ________________

Ao assinar este trabalho, você está indicando que essa é uma avaliação honesta e precisa. O professor irá analisar e discutir essa avaliação com você e assiná-la após a reunião.

Assinatura do professor ____________________________

Além disso, como na autoavaliação, os professores podem optar por fornecer uma forma de questionário de avaliação mais aberta para a avaliação de colegas. As perguntas irão variar de um projeto ou artefato para outro, e os professores devem modificar esses indicadores conforme for necessário, considerando-se o projeto de ABP específico, mas os indicadores apresentados no Quadro 6.7 servem como um guia para essa avaliação de colegas aberta.

AVALIAÇÃO DE PORTFÓLIO

Outra forma de avaliação que tende a ser salientada no trabalho de ABP é o uso de portfólios (BARELL, 2007; SALEND, 2009). Larmer; Ross e Mergendoller (2009) sugerem que, em vez de atribuir uma nota para um projeto de ABP como um todo, os professores devem formular diversas notas com várias delas associadas aos artefatos em separado dentro do projeto de ABP maior. Além disso, recomendam uma mistura de

Quadro 6.7 Forma de avaliação de colegas

1. Há uma lista de itens de conteúdo preparada que deva ser mostrada por este artefato?
2. Considerando-se essa lista de ideias ou conceitos, este artefato está completo?
3. Devem ser incluídas informações adicionais aqui? Se sim, quais?
4. Essas informações devem ser apresentadas em algum outro tipo de artefato ou de alguma outra forma? Se sim, o que você sugere?
5. Esse trabalho é organizado e os conceitos estão claros?
6. Os conceitos exibidos aqui relacionam-se entre si? Essas relações estão claras nesse artefato?
7. Esse artefato reflete um trabalho pelo qual nossa turma ficará orgulhosa em compartilhar com toda a comunidade escolar?
8. Qual é o melhor conselho que eu (nós) posso(podemos) oferecer a esse(s) aluno(s) para a melhoria desse produto?
9. Com base nos pontos de avaliação, qual nota numérica eu atribuiria a esse projeto, com 100 refletindo uma nota perfeita?

notas individuais e coletivas, já que essa combinação tende a enfatizar a autoavaliação e as habilidades associadas à avaliação dos colegas.

Com essa opção de notas múltiplas em mente, a avaliação de portfólio parece ser uma opção natural para os projetos de ABP. Um portfólio é mais do que uma simples coleção do trabalho de um aluno. Pelo contrário, representa um esforço planejado e estruturado para apresentar o retrato mais apurado do rendimento do aluno por meio da inclusão de uma variedade de exemplos de trabalhos e da sua observação como um todo, em um esforço para identificar os pontos fortes e fracos, a fim de facilitar a melhoria do aluno. Geralmente, os portfólios podem incluir um índice dos exemplos de trabalho incluídos, além de comentários de avaliação relacionados a esses trabalhos ou à coleção geral deles.

Um portfólio é um esforço planejado e estruturado para apresentar o retrato mais apurado do rendimento por meio da inclusão de uma variedade de exemplos de trabalho e da sua observação como um todo, em um esforço para identificar os pontos fortes e fracos, a fim de facilitar a melhoria do aluno.

No contexto de um projeto de ABP típico, é provável que os alunos tenham muitas amostras de trabalhos e, dessa forma, muitas avaliações incluídas nesse portfólio. Algumas podem ser baseadas na autoavaliação de artefatos individuais (analisada e corrigida pelo professor), outras podem ser baseadas na avaliação de colegas de tarefas e artefatos específicos, outras nas rubricas desenvolvidas pelo professor associadas a produtos particulares e, ainda, outras que poderiam se basear no impacto definitivo do produto de ABP final (isto é, a recomendação de projeto foi adotada pela comunidade de alguma forma?). Um portfólio permite que o professor e o aluno desenvolvam uma pasta com múltiplos itens de um determinado projeto de ABP e a avaliação desse trabalho como um todo, a fim de conceber uma nota para o semestre.

Alternativamente, os portfólios podem ser usados para incluir trabalho de vários projetos de ABP ao longo do tempo. Por exemplo, se uma turma de matemática do 6º ano realiza dois projetos de ABP diferentes durante um período de nove semanas de avaliação, os itens de ambos os projetos podem ser incluídos no portfólio de um estudante em particular. Novamente, a ênfase do portfólio é representar de forma mais precisa o trabalho do aluno e, na maioria dos portfólios, os itens de amostra podem ser tanto incluídos quanto removidos pelo aluno e pelo professor para refletir precisamente esse trabalho. Por exemplo, se um aluno dessa turma de matemática for particularmente bem em um trabalho criativo no primeiro projeto, mas não no segundo, talvez o esforço criativo do segundo projeto fosse eliminado do portfólio, enquanto o primeiro produto criativo e sua avaliação seriam preservados.

É claro, a inclusão ou a exclusão de trabalho do portfólio ficam a critério do aluno e do professor. Contudo, como essa discussão enfatiza, os portfólios proporcionam grande flexibilidade, assim como oportunidades regulares para os professores discutirem o trabalho individual e repetidamente com os alunos. Dessa forma, os professores tendem a falar mais frequentemente com os estudantes sobre seu trabalho quando os portfólios são usados, e isso tende a salientar a importância do trabalho. Para muitos alunos, esse aviso extra pode ser um catalisador para que tenham mais atenção em seus estudos.

ATRIBUINDO NOTAS AOS TRABALHOS DE ABP

Celebração! A essência da avaliação autêntica

Tradicionalmente, as práticas de atribuição de notas em escolas representavam tudo, menos uma celebração do trabalho do aluno. As notas eram mais frequentemente atribuídas pelo professor e baseadas em sua avaliação, e embora as maiores notas em uma sala de aula tenham sido mencionadas positivamente ou os rendimentos mais elevados tenham sido elogiados de alguma maneira, geralmente, o rendimento da maioria dos alunos não tem sido celebrado de forma alguma nas escolas.

Felizmente, a ABP promete reverter esse fato (BOSS; KRAUSS, 2007). A aprendizagem baseada em projetos salienta a "autenticidade" do trabalho que os alunos realizam por meio da associação do trabalho aos problemas do mundo real e, uma vez que as soluções de problemas sejam geradas, possibilita que eles apresentem essas respostas e soluções em algum formato de publicação. Assim, professores e alunos tendem a valorizar, e celebrar, mais no paradigma da ABP do que no ensino tradicional. Na verdade, um aluno poderia se sentir fortemente pressionado a elaborar uma tarefa de trabalho mais autêntica do que o exemplo apresentado neste livro para o planejamento de um jardim memorial da Guerra Civil. Neste exemplo, os alunos estavam realmente apresentando suas sugestões e planos de jardim para o grupo que pediu ajuda à comunidade. Nesse sentido, eles estavam fazendo um trabalho "real" que beneficiaria sua comunidade local, um trabalho que poderia ter sido realizado por uma empresa de paisagismo que cobraria pelo serviço caso os alunos não tivessem concluído esse trabalho.

Quando o trabalho coletivo final dos alunos envolve alguma forma de publicação em algum veículo importante, isso pode representar a forma mais autêntica de avaliação. Esse trabalho é celebrado pela apresentação do produto final nesse fórum público.

Em suma, pode-se fazer a seguinte pergunta: "As ideias dos alunos representadas neste trabalho foram adotadas por uma agência da comunidade?". Além disso, a resposta para essa questão pode servir, para alguns alunos, como a mais importante avaliação ou "nota" que podem receber. Se uma resolução de problema gerada pelos alunos ajuda a comunidade, então essa "avaliação" pode verdadeiramente se tornar uma celebração da aprendizagem dos alunos (BOSS; KRAUSS, 2007).

De novo, um ponto forte da ABP é a possibilidade do ensino em um formato que utiliza problemas autênticos a fim de entusiasmar os alunos em relação à sua aprendizagem. Se os educadores querem entusiasmar os jovens e explorar esse recurso maravilhoso da capacidade dos alunos para abordar problemas e questões da comunidade, a ABP pode ser o veículo para a celebração do valor do trabalho que os alunos realizam.

Assim, ao considerar a atribuição de notas no contexto da ABP, a primeira pergunta do educador deve ser: "Como podemos conceber coletivamente um formato de avaliação e de atribuição de notas que levará à celebração do trabalho dos alunos?". Nesse contexto, várias opções para a atribuição de notas, incluindo muitas das que foram discutidas, irão se enquadrar mais facilmente e parecerão muito mais apropriadas do que um professor atribuindo uma nota baseada exclusivamente nas tarefas de aula de um aluno.

Superabundância de opções de atribuição de notas

Dentro desse contexto, a variedade de opções neste capítulo pode proporcionar algumas alternativas. É claro, mesmo com a celebração do trabalho do aluno sendo a meta principal, os professores ainda terão de enfrentar, no fim, a tarefa mundana de atribuir uma nota individual aos alunos, e nenhuma discussão da instrução de ABP está completa sem alguma consideração de como as notas finais poderiam ser administradas dentro do *framework* da ABP.

Nos projetos de ABP, assim como na vida, muito do trabalho é cooperativo, e isso pode sugerir que uma única nota atribuída a todos os membros de grupos é apropriada. Contudo, uma parte do trabalho em artefatos específicos será individual, sugerindo o uso de notas individuais para essas tarefas. Além disso, dependendo dos desejos e do planejamento do professor e dos alunos, projetos individuais adicionais podem ser criados na tarefa de ABP mais ampla, os quais também precisarão de algum tipo de nota. Portanto, haverá amplas oportunidades, tanto individuais como coletivas, ao longo de toda a experiência de ABP.

Embora as notas de grupo (isto é, a mesma nota dada a cada membro de um projeto ou equipe de ABP) irão salientar a natureza cooperativa da ampla tarefa de ABP, muitas vezes é vantajoso que os professores considerem, da mesma maneira, a atribuição de notas individuais. Em particular, nos casos em que um ou dois membros do grupo são predominantemente responsáveis pela criação de um artefato para o grupo inteiro, ou pela execução de uma certa tarefa, esses indivíduos podem receber notas individuais do professor, que devem refletir suas contribuições individuais. Assim, em virtude dessa discussão, a maioria dos proponentes da ABP recomenda a combinação de notas individuais e coletivas dentro de um determinado projeto de ABP (LARMER; ROSS; MERGENDOLLER, 2009).

Geração de notas semestrais ou de projeto

Com essa variedade de possibilidades de atribuição de notas, a geração de uma nota semestral específica para um aluno individual pode parecer uma tarefa intimidante. É claro, todas e quaisquer opções de avaliação descritas no capítulo podem e devem ser usadas para a atribuição de notas numéricas para tarefas específicas dentro do projeto de ABP global. Contudo, os professores são responsáveis pela atribuição de notas finais em suas salas de aula. Desse modo, na maioria dos casos, quando uma turma chega ao fim de um projeto de ABP de múltiplas semanas, os professores acabam ficando com a tarefa de sintetizar uma variedade de notas grupais em tarefas específicas e notas individuais em outras tarefas, a fim de gerar a nota individual de cada aluno para o semestre ou período de avaliação. Os professores precisarão elaborar algum tipo de programação de notas ponderadas para o projeto de ABP inteiro. Portanto, uma nota em um projeto de seis a 12 semanas de ABP em uma determinada turma iria provavelmente representar algum método pelo qual as notas individuais em várias avaliações são compiladas, resultando em uma nota numérica para o boletim de cada aluno.

Conforme o projeto de amostra no Capítulo 4 demonstrou, os projetos de ABP incluem um número de avaliações de vários artefatos. Nesse projetos, os alunos receberam algumas opções de tarefas para serem realizadas, mas esse, particularmente, incluiu 13 tarefas ou artefatos específicos dados para cada grupo, embora alguns não valessem nota. O Quadro 6.8 apresenta essas tarefas e indica quem foi responsável por atribuir uma nota, o mecanismo (p. ex., havia uma rubrica disponível?) e o tipo de nota – individual, de dupla ou grupal – que seria atribuída.

Quadro 6.8 Artefatos/tarefas e notas de um aluno

Tipo de tarefa	*Processo de atribuição de notas*	*Tipo de nota*
Três *webquests*	Rubricas fornecidas (notas atribuídas pelo professor)	Três notas (mesma nota para todas as duplas)
Atividade de quebra-cabeça	Sem atribuição de nota	
Participação no *wiki* da turma	Sem atribuição de nota	
Diário digital	Sem atribuição de nota	
Biografia de personagem	Rubrica fornecida (notas atribuídas pelo professor)	Uma nota individual
Jogo *Flight to Freedom*	Sem atribuição de nota	
Um ou dois produtos criativos	Avaliações de colegas	Duas notas de grupos
Dois artefatos de planejamento	Sem atribuição de nota	
Diagrama de jardim memorial	Avaliação de colega com rubrica	Nota grupal comum
Apresentação de PowerPoint e recomendação de jardim	Avaliação de professor	Nota grupal comum Contada duas vezes

Como o quadro indica, há sete notas numéricas nesse projeto, embora os alunos possam optar por não realizar duas tarefas que valem nota. Contudo, cada aluno tem um mínimo de seis notas numéricas, algumas das quais foram geradas pela avaliação do professor e algumas pela avalição de colegas que utilizam várias rubricas. Algumas refletem notas em trabalhos de grupo, enquanto outras são notas individuais ou de duplas. Com o intuito de sintetizar essas notas e gerar notas individuais para o boletim ao final do semestre, a descrição da atribuição das notas dentro do próprio projeto (ver Quadro 4.9) indicaram que todas as notas seriam compiladas em uma escala de pontos de 0 a 100 e, então, seria feita a sua média. Entretanto, essa seria uma média ponderada, de modo que a nota para o projeto final seria adicionada duas vezes ao cálculo da nota final para cada aluno. Ainda que isso soe um tanto complicado, na realidade os professores realizam esse tipo de atribuição de notas de fim de semestre muito frequentemente. No caso da ABP, entretanto, as notas tendem a refletir muito mais as informações das avaliações de colegas ou, em outros casos, as informações das autoavaliações, além das notas geradas pelos professores.

CONCLUSÕES

No contexto das opções apresentadas nos Capítulos 3 e 4, os professores que optam pelo ensino na ABP enfrentarão muitas questões interessantes relativas ao ensino e à avaliação. Embora muitos professores tenham tido experiências com o uso de rubricas, portfólios ou até mesmo au-toavaliação e avaliação de colegas em sala de aula, colocá-las no contexto do ensino de ABP resulta em maior ênfase sobre esses paradigmas de avaliação e atribuição de notas, abordagens que foram usadas com menor frequência nas salas de aula tradicionais. Este capítulo apresentou diretrizes para todas essas opções de avaliação e testagem, assim como sugestões sobre como essas práticas de atribuição de notas podem ser combinadas no contexto da ABP.

Em um sentido mais amplo, este livro procurou mostrar como a ABP pode ser implementada na próxima década. Com maior ênfase na literatura educacional sobre aprendizagem autêntica, tecnologia na sala de aula e resolução de problemas baseada em projetos, a ABP está recebendo atenção crescente como paradigma de ensino do futuro. Ainda que a ABP possa ser incorporada ao planejamento de ensino baseado em unidades que os professores utilizam hoje, o livro também discutiu a ABP como substituta para o ensino baseado em unidades. De fato, este autor recomenda a ABP como uma abordagem de ensino em que todo o conteúdo é ensinado por meio de projetos, com atenção cuidadosa ao mapeamento dos Padrões Estaduais Comuns ou dos padrões estaduais para todas as unidades de ABP, em uma determinada disciplina, para um determinado ano letivo.

Como a pesquisa examinada indica, a abordagem de ensino na ABP tem se mostrado mais eficaz do que o ensino tradicional, e isso é resultado dos níveis mais altos de envolvimento dos alunos dentro do paradigma da ABP (GEIER et al., 2008; STEPIEN; GALAGHER; WORMAN, 1992; STROBEL; VAN BARNEVELD, 2008). Assim, o desempenho acadêmico melhorado associado à ABP e o fato de que ela salienta mais as habilidades do local de trabalho do século XXI do que o ensino tradicional sugere que a ABP deve ser um dos principais métodos se não for o principal, para o ensino diferenciado que visa atender as necessidades de todos os alunos. Os educadores de hoje são encorajados a explorar e implementar o ensino na ABP, já que ela representa verdadeiramente o ensino do século XXI. A ABP é a melhor prática de ensino para o novo milênio.

Apêndice

A relação entre a ABP e os Padrões Curriculares Estaduais

●●●●●●

Embora muitos estados norte-americanos tenham adotado ou estejam a caminho de adotar os Padrões Estaduais Comuns (COMMON CORE, c2014), alguns estados, como o Texas, escolheram não aderir esses padrões. Este apêndice pretende mostrar que várias tarefas da ABP são perfeitamente adequadas para abordar vários padrões dos estados que não adotaram os Padrões Estaduais Comuns. Ainda que o espaço proíba o desenvolvimento de listas de todos os padrões aplicáveis de todos os estados que não adotaram os Padrões Estaduais Comuns, este apêndice irá se focar nos padrões de Texas Essential Knowledge and Skills (Habilidades e Conhecimentos Essenciais do Texas; TEKS, na sigla em inglês), e esse exemplo deve ser suficiente para demonstrar a aplicabilidade da ABP para o ensino de vários conjuntos de padrões educacionais nos diferentes estados.

Os Padrões Estaduais Comuns foram mencionados nos Capítulos 2 e 3, mas foram discutidos exaustivamente no Capítulo 4, no qual foram relacionados a uma *webquest* que lidava com a história dos Estados Unidos e, em particular, com a Guerra Civil. Conforme descrito, essa *webquest* exigiu a aplicação de várias tecnologias, como desenvolvimento de apresentação multimídia, uso de ferramentas tecnológicas para pesquisa e síntese e avaliação de informações de várias fontes.

Os padrões de TEKS a seguir foram obtidos a partir do *website* da Agência de Educação do Texas (2010). A lição de ABP descrita no Capítulo 4 exigiu o tipo de síntese de informações representada por esses padrões para o 7º ano (identificada como Número §113.18, Estudos Sociais, 7º ano, começando no ano letivo de 2011–2012, no *website* que acaba de ser apresentado).

> (21) *Habilidades de estudos sociais. O aluno aplica habilidades de pensamento crítico para organizar e usar informações adquiridas por meio das metodologias de pesquisa estabelecidas a partir de uma variedade de fontes válidas, incluindo a tecnologia eletrônica. Espera-se que o aluno:*

(A) *localize, use e diferencie entre fontes primárias e secundárias, como* softwares *computacionais; entrevistas; biografias; materiais orais, impressos e visuais; e artefatos para a aquisição de informações sobre várias culturas do mundo;*
(B) *analise informações por meio de sequenciamento, categorização, identificação de relações de causa e efeito, comparação, contraste, descoberta da ideia principal, resumo, realização de generalizações e previsões e formulação de inferências e conclusões;*
(C) *organize e interprete informações a partir de esboços, relatos, bases de dados e materiais visuais, incluindo gráficos, quadros, cronogramas e mapas.*

Além dessas habilidades, a tarefa de ABP sobre a Guerra Civil descrita em profundidade no Capítulo 4 também exige que os alunos avaliem e sintetizem informações de uma variedade de fontes e que utilizem a tecnologia como uma ferramenta de pesquisa na área de estudos sociais. Essas habilidades são identificadas dentro dos padrões de TEKS a seguir (identificada como Número §113.39, Métodos de Pesquisa em Estudos Sociais – Meio Crédito no *website* apresentado):

(3) *Habilidades de estudos sociais. O aluno compreende os princípios fundamentais e os requisitos de validade e confiabilidade (envolve os campos de investigação das ciências sociais e da história).*
Espera-se que o aluno:
(A) *defina e diferencie confiabilidade e validade;*
(B) identifique métodos de verificação para a confiabilidade; e
(C) *avalie várias fontes para a confiabilidade e a validade e justifique as suas conclusões.*

(4) *Habilidades de estudos sociais. O aluno compreende como os dados podem ser coletados a partir de uma variedade de fontes utilizando diversos métodos. Espera-se que o aluno:*
(A) *colete informações a partir de uma variedade de fontes (primárias, secundárias, escritas e orais) utilizando técnicas como questionários, entrevistas e pesquisa em bibliotecas; e*
(B) *use várias tecnologias, como CD-ROM, catálogos de bibliotecas, redes e sistemas de informações* on-line *para coletar informações sobre o tópico selecionado.*

Como mostra essa breve discussão, as tarefas dentro das unidades de ABP podem ser construídas para ensinar padrões educacionais a partir de quase qualquer lista de padrões que possam ser adotadas pelos vários estados. Só neste livro, os padrões educacionais apresentados provêm de uma variedade de fontes diferentes (Padrões Estaduais Comuns, Padrões de Tecnologia Educacional e Agência de Educação do Texas) e muitos outros estados e organizações que promovem, igualmente, vários padrões educacionais. A questão aqui é que, com um pouco de reflexão por parte do professor, praticamente qualquer padrão pode ser abordado de forma eficaz por meio do ensino na ABP.

Referências

ADAMS, D. M. ; HAMM, M. *New designs for teaching and learning:* promoting active learning in tomorrow's schools. San Francisco: Jossey-Bass, 1994.

ASH, K. Games and simulations help children access science. *Education Week,* Bethesda, v. 30, n. 27, p. 12, 2011.

BARELL, J. Problem-based learning: The foundation for 21st century skills. In: BELLANCA, J.; BRANDT, R. (Orgs.). *21st century skills:* Rethinking how students learn. Bloomington: Solution Tree Press, 2010. p. 175-199.

BARELL, J. *Problem-based learning:* an inquiry approach. 2. ed. Thousand Oaks: Corwin, 2007.

BARON, K. Six steps for planning a successful project. *Edutopia,* San Rafael, 15 mar. 2010. Disponível em: <www.edutopia.org/maine-project-learning-six-steps-planning>. Acesso em: 29 mar. 2011.

BELL, S. Wikis as legitimate research sources. *Online,* [S.l.], v. 32, n. 6, p. 34–37, 2008.

BELLAND, B. R.; FRENCH, B. F.; ERTMER, P. A. Validity and problem-based learning research: a review of instruments used to assess intended learning outcomes. *Interdisciplinary Journal of Problem-Based Learning,* Indiana, v. 3, n. 1, p. 59–89, 2009.

BENDER, W. N. ; CRANE, D. *Response to intervention in mathematics.* Bloomington: Solution Tree Press, 2011.

BENDER, W. N. ; WALLER, L. *The teaching revolution:* how RTI, technology, and differentiated instruction are restructuring teaching in the 21st century. Thousand Oaks: Corwin, 2011.

BLUMENFELD, P. C. *et al.* Motivating project-based learning: Sustaining the doing, supporting the learning. *Educational Psychologist,* Mahwah, v. 26, n. 3/4, p. 369–398, 1991.

BOALER, J. Learning from teaching: Exploring the relationship between reform curriculum and equity. *Journal for Research in Mathematics Education,* Reston, v. 33, n. 4, p. 239–258, 2002.

BONK, C. The flat world has swung open: how web technology is revolutionizing education. In: REGION 17 EDUCATION SERVICE CENTER. Great Techno-logy Stimulus Conference, 2010, Lubbock. *Procee-dings...* Lubbock, 2010.

BOSS, S.; KRAUSS, J. *Reinventing project-based learning:* your field guide to real-world projects in the digital age. Washington, DC: International Society for Technology in Education, 2007.

BRANSFORD, J. D. *et al.* Teaching thinking and pro-blem solving: research foundations. *American Psychologist,* Washington, v. 41, n. 10, p. 1078–1089, 1986.

BRANSFORD, J.; BROWN, A.; COCKING, R. R. (Orgs.). *How people learn:* brain, mind, experience, and school. Washington, DC: National Academy, 2000.

COGNITION AND TECHNOLOGY GROUP AT VANDERBILT UNIVERSITY. Anchored instruction in science and mathematics: Theoretical basis, developmental projects, and initial research findings. In: DUSCHL, R. A.; HAMILTON, R. J. (Orgs.). *Philosophy of science, cognitive psychology, and educational theory and practice.* New York: State University of New York Press, 1992a. P. 245-273.

COGNITION AND TECHNOLOGY GROUP AT VANDERBILT. The Jasper experiment: An exploration of issues in learning and instructional design. *Educational Technology Research and Development,* Washington, v. 40, n. 1, p. 65–80, 1992b.

COLE, J. E.; WASBURN-MOSES, L. H. Going beyond "the math wars." a special educator's guide to understanding and assisting with inquiry-based teaching in mathematics. *Teaching Exceptional Children*, Arlington, v. 42, n. 4, p. 14–21, 2010.

COTE, D. Problem-based learning software for students with disabilities. *Intervention in School and Cli-nic*, Austin, v. 43, n. 1, p. 29–37, 2007.

COMMON CORE. *Read the standards*. [S.l : s.n], c2014. Disponível em:< http://www.corestandards.org/read-the-standards/>. Acesso em: 30 maio 2014.

DAVID, J. L. Project-based learning. *Teaching Students to Think*, Alexandria, v. 66, n. 5, p. 80–82, 2008.

DAVIS, M. R. Solving algebra on smartphones. *Education Week*, Bethesda, v. 29, n. 26, p. 20–23, 2010.

DEWEY, J. *How we think*. Lexington: D. C. Heath, 1933.

DRAKE, K.; LONG, D. Rebecca's in the dark: a comparative study of problem-based learning and direct instruction/experiential learning in two 4th grade classrooms. *Journal of Elementary Science Education*, Amsterdan, v. 21, n. 1, p. 1–16, 2009.

DRETZIN, R. *Digital nation*. [s.l.]: PBS Video, 2010. 85 min., son., color. Disponível em: <http://video.pbs.org/video/140 2987791/>. Acesso em: 15 nov. 2011.

EICHER, L. Educational video games gain acceptance as an effective response to intervention tool. *PRWeb*, New York, 31 mar. 2009. Disponível em: <http://www.prweb.com/releases/2009/03/prweb2279484.htm>. Acesso em: 28 jun. 2010.

EDVISIONS SCHOOL. *Helping create and sustain great small schools*. Henderson: [s.n], c2014. Disponível em:< http://www.edvisionsschools.org/custom/SplashPage.asp>. Acesso em: 30 maio 2014.

EDUTOPIA. [Sl.: s.n], c2014. Disponível em: < http://www.edutopia.org/>. Acesso em: 30 maio 2014.

EXPEDITIONARY LEARNING. Quality of student work. [S.l: s.n], c2013. Disponível em :< http://elschools.org/our-results/gallery>. Acesso em: 30 maio 2014.

FERNANDO, A. Working off the Same Page: Based on the Idea That More Minds Are Better Than One, Wikis Let You Collaborate with Colleagues and Strangers Alike. *Communication World*, San Francisco, v. 24, n. 3, p. 11–13, 2007.

FERRITER, W. M.; GARRY, A. *Teaching the iGeneration:* 5 easy ways to intro-duce essential skills with web 2.0 tools. Bloomington: Solution Tree Press, 2010.

FLEISCHNER, J. E.; MANHEIMER, M. A. Math interventions for students with learning disabilities: Myths and realities. *School Psychology Review*, Bethesda, v. 26, n. 3, p. 397–414, 1997.

FLIGHT to Freedom. *Bowdoin: introduction*. [S.l: s.n, 20—]. Disponível em:< http://ssad.bowdoin.edu:9780/projects/flighttofreedom/intro.shtml>. Acesso em: 30 maio 2014.

GEIER, R. et al. Standardized test outcomes for students engaged in inquiry-based science curricula in the context of urban reform. *Journal of Research in Science Teaching*, Ann Arbor, v. 45, n. 8, p. 922–939, 2008.

GHOSH, P. Problem-based learning. *Buzzle*, [s.l.], 11 mar. 2008. Disponível em: <www.buzzle.com/articles/problem-based-learning.html>. Acesso em: 9 out. 2010.

GIJBELS, D. *et al.* Effects of problem-based learning: A meta-analysis from the angle of assessment. *Review of Educational Research*, Berkeley, v. 75, n. 1, p. 27–61, 2005.

GRANT, M. M. Getting a grip on project-based learning: Theory, cases and recommendations. *Meridian*, Raleigh, v. 5, n. 1, 2002. Disponível em: <http://www.ncsu.edu/meridian/win2002/514/>. Acesso em: 26 out. 2010.

HICKEY, D. T. *et al.* The MARS mission challenge: A generative, problem-solving, school science environment. In: VOSNIADOU, S.; De Corte, E.; MANDL, H. (Orgs.). *Technology-based learning environments:* Psychological and educational foundations. New York: Springer-Verlag., 1994. P. 97-103.

HUBER, C. Professional learning 2.0. *Educational Leadership*, Alexandria, v. 67, n. 8, p. 41–46, 2010.

ISTE. *Standards*. [S.l: s.n], c2014. Disponível em: <http://www.iste.org/standards/standards-for-students>. Acesso em: 30 maio 2014.

JOHNSON, D. W.; JOHNSON, R. T. Cooperative learning and conflict resolution: Essential skills in the 21st century. In: BELLANCA, J.; BRANDT, R. (Orgs.). *21st century skills:* rethinking how students learn. Bloomington: Solution Tree Press, 2010. P. 201-220.

JOHNSON, D. W.; JOHNSON, R. T. Making cooperative learning work. *Theory into practice*, [s. l.], v. 38, n. 2, p. 67-73, 1999. Disponível em: <http://www.proiac.uff.br/sites/default/files/documentos/cooperative_learning_johnsonjohnson1999.pdf>. Acesso em: 26 out. 2010.

JOHNSON, D. W.; JOHNSON, R. T.; SMITH, K. A. *Cooperative learning:* Increasing college faculty instruction productivity. Washington: The George Washington University, 1991. (ASHE-ERIC Higher Education Report, n. 4,).

JOHNSON, D. W.; JOHNSON, R. T.; SMITH, K. A. The state of cooperative learning in postsecondary and professional settings. *Educational Psychology Review,* [s.l.], v. 19, n. 1, p. 15–29, 2007.

JUICY STUDIO. *Readability test.* [S.l: s.n], c2014. Disponível em: http://juicystudio.com/services/readability.php#rea dweb>. Acesso em: 30 maio 2014.

KHAN ACADEMY. [S.l: s.n], 2014. Disponível em: < https://www.khanacademy.org/>. Acesso em: 30 maio 2014.

KING MIDDLE SCHOOL. *On expedition*: king expeditions, documentaries, and planning resources. Portland: KMS, c2014. Disponível em:< http://king.portlandschools.org/files/onexpedition/onexpedition.htm>. Acesso em: 30 maio 2014.

KNOWLTON, D. Preparing students for enhanced living. In: KNOWLTON, D.; SHARP, D. (Orgs.). *Problem-based learning in the information age.* San Francisco: Jossey-Bass, 2003.

KOLODNER, D. *et al.* Problem-based learning meets case-based reasoning in the middle-school science classroom. Putting learning by design into practice. *The Journal of the Learning Sciences,* Boulder, v. 12, n. 4, p. 495–547, 2005.

LABOY-RUSH, D. *Integrating STEM education through project-based learning.* [S.l.]: Learning.com, 2010. Disponível em: <http://www.rondout.k12.ny.us/common/pages/DisplayFile.aspx?itemId=16466975>. Acesso em: 29 mar. 2011.

LAND, S. M.; GREEN, B. A. Project-based learning with the World Wide Web: A qualitative study of resource integration. *Educational Technology Research and Development,* New York, v. 48, n. 1, p. 45–67, 2000.

LARMER, J.; MERGENDOLLER, J. R. 7 Essentials for project-based learning. *Educational Leadership,* Alexandria, v. 68, n. 1, p. 34–37, 2010.

LARMER, J.; ROSS, D.; MERGENDOLLER, J. R. *PBL starter kit:* To-the-point advice, tools, and tips for your first project in middle or high school. São Rafael: Unicorn Printing Specialists, 2009.

LEARNING.com. *Learning solutions that prepare today's students to become tomorrow's digital leaders.* [S.l: s.n], c2014. Disponível em:< http://www.learning.com/>. Acesso em: 30 maio 2014.

LEVSTIK, L. S.; BARTON, K. C. *Doing history.* Mahwah: Lawrence Erlbaum, 2001.

MALONEY, D. H. Solving problems that count. *Educational Leadership,* Alexandria, v. 68, n. 1, p. 55–58, 2010.

MANZO, K. K. Mobile learning seen to lack rigorous research. *Education Week,* Bethesda, v. 29, n. 26, p. 34–36, 2010.

MARX, R. W. *et al.* Enacting project-based science. *The Elementary School Journal,* Chicago, v. 97, n. 4, p. 341–358, 1997.

MARZANO, R. J. Teaching with interactive whiteboards. *Educational Leadership,* Alexandria, v. 87, n. 3, p. 80–82, 2009.

MARZANO, R. J. *The art and science of teaching:* a comprehension framework for effective instruction. Alexandria: Association for Supervision and Curriculum Development, 2007.

MARZANO, R. J.; HAYSTEAD, M. *Final report on the evaluation of the Promethean technology.* Englewood: Marzano Research Laboratory, 2009.

MARZANO, R. J.; PICKERING, D. J.; POLLOCK, J. E. *Classroom instruction that works:* research-based strategies for increasing student achievement. Alexandria: Association for Supervision and Curriculum Development, 2001.

MERGENDOLLER, J. R.; MAXWELL, N.; BELLISIMO, Y. The effectiveness of problem based instruction: A comparative study of instructional methods and student characteristics. *Interdisciplinary Journal of Problem-Based Learning,* Indiana, v. 1, n. 2, p. 49–69, 2007.

MOODLE. *About moodle.* [S.l: s.n], 2014. Disponível em: <http://docs.moodle.org/27/en/About_Moodle>. Acesso em: 30 maio 2014.

NING. [S.l: s.n], 2014. Disponível em:< http://www.ning.com/>. Acesso em: 30 maio 2014.

O'MEARA, J. *Beyond differentiated instruction.* Thousand Oaks: Corwin, 2010.

OGLE, D. K-W-L: A teaching model that develops active reading of expository text. *The Reading Teacher,* Newark, v. 39, n. 6, p. 564–571, 1986.

OKOLO, C. M. *et al.* Web-based history learning environments: Helping all students learn and like history. *Intervention in School and Clinic,* Las Vegas, v. 43, n. 1, p. 3–11, 2007.

PARTNERSHIP FOR 21ST CENTURY SKILLS. *21st century curriculum and instruction.* Washington: P21, 2007. Disponível em: <www.21stcenturyskills.org/documents/21st_century_skills_curriculum_and_instruction.pdf>. Acesso em: 18 nov. 2009.

PARTNERSHIP FOR 21ST CENTURY SKILLS. *21st century learning environments.* Washington: P21, 2009. Disponível em: <www.21stcenturyskills.org/documents/1e_white_paper-1.pdf>. Acesso em: 18 nov. 2009.

PARTNERSHIP FOR 21ST CENTURY SKILLS. *Framework for 21st century learning.* Washington: P21, 2004. Disponível em: <www.p21.org/index.

php?option=com_content&task=view&id=254&Itemid=120>. Acesso em: 9 set. 2010.

PBWORKS. [S.l: s.n], c2014. Disponível em: <http://www.pbworks.com/>. Acesso em: 30 maio 2014.

PERKINS, D. *Smart schools*. New York: Basic Books, 1992.

PETROSINO, A. J. *Mission to Mars:* An integrated curriculum. Nashville: The Cognition and Technology Group at Vanderbilt University, 1995.

PHEON. [Pheon]. [S.l: s.n], c2011. Disponível em:< http://www.pheon.org/>. Acesso em: 30 maio 2014.

PROJECT-BASED learning: a case for not giving up. [S.l]: Edutopia, 2010. Disponível em:< http://www.edutopia.org/blog/project-based-learning-not-giving-up-suzie-boss>. Acesso em: 30 maio 2014.

RHEM, J. Project based learning: an introduction. *The National Teaching and Learning Forum,* [S.l.], v. 8, n. 1, 1998. Disponível em: <www.ntlf.com/html/pi/9812/pbl_1.htm>. Acesso em: 14 maio 2014.

ROTH, W. M.; BOWEN, G. M. Knowing and interacting: a study of culture, practices, and resources in a grade 8 open-inquiry science classroom guided by a cognitive apprenticeship metaphor. *Cognition and Instruction,* Philadelphia, v. 13, n. 1, p. 73–128, 1995.

ROWEN, D. The write motivation using the Internet to engage students in writing across the curriculum. Learning connections—Language arts. *Learning and Leading with Technology,* [s.l.], v. 32, n. 5, p. 22–23, 2005.

RULE, A.; BARRERA, M. *Three authentic curriculum-integration approaches to bird adaptations that incorporate technology and thinking skills.* Minneapolis: Cedar Falls: University of Northern Iowa, Metropolitan State University, 2008. Disponível em: <www.eric.ed.gov/PDFS/ED501247.pdf>. Acesso em: 20 abr. 2011.

SALEND, S. J. Technology-based classroom assessments: Alternatives to testing. *Teaching Exceptional Children,* [s.l.], v. 41, n. 6, p. 48–59, 2009.

SATCHWELL, R. E.; LOEPP, F. L. Designing and implementing an integrated mathematics, science, and technology curriculum for the middle school. *Journal of Industrial Teacher Education,* [S.l.], v. 39, n. 3, 2003 Disponível em: <http://scholar.lib.vt.edu/ejournals/JITE/v39n3/satchwell.html>. Acesso em: 9 nov. 2010.

SCHLEMMER, P.; SCHLEMMER, D. *Teaching beyond the test:* differentiated project-based learning in a standards-based age. Minneapolis: Free Spirit, 2008.

SCOTT, C. Project-based science: Reflections of a middle school teacher. *The Elementary School Journal,* [S.l.], v. 57, n. 1, p. 1–22, 1994.

SECOND Life. [Ambiente virtual em 3D]. [S.l: s.n, 200-?]. Disponível em: http://secondlife.com/>. Acesso em: 30 maio 2014.

SKYLAR, A. A., HIGGINS, K.; BOONE, R. Strategies for adap-ting webquests for students with learning disabilities. *Intervention in School and Clinic,* [S.l.], v. 43, n. 1, p. 20–28, 2007.

STANGE, E. Playing in the past. A digital review. *American Heritage,* [S.l.], v. 61, n. 1, p. 64–65, 2011.

STEPIEN, W.; GALLAGHER, S.; WORKMAN, D. *Problem-based learning for traditional and interdisciplinary classrooms.* Aurora: Illinois Mathematics and Science Academy, Center for Problem-Based Learning, 1992.

STROBEL, J.; VAN BARNEVELD, A. When is PBL more effective? A metasynthesis of meta-analyses comparing PBL to conventional classrooms. *Interdisciplinary Journal of Pro-blem-based Learning,* Indiana, v. 3, n. 1, p. 44–58, 2008.

TEXAS ESSENTIAL KNOWLEGDE AND SKILLS FOR SOCIAL STUDIES. [S.l: s.n], 2010. Disponível em:< http://ritter.tea.state.tx.us/rules/tac/chapter113/ch113b.html#113.18>. Acesso em: 27 maio 2014.

TASSINARI, M. Hands-on projects take students beyond the book. *Social Studies Review,* [S.l.], v. 34, n. 3, p. 16–20, 1996.

THE AMERICAN Civil War. [S.l: s.n], 2008. Disponível em: <http://kms.kapalama.ksbe.edu/teams/kauila/civilwar/civilwarprocess2005.html>. Acesso em: 30 maio 2014.

THE EDUCATOR'S PLN: the personal learning network for educators. Uses of second life in education. [S.l: s.n], 2010. Disponível em:< http://edupln.ning.com/video/uses-of-second-life-in>. Acesso em: 30 maio 2014.

THOMAS, J. W. *A review of research on project-based learning.* San Rafael: Autodesk Foundation, 2000. Disponível em: <http://www.bobpearlman.org/Best Practices/PBL_Research.pdf>. Acesso em 25 out. 2010.

TOMLINSON, C. A. Differentiating instruction in response to academically diverse student populations. In: MARZANO, R. (Org.). *On excellence in teaching.* Bloomington: Solution Tree Press, 2010. P.

TOMLINSON, C. A. *The differentiated classroom:* responding to the needs of all learners. Alexandria:

Association for Supervision and Curriculum Development, 1999.

TOMLINSON, C. A.; BRIMIJOIN, K.; NARVAEZ, L. *The differentiated school:* making revolution changes in teaching and learning. Alexandria: Association for Supervision and Curriculum Development, 2008.

TECHTREKERS. *Free teaching materials.* [S.l: s.n], c2012. Disponível em:< http://www.techtrekers.com/>. Acesso em: 30 maio 2014.

TSAY, M.; BRADY, M. A case study of cooperative learning and com- munication in pedagogy: Does working in teams make a difference? *Journal of the Scholarship of Teaching and Learning,* [S.l.], v. 10, n. 2, p. 78-89, 2010. Disponível em: <www.eric.ed.gov/PDFS/EJ890724.pdf>. Acesso em:

WACHANGA, S.; MWANGI, J. Effects of the cooperative class experiment teaching method on secondary school students' chemistry achievement in Kenya Nakuru district. *International Education Journal,* [S.l.], v. 5, n. 1, p. 26-36, 2004. Disponível em: <http://ehlt.flinders.edu.au/education/iej/articles/v5n1/wachanga/paper.pdf>.

WALKER, A.; LEARY, H. A problem based learning meta-analysis: Differences across problem types, implementation types, disciplines and assessment levels. *Interdisciplinary Journal of Problem-Based Learning,* Indiana, v. 3, n. 1, p. 12–43, 2008.

WALLER, L. Is your kid's classroom connection high speed? Six easy ways to engage students with technology in reading! *Teacher's Workshop Newsletter,* [S.l.], v. 4, n. 1, p. 1–3, 2011.

WIKISPACES. [S.l: s.n], c2013. Disponível em: <http://www.wikispaces.com/>. Acesso em: 30 maio.

WILMARTH, S. Five socio-technology trends that change everything in teaching and learning. In: JACOBS, H. H. (Org.). *Curriculum 21:* Essential education for a changing world. Alexandria: Association for Supervision and Curriculum Development, 2010. Cap. 5.

WORTHY, J. Conducting research on topics of student interest. *Reading Teacher,* [S.l.], v. 54, n. 3, p. 298–299, 2000.

Índice

L

M

N

O

P

Q

IMPRESSÃO:

Santa Maria - RS - Fone/Fax: (55) 3220.4500
www.pallotti.com.br